NAVAL STRATEGY THEORY

海军战略论

[美] 马汉 ◎ 著

唐恭权 ◎ 译　马骏 ◎ 主编

"战争论"丛书编委会

主　编　马骏

副主编　纪明葵

编　委（排名不分先后）

马　刚　王洪福

房　兵　赵子聿

中国·武汉

图书在版编目（CIP）数据

海军战略论/（美）马汉 著；唐恭权译. -- 武汉：华中科技大学出版社，2016.5（2024.1重印）
ISBN 978-7-5680-1013-9

Ⅰ. ①海… Ⅱ. ①马… ②唐… Ⅲ. ①海军战略 Ⅳ. ①E815

中国版本图书馆CIP数据核字（2015）第148201号

海军战略论
Haijunzhanlüelun

[美] 马汉 著 唐恭权 译

选题策划：晋璧东
责任编辑：沈剑锋　康　艳
封面设计：金刚创意
责任校对：孙　倩
责任监印：朱　玢
出版发行：华中科技大学出版社（中国·武汉）
　　　　　武昌喻家山　邮政编码：430074　电话：027-81321913　010-64155588
印　　刷：湖北新华印务有限公司
开　　本：880mm×1230mm　1/32
印　　张：11.5
字　　数：278千字
版　　次：2024年1月第1版第11次印刷
定　　价：36.00元

本书若有印装质量问题，请向出版社营销中心调换
全国免费服务热线：400-6679-118　　竭诚为您服务
版权所有　侵权必究

"战争论"丛书主编马骏同志简介

马骏 国防大学战略教研部教授,中国第二次世界大战史研究会理事、中国德国史研究会会员、中国史学会军事史学分会会员。长期从事外国军事史、外国军事思想和国际政治教研工作。应邀在北京大学、中山大学、北京林业大学、北京师范大学、北京科技大学、对外经贸大学、首都师范大学、武汉大学、贵州省、山东省、四川省、沈阳军区、新疆军区及日本防卫厅讲学。在中央电视台新闻频道、军事频道、科教频道、法律频道多次做专家访谈。主要著述有:《外国战争史与军事学术史》《日俄战争史》《日本军事战略研究》《外国军事史学研究概论》《科索沃战争研究》《二十世纪经典战役纪实》《美苏在开辟伊朗走廊过程中的矛盾与冷战的起源》等专著。

"战争论"丛书副主编纪明葵同志简介

纪明葵 国防大学教学督导组专家,原国防大学副教育长,少将军衔。战略、战役学教授,国家军事仿真专业组特聘专家。清华大学、哈尔滨理工大学、兰州大学、内蒙古师范大学、中国延安干部学院兼职教授。《国家智库》执行主编、中国网专栏作家。著有《现代战役研究》《危机控制与管理》《打击跨国犯罪》《国际恐怖主义与反恐怖斗争》《A地区战略危机决策与控制管理》《信息化条件下的国防动员》《反空袭作战研究》等专著,发表学术论文几百篇。

"战争论"丛书编委马刚同志简介

★ 马 刚 国防大学战略部军事思想与军事历史教研室主任，国家安全战略和国际战略学科学术带头人，博士研究生导师，校学术委员会委员。毕业于解放军外国语学院和国防大学，历任国防大学战略研究所研究员、第二炮兵导弹旅旅长、国防大学防务学院训练处长、办公室主任、国防大学战略研究所副所长等职，曾在俄罗斯工作，长期从事国家安全、国际战略问题研究和我军对外培训工作。著有《新中国军事外交》《中国人民解放军战略文化》《胜利的启示》等专著。

"战争论"丛书编委王洪福同志简介

王洪福,国防大学战略教研部军训室主任,军事战略学科学术带头人,军事战略学硕士生导师,空军大校。先后毕业于西安空军工程大学、陆军指挥学院、国防大学、巴基斯坦国防学院。先后出国担任中国驻老挝、津巴布韦军事教官组组长,获得老挝国家三级功勋勋章。长期从事战役战略教学与科研,并应邀在全国各地以及全军多个部队讲授有关国家安全形势方面的专题讲座。著有《现代国防理念略论》,参与编写《空军战略学》《军种战略学》等专著。

"战争论"丛书编委房兵同志简介

⭐ **房兵** 国防大学战役教研部军训教研室副主任,大校军衔,军事学博士。CCTV—10《探索发现》系列专题片《百年航母》《马岛战火》《特战奇兵》《突然袭击》主讲人。中央电视台《海峡两岸》《今日关注》《防务新观察》《环球视线》《东方时空》,北京电视台《军情解码》,深圳卫视《军情直播间》,云南卫视《经典人文地理》《新视野》等栏目特约军事专家,中国国际广播电台《环球资讯广播》特约评论员。著有《大国航母》《烽烟利比亚》《马岛战火启示录》《航空母舰与战争》。

"战争论"丛书编委赵子聿同志简介

赵子聿　国防大学危机管理中心主任，教授，博士生导师，国家安全战略学学科带头人。长期从事国家安全和危机管理研究，在20多项国家和军队重大课题中担任负责人和主笔人，中国应急管理领域50位名家之一。主要著作有《国家安全危机决策》《国家安全危机管理析论》《美国陆军》《面对动荡的世界》等。获军队优秀科研成果一等奖，军队学科拔尖人才培养对象，军队学习成才先进个人，二次荣立个人三等功。

我们的战争观：不好战！不畏战！决战必胜！
——写在"战争论"丛书出版之际

马克思曾说，战争是推动人类文明前行的火车头。他形象地指出了，战争机器如同推土机一般，碾过历史的血肉之躯，于荆棘中开疆拓土，前行的轨道上沾满血腥。生命在战争面前是那么地脆弱。残忍，是战争诞生以来形成的秉性。战争同暴力几乎就是一对同义词，暴力是战争的本质属性，也是马克思主义的战争观。即使进入现代战争模式之中，诸如贸易战、金融战、外交战、黑客战、网络战、病毒战、舆论战等，战争的本质仍然是残酷的，充满暴力的。所以，我们认为，所谓的"武器仁慈化""战争非暴力化""战争泛化"等观点是不妥当的。因为，当前形势下，战争将无时不在，无处不在。身为中华民族的一份子，必须时刻对各种战争形态保持高度警惕，因为战争的根本法则，依然是保存自己、消灭敌人！

正因为战争的本质是残忍的，同时它又是人类历史发展进程中的常态现象，所以，对于战争的看法，自古以来就分为多种复杂的看法。比如，西方军事理论家克劳塞维茨在《战争论》中写道：战争是强迫敌人服从我们意志的一种暴力行为。德意志帝国铁血宰相俾斯麦认为，我们所处的时代的重大问题不是靠演说和决议所能解决的，这些问题只有靠铁和血才能解决。战争理论家伯恩哈迪认为，战争是人类生活中一种具有头等重要意义的生物法则，它是人类社会中不可缺少的起调节作用的东西。无疑，这几位西方军事大师，对战争都是笑脸相迎的。

与其相反，是反对战争的人们。比如，罗马时代的军事家、历史学家李维认为，对那些需要战争的人来说，战争是正义的；对那些失去一切希望的人来说，战争是合理的。曾经以炮舰政策横行世界、身经百战、建立起日不落帝国的英国，却对于战争有着这样的民间谚语：战争一开始，地狱便打开。而作为东方文明古国，中国经历了无数次的烽火狼烟，更深刻地体会到战争的血腥与残酷，所以，我们的老祖宗谆谆教导中华儿女："师之所处，荆棘生焉。大军之后，必有凶年"（老子）、"兵犹火也，不戢将自焚"（陈寿）、"皇帝动刀枪，百姓遭了殃"。2015年11月7日习近平主席在新加坡国立大学的演讲更是鲜明地指出，国强必霸并不是历史的必然规律，中华民族历来热爱和平，深知"国虽大，好战必亡"的道理。

我们认为，天下虽安，但忘战必危；虽然冷战结束了，但战争的硝烟一刻未熄。我们必须要有备才能无患。围绕"战争"，我们需要明白如下几个问题：

战争的首要目的是为了和平。战争只是一种手段，战争的最高境界就是"不战而屈人之兵"。对于一次战役（战斗）来说，战争的目的是消灭敌人、保存自己。而从整体的、纵向的角度来说，战争除了在历史上扮演着王朝更替的催化剂、助产士这类角色之外，符合人类社会发展进步的战争，归根结底其目的应该是为了和平。正如亚里士多德所说，战争的目的必须是为了和平。这样的战争才是正义的。然而，存在着繁杂利益纠葛的人类社会要想取得和平并不是简单、无代价的，因为"你想和平，就要准备战争"（韦格蒂乌斯）、"只有胜利者，才能用战争去换取和平"（萨卢斯特）。对于我们中国来说，构建强大的、现代化的军队是维护世界和平的重要战略支撑力量。

战争需要理性对待：不好战。正由于战争是头洪水猛兽，因此需要高超的驾驭能力。只有驾驭得好，才能避免引火自焚。在能够避免战争爆发的情况下，应尽一切努力化解矛盾与纠纷。所谓上兵者伐谋，不战而屈人之兵。即使在具体的战场（战役）指挥中，总司令最重要的品质是冷静的头脑，尤其是在国际风云变幻莫测的复杂背景下，如何理性地对待战争，如何理性地在战争与和平之间做出选择，考验着每一个中国人的智慧。总之，当我们被愤怒"操纵"的时候，当我们希望通过战争这一手段，快刀斩乱麻地解决麻烦与纠纷的时候，我们需要对战争持有一颗理性、冷静的心，并记住：叫喊战争的人是魔鬼的参谋；狂热者的脑袋里没有理智的地盘。我们更要懂得著名诗人贺拉斯的一句反战名言背后的意味：所有的母亲都憎恨战争！而历史已经反复告诉世界：中国人不好战！

战争需要一种勇气：不畏战。无论是冷兵器时代还是高科技战争时代，战争都是残忍的，需要付出的是生命的代价。因此，战争机器不能轻易启动。不过，不好战不代表完全拒绝战争、排斥战争、畏惧战争。在世界丛林的游戏法则中，一个民族一个国家，要想生存发展，保持必要的用于自卫的强大武装力量是必要的，更是必须的。1840年鸦片战争以来，西方以炮舰政策强加在中华民族头上的羞辱与屠杀的历史教训告诉我们，只有自身强大、手握撒手锏，才能避免被杀戮、羞辱的命运。民族、国家的尊严，是构建在必要的武力基础上的，尤其是当关系到我们的国家主权和民族尊严、关系到我们的核心利益时，战争是必须的。历史事实已经多次郑重地告诉世界：中国人不好战，更不畏战！

战争需要一种理智：英勇善战。人们若想取得战争的胜利，就必须认识战争的客观规律，将其抽象为战略战术，在客观条件许可范围内，运用从客观中抽象出来的战略战术指导战争，战争是智者的搏弈。毛泽东说："指导战争的人们不能超越客观条件许可的限度，期求战争的胜利，然而可以而且必须在客观条件的限度之内，能动地争取战争的胜利……指挥员在战争的大海中游泳，他们要不使自己沉没，而要使自己决定地有步骤地到达彼岸。作为战争指导规律的战略战术，就是战争大海中的游泳术。"

战争需要一种凝聚力：忠于祖国。作战需要彼此配合，在战场上尤其是在特殊的环境下，危险会来自四面八方。所以，只有铸造一种团结一致、统一对外的团队精神，才能帮助每一个作战中的人消除防范时刻出现的危险。无数的事实已经证明，每一个英勇善战的部队，每一支特种作战部队，要想取得胜利克敌制胜，必须是铁板一块！法军统帅拿破仑说过，统一指挥是战争的第一要事，也是产生凝聚力不可缺少的要素。那么，凝聚力来自哪里？对于中国军人来说，首先来自于听党指挥、忠于祖国、忠于人民这一神圣的最高宗旨，来自于共同的保家卫国的誓言，来自于全心全意为人民服务的社会主义核心价值观,来自于不怕苦不怕累不怕牺牲、做忠诚可靠的人民子弟兵的信念。其次,凝聚力来自于科学合理、统一规范的军队制度化建设,来自于平时官兵一致、爱兵如子、相亲友爱的军内关系。最后,凝聚力也来自于绝对服从、铁的纪律。

战争需要一种自信:会打必胜。战争是一种你死我活的搏斗,所以,保存自己、消灭敌人是战场上的最高法则。对于军人来说,拥有坚切的必胜的自信心,是一种高贵的品质。当然,自信不是自负,那种不顾实际情况、盲目草率的军事行动,只能归为冒险盲动主义。坚定的必胜信念来自于知己知彼、百战不殆。军人的自信心,既要求军队的指挥官养成信赖自己的习惯,即使在最危急的时候,也要相信自己的勇敢与毅力,也要求普通士兵具备想当将军的优秀品质。为什么不想当将军的士兵不是好士兵?因为这样的士兵没有必胜的自信心。凡是有决心取得胜利的人,从来不说不可能。

战争需要学习。对于中国军人来说,无论是古今中外的战争实例、战争历史、军事著作、谋略经典、军事名家,还是当代他国的军队建设成就、最新武器装备成果,都需要我们秉持古为今用、洋为中用、兼容并包、取长补短的谦虚谨慎、认真仔细的态度,去学习其经验,汲取其教训,最终在掌握精髓、创造创新中超越,并将其转化为自己的真实本领。毛主席曾经教导中国军人,没有文化的军队是愚蠢的。诸如"战争论"丛书里的蒋百里《国防论》、克劳塞维茨《战争论》、马汉《海权论》《海军战略论》、杜黑《空权论》、克劳塞维茨《战争论》、若米尼《战争艺术概论》、韦格蒂乌斯《兵法简述》、米切尔《空中国防论》、鲁登道夫《总体战》，都是我们学习的优秀精神食粮。当然，作为将来要上战场的军人，不仅要重视学习军事理论，更要在平时的摸爬滚打中铸就高素质的作战能力。平时流汗，才能避免战时流血。因此，西谚有云，你有一天将遭遇的灾祸是你某一段时间疏懒的报应。军人需要的就是一种学习、学习、再学习，坚持、坚持、再坚持的韧劲。

战争需要研究。战争既是一门艺术，也是一门科学。作为艺术，战争需要驾驭它的人必须具备高超的领导力与决断力；作为一门科学，需要我们认真对待，通过去伪存真、去粗取精、由表及里、由深入浅地找出其中蕴含的最简单、最明晰、最管用的规律来，以指导实际中的军事行动。通过学习、研究，尤其是打开自己的视野之后，我们会发觉自己的不足之处，从而通过跨越式发展，尽快补足短板，以提升我们的实际战斗力。这套"战争论"丛书值得我们花费力气熟读一番、好好研究。

战争需要实践。通过对古今中外军事著作、战争实例、战争历史的学习研究，我们所获得的只是理论上的东西。理论知识的作用只有运用于实践，才能知道它的真实价值。正如毛主席强调的，一切学习的目的全在于运用。所以，对于军人来说，除了学习研究古今中外的军事历史、战例与理论之外，更需要通过实战来检验我们手中到底掌握了多少的战争真理与有用的军事方法。一切的战争规划与理论，全在于实际的执行力与效力。因此，想得好是聪明，计划得好更聪明，做得好是最聪明又是最好的。而从国家的角度来说，日常的军队国防建设均在于服务于实战、为实战做准备。俗话说得好，未雨绸缪，养兵千日用兵一时。战争机器不是摆设，更不能是花架子，必须接受实战的检验。另外，战争中蕴含的谋略、道理，也可以作为其他领域决策、管理的参考。

战争需要谋略。伟大的革命导师、苏联红军统帅列宁曾经鲜明地指出，没有不用军事计谋的战争。我国明代文学家、谋略家冯梦龙强调，兵在精而不在多，将在谋而不在勇。正因为如此，古今中外诞生了大批研习战争谋略的大师名家。可以说，蒋百里《国防论》、克劳塞维茨《战争论》、杜黑《空权论》、克劳塞维茨《战争论》、若米尼《战争艺术概论》、韦格蒂乌斯《兵法简要》、米切尔《空中国防论》、鲁登道夫《总体战》、马汉《海权论》《海军战略论》等，每一本军事经典都是战争智慧的结晶。作为军人，一定要时刻铭记：永远别以为敌人比你愚蠢！轻视对手的后果是严重的。正确的态度就是毛泽东同志所说的，战略上藐视敌人，战术上重视敌人。拿破仑有句话说得好，世上只有两种力量：利剑和思想。从长而论，利剑总是败在思想手下。

战争需要发展。人类的历史长河是永远向前发展的。从最初的刀耕火种，到自然的田园农业文明，再到欧洲十七八世纪的工业革命，再到十九世纪、二十世纪的电气革命，直到二十一世纪的信息化革命。每一次的生产力跃升都推动着经济的巨大发展，而与武器装备直接相关的生产力的质的进化，更是推动着战争形态的惊天变革。所以，军人必须远比其他人要更为敏感地关注世界形势的变化以及涌动出的最新的社会现象与科技成果，使自己具备察天观地的与时俱进的本领，不落伍于时代，才能决胜于千里之外，才能履行好保家卫国的职责。我们认为，与时俱进有两个标准：一是随着时代的发展而发展，二是无论时代怎么发展始终抓住最简单最管用的精髓。军事艺术是一种执行命令的艺术，一切复杂的计谋都应当抛弃掉。简单明了，是执行好军事行动的首要条件。

战争需要实力。战争归根结底是实力的较量，从来都是敌对双方军事、政治、经济、科技、文化、外交等多种因素的综合较量，而不单纯取决于某一种因素。所以，对于我们的国家，需要通过"发展"这一硬道理，来全方位提升我们的经济发展水平和科技质量，全面地加强我们国家的综合实力，为战争提供强大的国家保障力。对于我们的百姓，需要通过各种措施加强国防意识与国家安全意识教育，培育国民的军事素养，建设强大的民兵预备役部队，要藏兵于民。对于我们的军人，广大士兵要通过艰苦的学习、训练，加强自身的单兵作战能力与团队合作作战能力，以及军兵种协同作战能力。对于指挥官，则需要进一步提升自己的军事指挥素质。震惊欧洲的拿破仑说过：一头狮子带领的一群羊，远远胜过一只羊带领的一群狮子。我们的军队需要培育出一批批的狮子老虎，才是名副其实的威武之师！

谈了这么多与战争有关的话题，那么，新时期的中国军人，还要做些什么呢？首先就是，要牢牢抓住军队政治工作这一生命线。我军自成立以来即高度重视政治工作。1929年12月28日—29日，中国工农红军第四军第九次党代表大会在福建上杭县古田村通过的《中国共产党红军第四军第九次代表大会决议案》（即著名的古田会议决议案），即明确指出，红军是"一个执行革命的政治任务的武装集团"，必须服从党的领导，自觉担负起宣传、组织、武装群众等任务。古田会议划清了红军与旧式军队的界限，解决了无产阶级革命军队建设的根本性问题。2014年10月30

日,新时期的全军政治工作会议在福建上杭县古田召开,习近平主席出席会议并发表重要讲话,提出把理想信念、党性原则、战斗力标准、政治工作威信在全军牢固立起来;抓好铸牢军魂、高中级干部管理、作风建设和反腐败斗争、战斗精神培育、政治工作创新发展"五方面"工作;加强军事文化建设,从难、从严、从实战要求出发"摔打"部队,培养广大官兵大无畏的英雄气概和英勇顽强的战斗作风,着力培养有灵魂、有本事、有血性、有品德的新一代革命化的"四有"军人。中国军人,任何时候都要牢记"听党指挥、忠于祖国与人民"这一最高宗旨,争当让党和人民放心满意的优秀军人。

其次,要积极做好军事斗争的准备。西方战神克劳塞维茨强调,作战的基本原理是,切勿完全处于被动地位。对于一支军队来说,只有时刻以与时俱进、未雨绸缪的精神抓好军事斗争准备,才能避免被动、才能有备而无患。只有时刻准备好,才能令出即行、迅速把握战机,避免陷入被动挨打的泥潭。

再次,紧紧围绕战斗力做文章。衡量一支军队的好坏,关键就看能否打胜仗。拿破仑曾预言,中国是一头睡狮,一旦醒来将震撼世界。但是,没有利爪的狮子只能是摆设。能打胜仗是衡量军队质量的根本标准。没有战斗力,其他都是空谈。

最后,要进一步加强贯彻落实"科技强军""质量建军"战略,进一步高度重视兵民结合的人民战争的战略战术研究与运用,始终牢记并掌握"军民团结如一人,试看天下谁能敌"这一法宝。

在新时期,面对日趋复杂的国内外环境,军人的天生敏感性告诉我们——这个世界并不太平。因此,作为中华人民共和国的柱石，中国人民解放军需要进一步地紧紧抓住中国的特殊国情，做好强军的一切工作，需要进一步地牢牢抓住决定战争胜负的各方面的关键性因素，从要害处着手，全面加强军队的改革与建设。如此，才能确保我们这座保家卫国的钢铁长城永不倒塌！

回首过去，我们对战争充满敬畏。我们不轻言战争，我们不惧怕战争，我们只为战争做好准备。业绩造就伟人，战功成就军人。辉煌的中国革命史证明中国人民解放军是一支听党指挥、能打胜仗、作风优良的人民武装力量。

中国军人的勤奋和荣誉，足以鼓舞千秋万代的中国青年。

祝愿一切热爱军事、关心国防、热爱和平的读者朋友，能从囊括古今中外著名军事经典的这套"战争论"丛书中汲取有益的养分，从无到有、由小到大、从弱到强地培育自己的国防军事素养，形成自己的国防观、战争观，以求在将来或许会发生的、某个特殊的时刻履行自己"保家卫国"的神圣职责。

"战争论"丛书编委会

2015年10月

目 录
CONTENTS

第一章　绪论 ……………………………………………………… 1
第二章　史例述评（一）………………………………………… 21
第三章　史例述评（二）………………………………………… 41
第四章　史例述评（三）………………………………………… 57
第五章　史例述评（四）………………………………………… 69
第六章　基础与原理（一）……………………………………… 87
第七章　基础与原理（二）……………………………………… 105
第八章　基础与原理（三）……………………………………… 123
第九章　基础与原理——远程作战与海上远征 ……………… 147
第十章　基础与原理——作战行动 …………………………… 177
第十一章　海军战略于墨西哥湾和加勒比海的运用（一）…… 227
第十二章　海军战略于墨西哥湾和加勒比海的运用（二）…… 261
第十三章　关于日俄战争的研讨（一）………………………… 297
第十四章　关于日俄战争的研讨（二）………………………… 315
第十五章　海岸设防同海军战略的关系 ……………………… 333
后　记 …………………………………………………………… 346

第一章

绪 论

这篇将于1909年海军学院学术会议期间请诸位斧正的海军战略讲稿，1887年海军学院秋季开学后，我曾在海军学院学术例会上演讲。之后，这篇讲稿一直被采用。讲稿或由我本人亲授，或由其他军官代讲，年复一年使用至今。

我曾在讲稿中增加了一些实质性的内容和资料，但这些改动并未改变过我的主题和主旨。本书的结构也一直沿用初稿，所有的一切皆旨在为阐述原理服务。增补或者改动，或因引证历史实例之故，或因需重新考虑当前政治条件之故，其目的是为了阐明原理。每次修改，或出于偶然，或事出凑巧。每当有新的想法出现，我都将它仔细记录下来，加入我的讲稿中。1908年，在海军学院创始人卢斯海军少将和海军学院院长梅里尔海军少将先后建议下，我才开始着手修订这部讲稿。

从成稿到修订，已经是二十一年了，恰似一个人从诞生到成年的时间。在此期间，这部讲稿所增补内容，仅限于偶然灵感闪现。二十一年间，我们所面对的条件发生了变化，这些变化甚至影响了海军指挥员的指挥。这部讲稿也自然而然地记录了这些变化给战争带来的改变。

就海军战略课题而言，这些变化是外在的。虽然它对海军战略有着颇深的影响，但也仅仅是发展的外因。实例才是海军战略的基础，而对实例系统的阐述，就是原理，这才是我撰写本部讲稿的目的。这些原理一旦得到试验，就会被保留下来，我们可通过解释、陈述、总结战争经验来阐释这些原理。我们还可以引进新方法来运用这些原理，即在作战实践中，阐释海军战略法则、原理，使其发展进步。

这和自然科学的道理相同。电学在人们的运用之下产生了巨大的变化和进步。这些变化和进步，是由人们无数次的努力和实验，汇聚了无数人的才智而来，而战略理论所经历的变化和进步则是经过无数次作战经验的累积来实现的。又如武器在战争中的某些变化：潜艇取得了巨大进展；自动鱼雷的射程已经大大提升，无线电报早已问世。1887年，鱼雷的有效射程仅500余码[1]；酝酿已久的潜艇虽然有了明显进展，但距离实用还很远；人们对于无线电报更是鲜为人知。早在1886年我在海军学院首次授课时，我就曾经预言一支封锁美国海岸的舰队，如在特拉华河、切萨皮克湾、纽约附近海域的各支分舰队，可以用海底电缆联络。然而，如今凭借无线电技术迅速、简易、可靠地通信早已成为现实。潜艇和鱼雷迫使封锁者驶向更远处。

这些进步，并未改变战争原理，只是影响了它的运用。日本战列舰在长山列岛水域监视60海里[2]外的旅顺口，并且在该水域布置了反鱼雷攻击设施，以及其他措施，确保港内敌军一旦出

---

[1] 1码=0.9144米

[2] 1海里=1.852千米

港就可及时赶到。东乡平八郎[1]在所选地点静候罗日杰斯特文斯基,然后凭借无线电迅速沿捷径赶往拦截点,而在此之前,东乡平八郎想要得到俄国海军的情报,就只能靠近俄国海军的航线,甚至停留在相当不利的位置。技术的改变并未改变古老而权威的内线作战价值的战略原理,只是对原理的运用进行了大修正。这令我更加坚信若米尼[2]的话:武器的变化只影响实践,而不影响原理。

这二十一年,战争经验甚至战争的评述,都为海军战略的发展做出了贡献。这里的战争经验,即1894年中日甲午战争、1898年美西战争、1904—1905年日俄战争。这三次战争中,海军都曾起到积极作用。此外,还有英国同非洲布尔人的多个共和国之间的战争,也可引用为显著的实例。那时,英国海军虽然一炮未发,但当时英国海军对联合反英势力的压倒性优势,确保了它对海洋的控制,没有任何敌军能截击英国运兵船。只要注意观察德国海军在20世纪初大力发展海军及德国海军所取得的发展,以及英国舆论对此的态度,就会明白为何那几年英国就像大难临头一样如坐针毡。虽然海军战略正在初创和发展阶段,但是我相信你们能看到海军战略的前景。

二十一年间各国的海军都在发生变化,海军战略还处于勃勃

---

〔1〕东乡平八郎(1848—1934),日本海军元帅,海军大将,侯爵,与陆军的乃木希典并称日本军国主义的"军神",日俄战争中率领日本海军击败俄国海军。

〔2〕若米尼(1779—1869),19世纪军事理论家,著有《战争艺术概论》《战略学原理》等,对战争的性质和规律、战略战术、军队建设等各方面从理论上进行了探讨,创立了较完善的军事理论体系。

生机的萌芽阶段。二十一年前美国海军舰队配置为：欧洲舰队、亚洲舰队、太平洋舰队。这并非美国首创，因为当时世界的大型海军莫不如此。我称它为执行警察勤务，因为这配置确实属于警察式配置，并非军事配置。美国军舰和他国军舰，均以单舰遍布全球各港口，像警察似的沿着一条确定好的路线巡逻。

20世纪初期，人类的思想又回到祖先们熟知的想法和方法，即从战争中学习战争。然而，这些想法和方法由于鲜有卓越的指导者进行指导，已经消失了。重回战争、在战争中学习战争的原因，一是我们所经历的历次战争，二是国际关系的鲜明变化，最主要还是来自于控制海洋的好处以及人们的深刻思索：如何高效地利用海军力量。[1]

海军战略就是解决如何运用海军力量这个问题的。对海军战略的系统性研究，则是从海军学院开始的。其实海军战略已经存在，在以往的海上战争中军人凭借才智和常识都能找到并正确运用达成目标的方法。海军战略说到底不过是正确运用方法以达成目标。需要有人一直仔细观察、记录这些方法。为此，海军学院应运而生。只要能使海军军官深刻认识到，任何情况下分散舰队都是愚不可及的，也就能证明海军学院和它每年所领取的经费是多么物有所值了。美国海军曾将作战舰队分别部署在两个大洋上（即太平洋和大西洋）是极不明智的。这个决议主要是根据海军学院历次作战演习的经验所得出的。将此事告知我的是已逝海军上将斯佩里。这样的配置，使位于每一个大洋的海军分舰队面对大洋上的另一国海军舰队时居于劣势。如果把这两支舰队

---

[1] 即出自于对海军价值的这种认识所产生的持续思想演变过程。

联合起来，便可对外国舰队形成优势。这个实例足以证明国民和政治家都需要一些基本的海军战略常识。拿破仑的一句至理名言将集中思想表述为："目的的专一是获取巨大成功的秘诀。"专一，意味着将所有意愿集中于某一目标，而舍弃其他目标，它是思想和信念的绝对集中，也是决心的集中。对应军事，就是人力与财力的集中。当一个人怀着必胜的精神信念，物质集中也就随之而来，如同有因必有果一样。

我引用三个实例来证明考虑的事物对于海军战略的持久影响。考虑的事物可以看作是产生原理的缘由，这两者的关系如同果实结自果树。这三个实例虽然发生时间相隔甚远，表面条件也截然不同，但是它们却可以用一条共通的原理紧密地串联起来。

一、当纳尔逊[1]最后一次回到英国时，国内正对考尔德率领英国舰队即将与占优势的敌国海军开战而深感不安。纳尔逊却说："我敢断言，如果他们击败了考尔德，那么他们在今年就不会再给英国制造麻烦。"纳尔逊的意思是，考尔德和敌人都会退出战场，但是英国的后备军力仍能控制局势。

二、1892年，当我在海军学院学术例会开幕式上谈到战舰报废的问题时，曾经引述了纳尔逊的观点。我确信纳尔逊的观点是完全正确的。我当时的引语：外国海军人员对废舰的最新看法是，当战争进入到后期，最新的军舰破损并且在修理时，谁能启

---

[1] 霍雷肖·纳尔逊（1758—1805），英国著名海军将领及军事家，在1798年尼罗河口海战及1801年哥本哈根战役等重大战役中带领皇家海军胜出。1805年的特拉法尔加战役，他率舰队击溃法国及西班牙组成的联合舰队，自己却在战事进行期间中弹阵亡。

用的后备舰多,谁就能赢得胜利。

三、1909年,在英国议会关于德国海军竞争问题的激烈争论中,与会人员一致得出结论,三年之后德国无畏舰的数量必然接近英国。辩论即将结束时,英国首相宣称:仅从无畏舰而言,德国与英国在数量上可能是近乎相等,但是凭借所拥有的二线军舰巨大优势,英国仍然保持着对海洋的控制。[1]当双方的无畏舰都用尽时,不论谁获得胜利,它们都将同纳尔逊所说的那样,"今年之内"退出战场,由后备力量发挥作用。

从上文中的这三个时代的实例所引申出一条原理就是:在决定点上保持一支优势兵力。简单地说,就是用最多的兵力抢先到达这个决定点。在所引述的三个预断中,后备力量的价值是决定性要素。在战场上,如果一方能在正确的位置上保留一支后备力量,就能在紧急关头先于敌军掌握一支绝对优势的兵力,在战争或战役的决定性阶段得以集中。这是保持优势的一种方法,运用的关键在于掌握准确的时机。出于对后备力量的考虑,从而理智地限制报废的旧舰,这一思想则具有战略性质。

日俄战争中,如果俄国人能适当地掌握并运用后备力量,那么他们在旅顺口也会像纳尔逊那样判断:如果东乡平八郎在旅顺口歼灭了俄国海军分舰队,那么东乡平八郎在一定时期内就无法再继续作战了,罗日杰斯特文斯基则可继续推进。旅顺口的俄国海军完全可以孤注一掷与敌军拼死一战,为后备力量歼灭敌舰。俄国人在日俄海战中的做法,无异于将掌握在自己手中的命运抛入海中。请注意,这里我所说的俄国人并非无能为力又无职责的

---

[1] 宣称是完全正确的。

百姓，而是那些在俄国政府与美国政府中负责同样事务的官员。他们应当为俄国的失败负责。俄国的无能，使得波斯尼亚和黑塞哥维那被纳入奥地利版图。对海军的治理不力，使得德国从俄国的威胁中解脱出来，直接促进其海军的发展，甚至导致了东西两半球国际形势的变化。

这并不新鲜，简单地汇总原理，对老手或许还有些作用，因为他们在面对困惑时可以靠它坚定信心。对于新手，可能就毫无裨益，因为他们还不会从亲身经历中引证并阐释原理，也不会从历史或是从关于前人经验的记载中引证并阐释原理。对于一个未经历训练的人而言，所谓原理，不过是权威人士根据观察所制定的论述。他们内心的信念尚不坚定，他们也都还没有证实这些论述是否正确，但是在战场上，只有内心信念坚定者才能在紧急时刻爆发力量。纳尔逊曾写道，新手眼中的哥本哈根海战的形势比实际情况更可怕。

本讲稿是我运用亲身经验分析实时情况和问题而写成的，是我根据实践形成的直观的综合性论述。法国人称战场上看清局势的眼力为一目了然。拿破仑曾说：战场上，绝妙的灵感，往往不过是回忆。这说明实例，即经验的重要性，因为不论是对某人一次行动的记录，还是对某事件的记录，都依赖回忆。拿破仑所说的"回忆"，不是一般的回忆，而是某一紧急情况下对经验的运用。对实际情况熟悉才能做到一目了然。

纳尔逊肯定经验的价值，他认为经验即历史，可利用经验迅速而准确地判断事态。拿破仑重视历史的价值，在他看来历史即作战经验，是提供具体运用于紧急情况的实例。这两个观点相辅相成。纳尔逊着眼于一般情况，拿破仑着眼于特殊情况。朱利安·科贝特[1]的《七年战争》中特别写到征服魁北克的沃尔夫对所参加的军事活动的详细评论,记录经验的良好习惯使他在担任统帅的时候获益匪浅。记载亲身经验的人,也有从历史中搜集资料的爱好。1864年,波特的船队因为水位下降被困于红河瀑布上游,幸好手下有人曾有过类似的经验,才筑堤救船幸运脱险,这就得益于经验。

　　实例和原理互相作用,这种相互作用表明二者偏一不可。掌握原理的人,对于例证一目了然,而且能正确评价其价值。卢斯海军少将在海军学会发表的关于海军战略的论文中,引用了沃尔斯利勋爵评论美国南北战争的一句话:"综观这时期的小规模作战过程,我为那些提供规律的例证激动,这些规律维护了古老战争原理的权威。"详细分析两个实例之后,沃尔斯利勋爵说:"两次失败都可预料到。"掌握原理的人,当他初次遭遇战争就能从例证中领悟,从而更加坚定地坚持原理,因为他在实际经历中能更深刻地理解原理。一个小孩被火烧伤,领悟过切肤之痛,才会更好地理解火会伤人的原理。成年人只需要知道他人被火烧伤,就可从中获得经验。这说明,观察周围情况的重要性。亲眼见到别人遭难,走向毁灭,却不能使自己更加明智,是因为并未理解事情发生的原因,而未能理解的缘由,或是对于别人所违背的原理毫无印象,或是没有通过原理来分析他的情况,所以在所难免地重蹈覆辙。

　　我再举一个事例。前文中我已经提到美国参议院通过决议,将美国作战舰队分别部署在大西洋和太平洋沿岸。这时距离日俄

---

[1] 著有《英国在地中海》《七年战争中的英国》。

战争俄国舰队被东乡平八郎率领的日本舰队歼灭不到四年,俄国舰队覆灭的原因就是舰队分列于波罗的海和东亚俄国的沿岸。俄国人违背了集中原理,虽然兵力总体占优势,但在作战时却从来没能以最多兵力到达过战场。对于精于战略原理并熟悉先例的人而言,俄国在这一战役中的失误已经不用我再一一指出了。看似是他们低估了敌人,不如说是他们无知和大意。然而,不熟悉原理,即使有新的先例,也是毫无用处的。目睹邻居失火,却丝毫不重视发生的原因,就像一个无知的孩童,轻易地就将祖国推向了险途。

所以,切勿低估军事研究的作用,军事研究是理智地观察各种事变,并从中得出可以称之为原理的结论。这就是科学工作,我们观察记录的例证越多,我们的结论就越可靠。历史为我们创造了大量的例证,历史已经将例证记录并形成了原理供我们使用。记住我们的责任:继往开来,根据我们自身所处的实际环境运用原理,将自己以及他人遵行或者违背原理所得到的后果准确记录下来。

自从这份讲稿初稿写成以来,美国海军军官主动关注当前和以往事件的兴趣大大提高了。结果,我便搜集到了大量过去未经系统阐释和整理的材料。请允许我引用1892年海军学院在新校舍开学时我的一段话,证明这些进步。我曾说:"1886—1888年我在此停留期间以及其后的四年时间里,我一直在向国外的陆军、海军军事图书销售商索取书目,并仔细检阅其内容。只要是任何涉及海军战略的书籍,我都会为学院图书馆订购。结果,你们看到了,楼下有一个矮书架上满满地陈列着关于海军战术的书籍,其中将近一半的书籍是从霍斯特到肖帕尔时期帆船战术的杰出作品。"这次讲话中，我从未提到海军战略，因为除了1890年科洛姆出版的《海战》一书外，当时尚未出现正式的关于海军战略的著作，只是零星地从报刊上见到一些相关的论述文章。于是，我就只好完全借助陆战战略的著作来推论海军战略的原理了。

　　无须赘言，这二十一年中，有关海军战略的规范性论述文章的出版，取得了一定进展，成书之多就是最好的证明。尽管陆战战略的规范性论述成书出现得较早，但是其数量并没有大增。更多的迹象表明，随着人们对研究工作备加关注，研究工作的影响作用也愈发显著。世界各国海军舰队的配置就说明正确的思想已经成为主流，而且各国意识到开展正规研究的必要，也开设了类似美国海军学院的课程。海军战略正在各国司令部或者是海军机构里引起更大的注意。英国海军部根据1904年8月的决议对其海军职权的调整，正是这种变化的标志，该决议规定的集中海军大臣的职能，在本质上就具有战略性质。

　　一定数量的著作证明广泛的关于海权的兴趣已经被唤起。仅从我熟悉的英语和法语两个语种而言，法国的达里厄、达夫吕伊的著作以及英国科贝特的历史著作，在三十年前是无法完成的。这些著作在三十年前无法写就，原因不在于可供查阅的资料少，也不在于缺乏使用的资料，而在于缺乏将资源和人才结合并产生成果的普遍兴趣。在德国，军事科学飞速发展。我从所获赠的德国军事著作中，深刻地感受到德国海军思想的活跃，他们甚至可能已经领先了。我不懂德语，有生之年不能从德国人身上获得专业影响，我终身以此为憾。

　　海军学院的创办在这次运动中发挥了巨大作用，假使我这一认识是正确的,以此为线索溯源,找出创建该专业的众多根源中的一个,便能深受启迪。大家都知道,海军学院的创办应该归功于卢斯海军少将,是他向海军部恳切地提出要求。推动卢斯海军少将提出并坚持这个要求的原因之一,就是他的亲身经历,他深感在指挥南北战争的海军部时该机构缺乏一目了然的军事洞察力。当时,陆军和浅水炮艇[1]耗费了数月时间、数百条性命、数百万美金对查尔斯顿港展开正面攻击,其结果竟然是萨姆特要塞成了废墟,城市虽然被炮火摧毁,却巍然不倒,南部联邦的旗帜坚强地在瓦砾上飘扬。当谢尔曼的部队从亚特兰大抵达萨凡纳时,面对的就是这样的情景。

卢斯海军少将说:

我从浅水炮艇"楠塔基特"号调任"庞蒂亚克"号舰长,并于1865年1月5日奉命到萨凡纳城向谢尔曼将军报到,承担在萨凡纳河同陆军协同作战的任务。

在司令部报到时,谢尔曼将军简明扼要地说明了从萨凡纳继续向北推进的计划。斯洛克姆将军将指挥左翼陆军向位于萨凡纳上游约40英里[2]的渡口开进,并架设浮桥渡过萨凡纳河进入南卡罗来纳。"庞蒂亚克"号的任务是,抵达渡口上游并保护浮桥,防止南部联邦部队从奥古斯塔城方向进行骚扰。谢尔曼将军说:"当我立足于坚实的地面时,那个家伙就只能滚蛋了!"随后,他又语调诙谐地说:"你们的海军兄弟们已经在查尔斯顿港外三年了。等着瞧吧,我一进入南卡罗来纳就切断敌交通线,查尔斯

---

〔1〕其中一艘曾为卢斯所指挥。

〔2〕1英里≈1.609千米

顿港就会像一只已经熟透的梨子轻松落到你们手中。"这种语调令人感到愉快。

在听取了谢尔曼将军对态势的分析后，我的眼界豁然开朗，我心想："这才是一个精通军事的专业军人。"我也从这时才懂得，军事行动是有原理可依循的，必须对其仔细研究，这些原理是可以普遍使用的，无论是在陆地还是海面上。

谢尔曼将军离开波卡塔利戈挥师挺进哥伦比亚，轻易攻占该城。这就迫使对手在1864年2月17日撤离查尔斯顿港，这时距离攻克罗亚尔港刚好三年。罗亚尔港曾是海军在南卡罗来纳水域的前沿基地，对查尔斯顿港的直接进攻便是以该港为依托。

为修订我这部讲稿，除其他资料我又选出四本著作精读，两本法语，两本英语。这些书是三十年来海军思想令人瞩目变化的证明。达里厄和达夫吕伊都喜欢引用大量实例，却又不失严谨地、系统地采用了我这本现在才出版的书稿中所使用的方法。他们经过研讨首次创立了一些原理，然后又引用可将这些原理清楚阐释的实例，给原理穿上衣服，使其成为生动活泼的样子，而非枯燥的字句。通过这种方式，他们严谨地遵照逻辑推理，推动那些已经阐明的原理继续丰富和发展。这种说明方式，与法国人一贯的清晰思路和准确预言一致。另外，他们还采用了达夫吕伊嗜好的研究史学的方法。达夫吕伊曾说："历史是经验的记录，只要精心研究，完全能找出渗入战争中的变动因素，尽管历史不可能完整无缺，但是它绝不会遗漏所有的变动因素。历史是真实的写照，反之，历史也是一个推理的方法。"也就是说，当一个人建立起一定的真理基础时，他就能在此基础上创造出不再受历史检验的体系，"这个推理方法具有选择倾向"。即历史为人类提供所有的限定因素，而受常规所影响易于忽略那些足以修改这些因素的成分。谢尔曼将军曾一度向我表示与此类似的思想。他对模拟持怀疑态度，他说，因为我们无法掌握那些促使变化发生的因素，如恐惧以及其他各种能够影响军事行动的精神因素。

历史为我们提供过往的事情的全貌，如果我们能认真地利用历史，便能从中获益。假使你手握着已经阐释清楚的原理，探讨历史的时候便能依情况做出正确的判断，你便能根据准则来研究历史。正因如此，我意识到，达里厄和达夫吕伊的著作经得住检验。我这篇讲稿和他二人的著作已经成为研究我前文提到过的诸如科贝特的那些军事著作的必需参考文献。科贝特是军事历史学家、海军历史学家，他善于运用已经阐释清楚的原理来探讨所提出的课题。这些原理都是他从杰出的军事著作中总结出来的。就我个人而言，我是将历史当作军事记录研究。我根据若米尼的《战争的艺术》[1]以及《法国革命战争史》编写历史教程演讲稿，后来该讲稿以《海权对历史的影响》为名出版。这就是在历史的基础上，对海军战略的原理进行系统的阐释，这些阐释都包括在本讲稿中，现在讲稿经过补充和修订形成了书稿，其中修订和补充是一些新的例证和阐释，原理未做任何改变，只是在运用上有一些创新。

前文即我为《海军战略》一书所写的序言。我相信，通过前文的论述，我已经把原理与例证之间的辨证关系阐释得很清楚了。原理和例证其中之一只能是片面的老师，只有两者相结合才是全面的良师。两者之中，经过历史经验系统地阐释清楚的原理

---

[1] 一部堪与达夫吕伊著作相媲美的严谨论著。

更为可靠，因为就两者之间的辨证关系而言，历史记录行动，它承担着实践的作用，是实际经验的叙述。希望我们大家已经摆脱惯性思维，这种惯性思维认为，只有实践，只有亲身经历才是首屈一指的准则，它高于已经阐明的实践，这种实践已经被人提高并经过人们多方面的发展。我要强调的是，请紧握原理，用历史的例证反复证明，说服别人接受这些原理。

结尾，我希望大家都能留意科贝特著作中的一个观点。我会在适当的地方从科贝特的著作中引用一些政治事件作为例证。在这里，我引用的这个观点，是海军战略思想的一个必要组成部分，虽然过去这个观点经常被无视，甚至被诋毁、怀疑。这就是在制定一切军事计划时，必须正确预估国际形势，把它作为一个必要因素。引用一个实例来证明这个观点，如果我们不能提高美国现在的造舰速度并扩大国内造船厂的规模，而德国海军造舰规划一旦被通过，该规划所规定的军舰一旦完工，那么德国就将拥有一支强于美国的海军。到那时，门罗主义[1]的支柱还存在吗？用什么来保证巴拿马地区美国权益的安全？这二者都需要以舰队为后盾。

这个问题，仅就军事力量层面而言，再简单不过了。优势舰队主宰海洋。但是这个问题又涉及政治关系，并且很有可能引出许多复杂因素。身为政府的军事顾问，必须熟悉世界政治形势并善于衡量形势，准确地判断数量优劣的程度，还要从其他方面考

---

[1] 1823年，美国总统门罗向国会提出咨文，宣称："今后欧洲任何列强不得把美洲大陆已经独立自由的国家当作将来殖民的对象。"他又称，美国不干涉欧洲列强的内部事务，也不容许欧洲列强干预美洲的事务。该咨文就是通常所说的"门罗宣言"。它包含的原则就是通常所说的"门罗主义"。

虑如何对敌人施加压力扭转劣势。每个海军军官都必须研究国内外事件，甚至还要考虑到如果某一天担任政府顾问，准确地判断世界形势以及事件对本国施加的有利影响。

　　这就是我要提出的一条原理，即在军事计划中必须考虑政治——国际——关系。我以历史上美国和德国两国同世界其他国家的关系来说明这个原理。德国和奥地利曾经配合得相当默契，德国曾迫使俄国不顾英国和法国的立场承认奥地利对波斯尼亚和黑塞哥维那的占领。我们虽然还无法详尽地分析德国这一行为背后的意图，但是可以指出的是，其他欧洲各国会对德国的为所欲为纵容到什么程度呢？假如美国没有舰队，那么德国定会一试；假如美国军舰数量与德国相当，那么德国就不会轻举妄动。因为我国抵抗，不管胜败，都会使德国在一段时期内以劣势面对欧洲其他国家。如果美国突然同日本交战或者是陷入两国关系紧张的状态，那么德国就会增强海军舰队的力量。我国和英国曾围绕门罗主义展开长期争议，我们不断取得进展，最终和英国签订了《海-庞斯福特条约》[1]。这是门罗主义的胜利，虽然直到1911年5月英国外交大臣才明确表示接受。在这期间，美国的海军同英国相比，一直处于劣势，但是我们最终胜利了。胜利的原因是什么？在与新兴海军强国的竞争中，美国是否还能处于类似的有

---

　　[1] 1901年，美国迫使英国签订了《海-庞斯福特条约》，同时废除了1850年签订的保证两国对巴拿马运河拥有平等权的《克莱敦-布尔尼条约》。美国从此获得了开凿、经营和管理巴拿马运河的特权。1903年，美国策动巴拿马脱离哥伦比亚独立，并与刚刚成立的巴拿马政府签订了《海·布诺·瓦里拉条约》，根据该条约，美国一次性支付给巴拿马1000万美元作为"签约补偿"，享有在巴拿马开凿运河和"永久使用、占领及控制"运河和运河区以及修建铁路和设防驻军的权力。

利地位呢？如果我们同德国产生纠纷，英国会是什么态度呢？相反，如果德国同英国产生纠纷，美国又该如何对待呢？

科贝特认为，七年战争中的英国富强有力，其原因在于英国海军、陆军、外交等这些因素都掌握在老皮特手中。老皮特统一权衡并协调三方面情况使其互相协作并发挥最大功效。这种效果令人向往，也应当能引起我们的正视：要达成这样的效果绝不是仅靠一人之力，而是必须要经过无数人通力合作才行。这些人，有政治家，有陆军军人，有海军军人，他们中的每个人都必须了解所有的情况，这样的合作才会有成效。这条原理受到了1911年大英帝国会议的极大重视。加拿大、澳大利亚、南非、新西兰的部长们和大英帝国防务委员共同参加这次会议。会议上，英国政府向各国部长介绍了涉及帝国共同利益的国际形势。在这些共同利益中，帝国防务居于首位，而对帝国防务的组织必须基于国际关系的认识。以往，陆军海军协同作战往往会失利，究其原因，与其说是互相猜忌，不如说是缺乏对彼此的了解。想要恰如其分地做好作战准备和制定战争计划，陆军军官和海军军官必须充分掌握国际关系。因为这些关系影响着对手在各地区的兵力部署。达里厄说得很对："海军的每项规划，若不考虑与大国的关系，也不考虑本国资源所能提供的物资限度，就会立足于一个虚弱不稳的基础之上。外交政策和战略被一条不可割裂的链条紧密地联结在一起。"关于这个联结关系，达里厄引用了德国的戈尔茨[1]说过的一段话："无论是谁撰写战略和战术，他都不应该忽视本国

---

[1] 科尔玛·冯·德·戈尔茨（1843—1916），普鲁士军人，军事历史学家，德意志帝国陆军元帅。

人民的意志。他应该提供一部民族的战略,一部民族的战术。"

门罗主义已经成为美国公众的观点,任何战略规划[1]如果忽略这个观点而不予考虑,都是松散不可靠的。

在绪论所谈及的这些观点外,我再向大家诚恳地建议,必须掌握、追踪当代重大事件,并正确分析其意义。军事从业者,当然应该密切地关注。你们还需要抽出大量的时间去阅读军事史,并正确理解,才能跟上国际形势的发展。只有这样,一旦你身居要职时,你就能一目了然,不论在何时遇到紧急情况,都能迅速地洞察国家权益全貌。纳尔逊说,你们已经不再是新手了。不再是新手,就意味着你们在事业中,如同纳尔逊一样,能不断地运用养成的判断力。"一个军官应当具备政治勇气。"这是纳尔逊的另一句话,它也值得我们铭记。想要具备政治勇气,就是具备良好的政治学识,要更有成效地将精力集中在政治学识上,避免精力分散于国家的内部问题,如财政问题、社会问题、经济问题等。只有海军的活动范围具有国际性质,因此,海军同政治家的活动范围是紧密联系的。你们必须要具备政治家和海军军人的高度。二者兼备的人物必将被海军历史和海军人物传记所铭记。我相信,在海军学院的毕业生中,必然会有大量这样的人物。

---

[1]诸如舰队的数目和编成。

第二章

史例述评（一）

考虑一处实际的或可能的战区，或一片预设的战场，第一要点是确定哪一个或哪一系列位置能凭借天然条件控制该战场或战区的主要部分。一个研究者，如果想得出正确的结论并传授给他人，就应该清楚地知道，对于战区或战场控制能力的来源。

奥地利的查理大公[1]在研究自莱茵河以东至波西米亚、自瑞士和蒂罗尔河向北直至美因河地区，以及稍远的日耳曼广大战区后指出，多瑙河从乌尔姆流经雷根斯堡这段地区，不论武器样式或是战争形式如何变化，两千年以来，一直都是控制奥地利的军事要地。谁能牢牢控制这段区域，谁就能夺得整个战区。查理大公以事实为依据证明这一论点。这一段区域对整个战区具有决定性影响，原因为：这段河流两岸峡谷陡峭尤其难以渡越，成为军

---

〔1〕即特申公爵，奥地利帝国皇子，奥地利元帅，军事理论家，史称卡尔大公或卡尔大元帅。他1790年进入军队，在战事频繁的18世纪末和19世纪初，作为奥地利的军事统帅而活跃于欧洲战场，并曾成为使拿破仑首次受挫的抗法名将。

队自由运动的障碍，尤其是乌尔姆至雷根斯堡渡越难度极大。这段河流处于多瑙河中段，不仅居于战区的北部和南部中间，还居于两军阵地的东西战线中间。雷根斯堡距波希米亚同乌尔姆距莱茵河相差无几。两军对垒，谁能越过这段障碍，谁就能拥有绝对优势，而无法横渡者如果将其兵力分列于两岸，那么兵力就难以会合。

除了险峻的自然条件，这段河上还有很多桥梁，一些桥梁结构坚固并重点布防。各点之间，均可沿河道连接，又有道路贯通南北。奥地利的国家交通路线，军队和辎重必经路线，都靠这些桥梁交汇。从弗兰西斯一世[1]和查理五世、黎塞留和路易十四至查理大公和拿破仑时代，三百年间，奥地利和法国为了争夺各种利益，力图控制这些分布在该地区的日耳曼诸邦。这些政治角逐往往最后演变成战争，这个战区也就成了众多军事原理的试验场。

不要忘了，查理大公是拿破仑时代最杰出的奥地利军事将领，在那个时代，他的军事天才堪与拿破仑并论。但在人们的记忆中，他似乎并没有与拿破仑一样有名。1809年，查理大公历经苦战，最后还是输给了卓越的军事天才拿破仑，因而光荣退隐了。但是1796年，查理大公曾驰骋多瑙河从乌尔姆流经雷根斯堡这一战区，并立下了不朽功勋。在这次战役中，他果断地调动部

---

〔1〕弗兰西斯一世（1494—1547），又译作弗朗索瓦一世。即位前通常称昂古莱姆的弗朗索瓦，继位后人称骑士国王。在意大利战争中最后败给了如日中天的神圣罗马帝国皇帝查理五世。

队,击败了分别由儒尔当[1]和莫罗[2]指挥的两支法军。儒尔当和莫罗都是出色的将领,他们分率的两支法军数量总额远胜于奥地利军队。两位法国将领按照预定计划行动:儒尔当率军向多瑙河以北开进,莫罗率军向多瑙河以南前进,于是军队就被分割了。查理大公却引兵往后,扼守要隘。他利用多瑙河的天险,快速引兵击败了儒尔当的北路敌军,并将敌军赶回莱茵河,而此时,莫罗发现查理大公正在他自己后方和翼侧虎视眈眈,面对着占有优势的敌人,孤军作战的莫罗只好撤退。撤退时,莫罗没有沿进军路线返回,而是穿过黑林山在南格和布赖萨赫渡过莱茵河,因此并没有返回出发地斯特拉斯堡。

1809年,查理大公再次在这块地区作战,他的对手是拿破仑。此前,法军曾在多瑙河流域进行过两次重大战役。一次是著名的霍恩林登之役,由莫罗指挥;一次是著名的奥斯特利茨之役,由拿破仑指挥。两次战役,都以法国大胜奥地利,奥地利军队惨败为结局。这段战区对奥地利命运以及欧洲局势都有十分重大的影响,因而查理大公尤其重视。查理大公的军事能力,多瑙河战场对他的重要性,他指挥战争时所获得的真知灼见,他对自己和别人的失误的公正评断,都是以这个著名的历史战场为依据。这些例证都证明了查理大公的论点是具有研究价值的。著名军事学家和评论家若米尼指出查理大公的战略观点后,查理大公才名声大振。若米尼编译了查理大公的著作并加以注释,有些注

---

〔1〕儒尔当(1762—1833),法国著名将领,1815年被拿破仑封为法国贵族、莱茵军团司令。

〔2〕莫罗(1763—1813),法国著名将领。

释表明他对查理大公的见解是十分赞同的。

我曾经在课堂上用详细例证来表述1796年战役中的军事运动,我也曾通过示意图介绍战役紧要时期几支军队所处的位置和军队的数量。现在不用这样详细地阐述了,只要在地图上用线条标出每支法军前进距离,以及北路法军撤退时双方部队的位置,就可以一目了然。儒尔当率领北路法军撤退后,南路法军仍然继续向前,直到莫罗得知儒尔当已经撤退,他才意识到他中了诱敌深入之计,他立刻停止前进。儒尔当还未退至莱茵河就停止了后撤,他的部队因为战败和撤退而士气低落,一时间无法牵制查理大公。查理大公继续向南准备截击莫罗。莫罗只好紧急后撤,还未赶到莱茵河,奥地利已经在莱茵河上游准备迎战了。他只好回师向南在布赖萨赫渡河,无法重返出发点斯特拉斯堡。

以下四点极为重要:集中;实现集中的方法,诸如多瑙河流域的中央线;中央位置所提供给军队运动的内线;交通线对作战成败的影响,诸如莫罗被迫后撤。让我用历史实例来说明它们的重要作用和价值。为了详尽阐述,我将从比1796年之战还要早一百多年的战争中引出实例。该实例的特点比查理大公那场众人皆知的战役更为突出,这个实例不仅可以使陆军运动和海军运动互相对照,互为佐证,还可以介绍协同作战。它的明显特色在于,兼具陆军和海军特色,完全可以称其为基于陆、海军各自条件而构成的联合态势。这些战役,可称为陆军、海军的联合作战,这种联合表面看似并不明确,仔细分析才看得出。之后,我将简述1652—1654年英荷两国之间的海战。仅是这次海战,就能详细说明诸如集中、中央位置、内线等课题。

这些实例为:1796年的日耳曼境内陆战;1635—1648年法国

及其盟国对抗奥地利与西班牙同盟的陆、海军混合[1]；1652—1654年英荷海战[2]。

感谢科贝特所著的《英国在地中海》一书为后两个实例提供了大量的资料和一些建议；我还要感谢其他作家为此提供了可供参考的资料。科贝特的著作为海军增添了极有价值的篇章，同时他的著作也为海军史增加了很多有价值的内容。科贝特在这本著作中，不断地介绍了致使英国进入地中海的一些事件，说明了英国以地中海为稳固基地成长为地中海强国，进而指出地中海上的英国优势海军，有助于英国陆军在陆地上的发挥，从而影响事件的总进程。

《英国在地中海》涉及时间为1600—1713年。我将会提到发生在这一时期内的众多事变，大部分内容主要为1630—1660年这三十年间的事变。在这一时段，欧洲的主要局势为：直至1640年，英国的实力因为国王同议会互相争斗而被削弱，已无力顾及国外活动；法国与奥地利持续近一个世纪的斗争已经开始，这时的奥地利还统治着日耳曼地区和西班牙。

波旁皇室和奥地利皇室的斗争是1618—1648年著名的三十年战争中的一部分，战争波及俄国以西的整个欧洲大陆。根据其特征，这场战争应该属于宗教性质。然后，究其根源，这场战争其实是两个皇朝之间的政治斗争。波旁皇室和奥地利皇室都虔信罗马旧教，两个皇室斗争缘于奥属日耳曼依靠日耳曼皇帝

---

[1]在这一态势中，中央位置为从西班牙经地中海至热那亚再经米兰至莱茵河流域一线。

[2]发生于法国与奥地利战争之后不久，在某种程度上可以说是法奥战争的产物。

（属奥地利皇室家族）的支持不断加强日耳曼诸邦的联合。这种联合依靠西班牙的金钱和日耳曼强盛的军事力量以及军事位置予以维持。16世纪，著名的查理五世也曾一手操纵了这样的联合。针对这个情况，阻止这种局势重演成了法国的国策。阻止奥地利扩张的国策，由法国国王亨利四世制定，而且得到了黎塞留[1]的支持。为此，法国联合新教国家，如瑞典、荷兰[2]以及众多地理属北欧的独立的小日耳曼新教诸邦结成同盟。这些国家在历史上有着特殊的利益关系，它们标志着主宰了一个世纪的宗教联合向政治联合转变。这种转变是从克伦威尔1650—1658年所从事的外交活动开始的，他所奉行的外交政策，带有宗教目的色彩，深受宗教影响。

　　对于依附奥地利的国家，法国居于二者中央位置，国力还比这两个国家都强。所以，法国将它们隔离使其无法互相增援。这种态势对于军事研究人员来说是屡见不鲜的，又是引人注目的。在所有的类似的实例中，永恒不变的是原理，因为其运用环境不同，例证因而呈现出新花样。这时候的法国所面对的局面，尽管环境有所区别，其原理其实与1796年查理大公面对分列于两边的儒尔当和莫罗的那种局面一样。法国也有相当于多瑙河一样的天险：热那亚、米兰和阿尔卑斯山的瓦尔泰利纳隘路等一线。起自西班牙的海上交通线就从属于这一线：从西班牙一方可通达荷

---

[1] 阿尔芒·让·迪普莱西·德·黎塞留（1585—1642），法王路易十三的宰相。他在法国政务决策中具有主导性的影响力，特别是三十年战争时，他通过一系列的外交努力，为法国获得了相当大的利益。

[2] 其实应该是"尼德兰联省共和国"，1795年后，尼德兰联省共和国成为法国统治下的荷兰王国。

兰；另一方可直通热那亚。

甚至不用查看地图就可以知道，如果西班牙与法国交战，那么西班牙的部队和物资只有通过海路运输到达奥属日耳曼。法国国土横亘于西班牙与奥属日耳曼之间。法国东部边境大体以莱茵河为界，东部边境以外，西班牙在北海控制着荷兰，在意大利控制着米兰大公国。法国若想到达米兰，则必须通过热那亚，但是热那亚已经与西班牙结盟。在德国历史学家兰克的一本重要著作中，当他谈及这些条件时，他写道："尼德兰同西班牙的联合，南意大利、米兰、西班牙的联合，这就是1500—1700年，左右国际政治的因素。"这是身兼神圣罗马帝国皇帝、西班牙国王的奥地利查理五世所造成的后果。他继承了西班牙和意大利，又继承了尼德兰和比利时[1]。1630—1650年，荷兰已经独立，比利时仍在西班牙的手中。

可见，如果海路通畅，西班牙一面可以凭海路直达荷兰，一面又可以从海上直达热那亚，继而从陆上进发至日耳曼境内的任何据点，实际上西班牙人已经多次到达日耳曼境内。20世纪的我们，在听到西班牙军队在莱茵河中部作战，而且这些军队来自比利时，一定会深感诧异。当时，英国因内乱而陷入瘫痪。在英国内乱最严重的时期，查理一世都还在犹豫不决，而他的政策完全

---

[1] 尼德兰相当于今天的荷兰、比利时、卢森堡和法国东北部的一部分。1516年，西班牙国王斐迪南死后，他的外孙查理一世即位。查理一世已经在1506年从他父亲（神圣罗马帝国皇帝之子）手中继承了尼德兰，这时又以西班牙国王的身份领有这片土地，从此尼德兰成为西班牙的属地。1579年北方八个省和南方部分城市成立"乌特勒支同盟"，1581年成立荷兰共和国。1609年，西班牙被迫承认荷兰独立。1815年维也纳会议后，原南部各省和荷兰合并为尼德兰王国。1830年南部脱离尼德兰独立，成立比利时王国。

有利于西班牙，荷兰海军则是游刃有余地对付着西班牙。它堵住了大西洋和英吉利海峡，使西班牙的军队无法进入日耳曼。西班牙海军也并非荷兰海军的对手。1639年，西班牙试图沿着这条交通线输送一万名陆军部队，其护航舰队为了寻求英国庇护，结果遭到荷兰的攻击而失败。

地中海的情况又不一样。与北海的荷兰不同，荷兰在北海有一支可靠的海军，而法国在地中海就没有这样的海军，于是西班牙就拥有了一条畅达热那亚的交通线，可以从米兰和蒂罗尔运送援军进入日耳曼。这条交通线的独特之处在于它可根据战时的情况不断调整，一般情况，取道热那亚、米兰，经阿尔卑斯山关隘就可进入莱茵河或者是多瑙河流域，莱茵河距离较近，而且更为合适；如果法国在此设防，那么西班牙人就只能沿较远的外线向东进入日耳曼核心地带。

多瑙河流域介于南北两地之间，又靠近意大利领地和地中海海岸，一边毗邻比利时[1]和日耳曼，一边毗连西班牙。西班牙的部队和辎重只有通过地中海才能运抵热那亚，所以，西班牙必须牢牢控制住这条水域。法国必须将西班牙赶出多瑙河流域或意大利，或者让西班牙人无法染指这两处，因为这些据点就像多瑙河上的桥梁一样，方便奥地利军队从河岸的一边赶到另一边，迅速形成局部优势。这正是军事联合的基本目的。如果这些战略要点都被法国掌握，那么它就可以集中一支军队并阻止敌人集中兵力。基于这些原因，早在詹姆斯一世时期，英国国内尚处于团结状态，正当英国还在为是否支持西班牙摇摆时，沃尔特·雷利勋

---

〔1〕此处比利时应为当时荷兰的南部各省。

爵于1617年就曾进言组织一支军队攻打热那亚。1624年,这个建议再次被提起,但均没有结果。如果英国人能成功付诸实施,那么西班牙的交通线就会被切断。

同一时期法国的两个对手——西班牙和奥地利所形成的对立局面,正是我之前提到的战略三要素的一个例证。我们可以在这里为这三个要素定义和确定名称,并举例向大家说明。

1.中央位置。以法国为例,法国在陆地上横亘于西班牙和奥地利之间,如果法国海岸部署一支一定规模的海军,法国舰队就切入了西班牙和意大利各港口之间。同样的中央位置还有多瑙河。

2.内线。内线的特征是中央位置为中心向四周的辐射,借此就可在敌人的多个分散集团中间插入楔子,继而集中对付其中一支力量,同时还可以用弱势兵力牵制另外一支力量。内线,可以是一个中央位置的延伸,或者是一系列中央位置的串联,就像是线是由点构成。"内线"的含义表现为,能以超过敌人的速度从中央位置将兵力集结于反方向的两条战线上的任何一点,以达到高效地使用兵力的作用。苏伊士运河同好望角,巴拿马运河同麦哲伦海峡,前者均是内线。基尔运河位于波罗的海和北海之间,它与厄勒海峡和大、小贝尔特海峡相比,也是一条内线。[1] 内线

---

[1] 这是促进德国海军各方面齐头并进、平行发展和预估变化的一个实例。从下面事实可以看出:建造的3艘无畏舰到1911年完工,加上这几艘大约将于1914年编成两个完整的无畏舰中队(每个中队8艘)之时,基尔运河也将扩建完毕,供其通航。到那时将有一支拥有38艘战列舰的舰队中,包括这16艘无畏战舰在内,其中8艘部署在北海,8艘在波罗的海,靠中央运河联系起来相互支援。这是一项不断用无畏舰替换以前的无畏战舰的精密预想方案。

就相当于在三角形内的一点向两个角画两条直线,这两条直线均短于其相应的三角形的边。简而言之,内线比敌人所使用的路线更短。再以法国为例,法国出兵挺进莱茵河或者比利牛斯山,或是向两点之一输送补给,比西班牙向莱茵河或奥地利向比利牛斯山派遣同样的军队或是运输补给(可以假定海路是畅通的),时间要少得多。

3.交通线。以法国与日耳曼同西班牙的相对位置为例。交通线是军事集团、陆军部队、海军舰队同国家保持生存联系的路线的总称。这是它的首要特征,所以,交通线可以视为守势作战线,而内线的性质则是偏向进攻的战线。这是因为内线可以使凭靠交通线占据优势的一方在面对敌军分部时,抢在对方增援该部之前发起进攻,因为攻击方离这个位置要比敌军更近。上文提到的1639年西班牙试图经英吉利海峡从科鲁尼亚向多佛尔海峡运送援兵失败,便是绝佳的例证。这正是因为法国恰好控制了部分莱茵河流域,扼住了西班牙取道米兰输送援兵的通道。对于西班牙人而言,祸不单行的是,从米兰进发日耳曼的路线又被法国的盟国瑞典切断。英吉利海峡便成为西班牙进入荷兰唯一的交通线。哪怕西班牙成功运送了援兵,这条线路也不过是一条外线,因为若以同等的行军速度,从法国中部出发的军队必然会先到达战场。

法国所处的中央位置具有攻守兼备的有利条件。这令法国拥有出击的内线:一条较近的路线,可使法国陆军通过拥有的交通线,开往任何战线。也就是说,与敌人从一条战线增援另一条战线所能采用的路线相比,法国的内线不仅更近,而且还有良好的防御。另外,法国可凭借位于大西洋和英吉利海峡的各港口,威胁西班牙的海上交通线。

而且，德、奥-匈作为同盟国成员对抗着俄、法、英三国，也是拥有利于集中的中央位置。

让我们再把注意力转回到多瑙河战场。在我所谈及的时期里，多瑙河地区就如同1796年一样，战火不断。1634年，西班牙和南日耳曼诸邦与瑞典以及北日耳曼诸邦在讷德林根的这场战役极为重要。直到这时，法国大部分海军都还在大西洋各港口集结。在此情况下，西班牙便可在通往热那亚和米兰的海上交通线上畅行，运送援军到达日耳曼。西班牙由此取得了决定性的胜利。之后，西班牙部队转战荷兰。我已经反复强调，一旦奥法两国爆发战争，控制住多瑙河这个中央位置，就可以全力向北或向南出击，想集南北两部之力来攻打它就困难多了。因为它到任何一部的距离都比二者之间的距离小得多。假使北军想要增援南军，因为无法渡越由敌军所控制的多瑙河河段，只能从多瑙河的下游或者是上游渡越。就如1640年西班牙的援兵不得不绕过法国一样。在这样道路狭窄的路上行军，队列也就不能多人横排，只能排成长长的纵列。援兵被长行军拉成了一条线，又因为是始终以侧面向敌、围绕敌人运动前进，敌军直接威胁着援兵的翼侧。这是因为，行军队伍是延伸的，处处都是弱点，相对薄弱的环节易于遭到攻击。自己的交通线暴露了，而敌人却又手握内线优势。

奥斯特利茨之战，俄奥同盟的一支小分队的运动就是一个很好的实例；美国南北战争昌斯劳斯维尔战役中，斯通华尔·杰克逊所指挥的南部联邦特遣部队也曾进行过类似的运动。于前者，拿破仑紧密监视着其动向，待到时机成熟，就集中力量攻击敌人两翼之间的交通线，彻底击败对方。于后者，杰克逊的冒险运动虽然惊险万分，他却成功了。因为联军总司令没有识破杰克逊的意图，杰克逊的部队已经分成两部，如果集中兵力就可将其分割，但联军总司令只顾右翼和后方的威胁。

我们来分析一下当时的情况。如果特遣部队从北方开始运动，那么它与主力部队之间便形成了一条交通线。离主力部队越远，交通线越长，即使拥有充足的补给，在交通线暴露的情况下，增援就成了难事，唯有勉力自保。这种情况会一直持续到进入南方那个支援范围以内为止。在特遣部队运动期间，全军就被一分为三，运动的特遣部队是没有任何堡垒可以依托的，没有足够的兵力优势，也不可能像敌人一样可以依托河流天险（或者是在桥上设防）。

这时居于中央位置的优势就显现出来了。从一处向另一处运动就没有暴露的隐忧。虽然敌人也有可能发起攻击，但是这种运动并不会加剧暴露。可以把一条已经被占据的线当成一处并不薄弱的位置，因为是固定的，只能循其道路运动，这样就不会出现紧急情况，还可以配置兵力互相支援。这就是中央位置的防御优势，各部队之间的交通线是安全的，没有缺口，就不会有薄弱环节，而又可以凭借内线发动攻势。中央位置距南北两方的任何一方的距离都要短于两方之间的距离，可趁两方联合之前全力攻击任意一方。我在上文中已经分析过了，如果打算重新分配兵力改善态势，身处中央位置还可对一分为三的敌军的一部分在其他两部援兵到来之前发起攻击。

这很好地证明了拿破仑的那句名言："战争就是处置位置。"上面的讨论就是围绕着位置进行的，例如，北方、南方、中央的半永久性的、常规的位置，特遣部队沿交通线运动在交通线上所占据的连续位置。大量的实例已经证明了位置的重要性，但是位置的重要性还不止于此。想要充分了解位置的重要性，就必须研究海军和陆军的历史，并且牢记拿破仑的名言，领悟中央位置、内线、交通线的定义。

我再以1877年俄国与土耳其交战时土耳其所占领的普列文[1]为例。为了抗击俄国人向君士坦丁堡进军，土耳其在这个位置上坚守了5个月，为何如此？因为如果俄国人继续前进，普列文就会接近他们的交通线，而且成为他们前进部队和后方部队或是多瑙河后面地区中央位置。如果敌军继续深入，普列文的守军就会朝着位于锡斯托瓦横跨多瑙河的唯一桥梁进发，抢在敌人援军到达之前将桥梁破坏。也就是说，普列文是拥有通往重要据点的内线，它牵制了俄国部队的运动。在日俄战争中，旅顺口的舰队同样威胁着日本的交通线，从而影响战争全局。对日本而言，旅顺口处于中央位置。我广泛地引用实例说明不同环境里中央位置的作用，是因为研究这些条件，能够加强对中央位置重要性的认识。

让我们再把目光转到日耳曼境内和西班牙海岸的奥地利部队之间的交通线上来。如果西班牙想要经意大利向莱茵河或多瑙河运送援军，只要奥地利还控制着北意大利而海路还在西班牙掌握之中，便能达到目的。这等于控制一条畅通的安全线。如果不能控制海洋，或者土伦的法国海军与西班牙海军实力相当，就有失败的危险。如果法国海军有局部优势，那么西班牙将面临巨大危

---

〔1〕Plevna，又译普莱夫纳。

险，甚至可能是一场灾难。因为这样，法国海军或者土伦就会成为西班牙交通线翼侧的巨大威胁。土伦相当于普列文和旅顺口。这两个位置很重要，但是其价值不是单纯地在于位置本身，而是在于对它的使用，恰如人的智力和财富的价值在于如何运用它一样。如果西班牙海军在这一区域对法国海军占有绝对优势，那么土伦的重要性也就荡然无存了。它虽然还是一处重要的位置，而未加利用就好比是一笔闲置的财产。对于普列文，道理也是如此，如果守备部队兵力严重不足，连野战都无法进行，那么普列文或被占领，或被特遣部队监视，俄国主力部队则可无后顾之忧地大胆向前推进。旅顺口的情况相同，俄国海军彻底丧失作用，日本陆军和海军监视着旅顺口，主力则继续向中国东北推进。而且中央位置的重要作用，使得敌人分出部队来围困它，从而削弱了主力部队的兵力。

土伦靠近交通线，因而形成威胁，这与普列文一样。从土伦开辟一条通往交通线的航线，便形成了一条便于强攻或奇袭的短距离内线。同样的理由，加的斯也曾一度很重要。20世纪初期的直布罗陀、马耳他、牙买加、关塔那摩湾都具有这样的作用。直布罗陀和马耳他对往返于地中海苏伊士运河的船只构成威胁；牙买加和关塔那摩对往返于巴拿马海峡的船只构成威胁。

如果西班牙能绕道撒丁岛以南，然后转而向北运送援兵，土伦的大部分价值就丧失了。只有西班牙的运输航线靠近热那亚，土伦的作用才能在某种程度上再次显现，即在短时间和小范围内控制交通线。拿破仑称迂回航线为隐蔽航线，在战场上，弱小一方曾采取它获得过显著的战果。商船采用的便利的航线，在战略上很有可能作用不大。但是，1798年拿破仑到达埃及，就是采用取道克里特岛然后再转向埃及的航线,而不是直接驶向埃及。于是,纳尔逊的追击没能成功,因为纳尔逊是按照常规的航线航行。

如果西班牙能在大西洋沿岸威胁法国的贸易和港口,诱使法国在这一地区布置全部甚至部分海军,削弱法国在土伦的兵力,那么法军在土伦就没有足够的兵力进攻。这样一来,西班牙就收获了同样的有利效果,即一条迂回路线所发挥的保护作用。这就是1634年的具体情况。在这一年,西班牙发兵从意大利增援日耳曼境内军队,在讷德林根打败法国的同盟军,法国不得不对西班牙宣战,并将海军舰队调至地中海。1898年,美国也遇到同样的情况,但这并不是由纸上谈兵的西班牙海军所致,而是由国内民众不安情绪所造成,他们敦促美国政府在汉普顿锚地保持一支"机动分遣舰队",而不向任何可能的战场靠拢。根据这种部署,如果西班牙的塞韦拉分舰队想要发挥其效能,它就应当进入西恩富戈斯,而不是驶入圣地亚哥。因为西恩富戈斯犹如一粒坚硬难啃的坚果,它有通往哈瓦那的铁路交通线并同西班牙驻守古巴的大部队相连,而美国又因为莫名其妙的惶恐将一般作战舰队部署在太平洋,这种做法正中敌人下怀,致使美国舰队趋于瘫痪。集中,唯有集中,这支作战舰队只能集中于太平洋或是大西洋上才能发挥效能。

往事历历在目,在与西班牙的战争中,美国海军重蹈了我先前描述的北部部队派遣一支分队绕道越过多瑙河与南部部队会和的覆辙。"俄勒冈"号就是这支特遣分队,它冒着与西班牙舰队遭遇的危险驶入西印度群岛与美国舰队会合。"俄勒冈"号于5月18日到达巴巴多斯,第二天塞韦拉分舰队就驶入了圣地亚哥。这是塞韦拉分舰队驶离马提尼克岛的第六天，马提尼克岛和巴巴多斯仅仅相距100海里。西班牙海军的无能，让世人忽略了"俄勒冈"号所冒的风险，这个人不包括"俄勒冈"号的舰长，他已经敏锐地察觉到风险。还有另外两任前海军部长也曾对我表示过他们对"俄勒冈"号的关怀和他们的担忧。即使以往的经验不容忽视，但仍有人想要重蹈覆辙，把海军作战舰队分列于大西洋和太平洋上。这与儒尔当和莫罗当年的情况毫无区别。一旦美国同欧洲国家或者日本发生战争，敌人就能畅通无阻地在这两支分舰队之间取得类似于多瑙河的位置。犹如东乡平八郎在旅顺口和俄国波罗的海舰队之间所做的那样。

1630—1660年法国在对抗西班牙和日耳曼的斗争中，因西班牙到热那亚的交通线的重要作用日益明显，法国改变了海军的总体部署并着手扩充海军，这是一条经验。黎塞留一度改组并强化了法国海军舰队，他被许多法国人看作是法国海军的真正奠基者。黎塞留最初的部署还是依据大西洋的形势制订的。地中海和大西洋使法国陷入进退两难的境地，而大西洋和太平洋使美国也陷入了同样的困境。黎塞留最初在大西洋的英吉利海峡和比斯开湾配置了三支分舰队；在地中海的利翁湾配置了一个分舰队，而且还是大桨船队，并非风帆船队。最初，他改变海军布置的动机只是为了常规性地保护贸易和海岸。随着奥地利王国的威势与日俱增，法国同日耳曼、西班牙渐渐对立，于是除了上述的保护任务外，法国还必须封锁西班牙与日耳曼之间的海上交通线，尤其是在英吉利海峡和地中海的交通线。

1635年5月，法国正式宣战，加入三十年战争。此前的一段时间里，法国仅是资助和袒护奥地利的敌对国间接地反对奥地利。

1634年8月27日，法国的盟友北日耳曼诸邦、瑞典在讷德林根惨败，直接促使法国采取措施。经此一役，西班牙人沿莱茵河挺进直达尼德兰。大批援军的到来增强了西班牙在尼德兰的兵力，使得西班牙在随后数年的战争中屡次胜利，甚至一度威胁巴黎[1]。

在黎塞留的伟大政治构想中，他早就计划谋取莱茵河作为法国东部边界，但在那时，他的短期军事目标是切断西班牙从意大利经日耳曼达尼德兰的交通线。黎塞留打算把攻下尼德兰作为进攻西班牙的重点，之后再与他国共同瓜分之。为了达到切断这条交通线的目的，黎塞留于1633年夺取了莱茵河西岸的洛林。洛林这时还是日耳曼的一个独立邦，曾一度援助奥地利皇帝。之后，法军又从洛林攻入了同样位于莱茵河畔的阿尔萨斯。由此，法国切断了西班牙通往莱茵河流域的交通线。之后以讷德林根之战为高潮的一系列事件，却为西班牙开辟了另一条通往莱茵河流域的交通线，它是一条较长但却适用的内线。

按照当时情况，这条遥遥深入日耳曼的内线，法国是无法达到的，所以必须攻击西班牙东海岸到热那亚的漫长海上交通线的一部分。为此，黎塞留在1636年将法国大西洋的几支分遣舰队调至土伦。然而，致使黎塞留如此调动的原因，可能不仅如此。近代历史学家加德纳对这一时期深有研究，他推测法国海军调往土伦的原因还有可能是为了脱离同英国舰队的接触。查理一世虽然声称保持中立，但是却在英吉利海峡暗中援助西班牙。英国舰队为满载兵员、补给、财物的西班牙运输船队护航直到其抵达西属尼德兰的军港敦刻尔克。黎塞留并不想同英国决裂，为了避免决

---

〔1〕即在1636年。

裂，最好的方法就是把法国军舰调走。黎塞留的做法是十分必要的，因为英国对法国创建海军充满妒忌，如同它后来对德国海军的成长深感忧虑一样。那时，西班牙海军早已存在，而且英国对与其作战习以为常，而法国海军正处于勃勃生机的初建状态，它将对英国造成新的威胁。而且，西班牙距离英国较远，而法国与英国仅隔着英吉利海峡和多佛尔海峡。

无论出自什么原因，法国海军1636年撤离大西洋并在土伦集结的行动已经完成。那时，土伦已经有了一些兵工厂，专供装备大桨舰船之用。这期间，西班牙为了护卫海上交通线，夺取了热那亚与土伦之间的勒兰群岛并在此设防。勒兰群岛的特殊位置，使其成了西班牙的基地，依托它，西班牙进可以阻碍法国的海上贸易，退可以支援西班牙通达热那亚的海上交通线。科贝特认为，西班牙夺取勒兰群岛正是法国海军在土伦集结的原因。若真如他所说，那么黎塞留的这次调动就难以堪称军事远见和英明决策，仅仅是为形势所迫。此后不久，西班牙人的行动令人大失所望，他们居然削减了把守勒兰群岛的兵力。于是，1637年，法国又收复了勒兰群岛，恢复了土伦的优势地位。

第三章

史例述评(二)

在所指挥的反对奥地利皇室的战争全程中，黎塞留屡次受挫，看似都是出自同样的原因，他不是寄望在某个或者某两个区域集中兵力以制造决定性优势，而是谋求同时达到过多的目标。如果他能依托法国的中央位置和内线，他就能拥有多次集中兵力的良机，可随意在西属尼德兰、莱茵河流域、西班牙，甚至意大利运用强大的兵力。法国的地理位置，使它具备着便于集中的先天优势，即一个国家对抗两个或以上的彼此国土不相连的国家。众人皆知，各联盟国家的弱点在于分散。如果同样的兵力总数分成两部分不如整体有利，这就是因为没有做到完全集中。联盟各国通常都各怀目的，因而在行动上也就会各行其是。在任何时候，如果一份作战计划摆在你面前，你都需要先问问自己，这个计划是否符合集中的要求？千万不要一心二用，除非你的力量强大到能够双管齐下。

在我们海军中，从没有过一个人像纳尔逊那样勇于进取、善于用兵，而纳尔逊在派遣两艘巡洋舰远征的时候说过的一段话，我们需要时时铭记在心。他对舰长说：

如果遇到两艘敌舰，千万不要分开各自对付一艘。两舰联合攻击其中一艘敌舰，彻底将其解决，然后再去攻击另一艘。不管第二艘敌舰能否逃脱，你的国家都将获得一次胜利，俘获一艘敌舰。

在军舰设计方面，纳尔逊的这番见解同样适用。没有人能面面俱到，如果想面面俱到，就只会样样落空。意思就是说，军舰不会完全具备你们希望的所有性能。一定的吨位[1]内，不可能有集最快的速度、最强火力、最厚装甲、最远续航能力的舰艇。在这些目标吨位中，只能达到其一。如果定要一试，那就是在重蹈黎塞留的覆辙。他曾想要在四条战线上作战，想要征服尼德兰；想要控制西班牙在莱茵河流域的交通线，甚至征服西班牙；想要控制经意大利的交通线；想要支持西班牙国内的加泰罗尼亚地区叛乱，使其并入法国。他想一举四得，战争从爆发到他去世，已经持续了七年时间。法国的海军能一直在地中海集结，部分原因是亲西班牙的英国舰队因受国王与议会日益剧烈的分歧的束缚，主要原因在于尼德兰与法国结盟。尼德兰舰队有足够的力量，无须法国的援助，罔顾英国国王对西班牙的友好态度将西班牙舰队阻止在英吉利海峡，而英国国王担心过于激烈地反对尼德兰会引发战争从而不得不召集议会筹措战争经费。

我一直就很赞赏在军事上运用比拟。运用这种方法可以在表面上看似纷繁复杂的情况中，揭示出潜在的、并起决定性作用的唯一的原理。以法国士兵所达的这条漫长战线为例，它包括尼德兰、莱茵河流域、意大利阿尔卑斯山、从土伦至热那亚的地中

---

〔1〕一定的造舰吨位相当于陆军部队或海军舰队的一定规模。

海中央海岸,以及西班牙。明智的作战方针不是同时四面出击、夺取一切,而是尽可能隐蔽地迅速将巨大的优势兵力集中于一方面,在其他各个方面基本采取守势,然后用显现佯攻的方式掩饰真实的作战意图,通俗地说就是放烟幕弹。如今,集中原理不仅可以在较短战线上运用,也适用于更广泛的战略战场。假使作战双方实力相当,那么任何一方的目的就应该是将重兵集中投入到一处,同时在其他处或佯攻或避战防守,而不是分置于整条战线。在军事上,避战实际上就是保存部分实力,但为避战所进行的佯动却可以表现得极为"认真而有力"。

陆战中,一般对敌进行攻击的部位是根据地形条件来确定的。这是因为结合地形条件和集中兵力所造成局部优势,才能在位置上占据优势,增强自身实力。诸如,敌人一翼靠河分布,而河又难以渡越,河上缺乏足够的桥梁,攻其另一翼,就能把对方逼入背水之地,如果它被击败,便会有覆灭的危险。如果击退了靠河的一翼,就可将其全线压为直角,逼对方撤离背后那条交通线——一条赖以为生的补给道路。这就是在滑铁卢战役中,威灵顿公爵[1]推断的拿破仑为切断英国的海路可能采用的方法。或者,地形的某些有利条件便于对敌进行中央突破,一旦突破成功,便可利用已经取得的特殊位置的有利条件,牵制住一半敌军,而用大量部队面对另一半敌军。在意大利,拿破仑就运用中央位置成功地打击了在数量上占很大优势

---

[1] 威灵顿公爵(1769—1852),英国军事家、政治家,在1815年的滑铁卢战役中,他联同布吕歇尔击败拿破仑。

的敌军，他的敌人所犯的错误类似儒尔当和莫罗，向加尔达湖两侧的外线进军，使加尔达湖连同其出口明乔河变成了这场战役中的多瑙河流域——中央位置。敌军的指挥官被迫采用了看似很理想的方法：分兵。他亲率优势兵力正面向东准备逐退法军；又派西部部队在后方活动并切断法军同米兰和热那亚的交通线。此时，拿破仑正占据维罗纳、围攻曼图亚。针对敌军的布置，他放弃这两个位置，引兵退向明乔河的西岸并牢牢扼守此地。他用少量兵力凭借河流的地形条件抗击敌军，并且顺利拖延时间，集中优势兵力扑向敌军位于洛纳托的西路军。只要精心研读若米尼的《法国革命战争》，尤其是1796年拿破仑于意大利一节，便可找到有关利用地形的教益。这次战役要求特别注意运用位置，因为拿破仑在兵力上经常不占优势。

一般而言，陆战中总是倾向攻击敌方战线的一翼，除非自然地理条件完全不具备任何有利条件。以我个人的理解，主要原因在于，其两翼之间的距离较之任何一翼距中央远，因而支援中央比互相支援更为容易。简单地说就是一个距离问题，或者更为准确地说是个时间问题。还是以黎塞留的战线为例，我们很容易看出，假如他强攻尼德兰，则西班牙援兵从意大利赶往尼德兰，比他攻击中央时增援莱茵河所耗费时间更多。海军战术，犹如陆地战场的一样，通常也是依照相同的考虑来确定攻击的性质。但也有例外，圣维森特角之战中，英国海军将领就因为敌人中央太过薄弱而对其实施攻击，英国舰队因而插入敌军两翼中间并只与其中一翼交锋，就好像在奥斯特利茨拿破仑对敌人中央进行突破一样。

战列线式一直是海军的战斗队形，舰船一艘接一艘排成纵队。从火炮排列看，从队前到队后，可以面对敌人呈一线展开。在规范海战中，攻击这种纵队的一翼已经成为一条定律。正如通常说的，因为敌舰船是纵列航行，于是不管进攻前队还是后队，其实都是在攻击敌侧翼，并且不管选定哪一翼，就必须放弃对另一翼的攻击，这是因为攻击另一翼的舰船数量不足，无法坚持攻击直至最后。帆船时代的最经典战例特拉法尔加海战，就是严格依照纵列队形进行攻击的。纳尔逊集中其舰队主力，集成一支优势兵力进攻敌舰队左翼，恰为敌军后队，只派少量舰船进攻敌人右翼。对这支较小的非主力部队，他未曾下达不攻击或避战的具体的命令。这不是他一向的风格。他还亲自指挥这支小部队，并根据环境的实际情况相机行事。敌方左翼和中央遭到重创，这就是纳尔逊用他的方式和队形所取得的结果。集中攻击由副手负责指挥，纳尔逊说："我嘛，就是要使敌人的另一翼不造成干扰。"主力舰队突破敌人的中央，依照原计划对敌军的左翼持续攻击，对于右翼，则由纳尔逊所率分队进行牵制。主力舰船按照纵列前进插入敌人的前队，当敌人前队戗风转向或朝另一翼靠拢时，英国战舰就直接阻挡了敌人的聚拢，所以敌人的救援就失败了。

纳尔逊是一位深谋远虑、遇事果敢的战术家，他曾就双方舰队本身各自的情况，说明了为何进攻敌军左翼而不是右翼的理由。一般来说，攻击敌舰队后队较有利，因为前队无法对其支援，即使是勉强支援，也无法如后队支援前队那样迅速赶到。首先它必须掉转航向，掉转航向之前，指挥官必须下定决心，而很少有人能够果断地下定这样的决心，除非他已经预先得出结论。所有这一切都需要时间。此外，攻击者要拦截沿新航线航行的敌舰队后队，比拦截沿原来前进航线转向支援的前队更容易。然而，主张攻击敌军前队仍有其他一些理由。1801年，纳尔逊曾经说，一旦同俄国舰队遭遇，他必将攻俄国舰队前队，因为其前队受损势必造成队形混乱，而俄国人却不擅长通过运动恢复队形。这是一个特殊原因，而非通用理由。纳尔逊这时候的说法，是基于环境的考虑，正如陆军将领对于特殊情况的应对。当法拉格特[1]通过莫尔比河要塞，前队陷入混乱时，大家都清楚当时情况是如何危急。

在日本海海战中，也恰恰如此。这是否是出自日本人的预定目的，还是出自当时的实际情况，我不得而知，但其攻击意图无疑是为了引发混乱。我不想在这里论证战术问题。我要讲的是战略，我引用战术仅仅是为了举例证明一个问题：无论居于何处，在任何条件下，从事物本质出发，都必须突出集中原理，在部署兵力时也要在一个地区对敌形成优势，在另一地区要尽量长时间地牵制敌人，从而使主攻获得战果，而战争所需要的时间，在某一处战场上可能是半个小时，在一次战役中可能就是天、周或者更长的时间。

现在，我想进一步举例证明同样的原理和方法同样适用于海岸的防御和进攻。当一个国家处于战争之中，它与敌国的边境都将成为被攻击的对象。这就构成了边境的防守问题。边境所及的范围又可用作进攻的起点，就构成了边境的进攻问题。1870年

---

[1] 大卫·法拉格特（1801—1870），美国南北战争时期北方联邦的著名海军将领，美国海军第一个获得海军少将、海军中将和海军上将军衔的海军军官，也是作者本人敬重的前辈。

法德两国在陆地上的争夺，以及前文所述的黎塞留所指挥的历次战争，其共同点就是交战双方毗邻，两国拥有同一条边界线。在战争史上，这种共同拥有边界线的情况并非总是如此。日俄战争中，其战场主要在中国国土上进行的；比利时曾是著名的战场，而这些争端都与比利时毫无利害关系。无论如何两条正面战线之间的这条界线，即所谓的军事边境，实际是交战双方所共有的。海战则大相径庭。在海上，海洋就成了政治边境，尽管海洋是共有的，双方中间间隔的海洋与其说是一条线，不如说就是一个处于二者中央将其分隔开来的位置，其作用相当于多瑙河。这就不难看出海洋的作用，一个国家真正控制了海洋，就能拥有相当于多瑙河的有利条件，英国就以其四面临海的有利位置，可将优势兵力任意投入防御或者进攻。

　　1812年美国与英国的战争提供了两种边境案例。加拿大与美国的陆上边境，美国的海洋边境，英国对海洋边境的控制使它掌握了海洋这个介于美国与英国诸岛屿之间的中央位置。我在所著的《1812年战争》一书中，已经论述了两种边境所处的态势，并且论述了两种边境的特殊条件，指明美国应该在哪里进攻，在哪里防守。很明显，并不是所有的位置都有利于进攻，何况美国当时的实力也不允许它四处作战。我之所以提出这些观点，都是为了引用实例证明，在任何边境线上，兵力可以而且应该是集中于一个位置，而不是沿全线布置。这个结论同样适用于在任何战略作战正面上，或在任何战线上。若米尼用简洁的语言把这个结论总结成了易于记忆的警句，它概括了任何涉及军事部署的一个参考，这个参考不管是在战役中的战略作战正面，还是战斗中的战术队形，或是边境，都能适用。

若米尼说，对于这种态势，可视其为一条线，而这条线在理论和实际上都可以分为三个部分，即两翼和中央。

在军事概念上，不要将这三个部分想象成相等的部分。让我们把这个观点放在美国，来观察具体实践效果。美国有着漫长的海岸线，美国的海岸线被横亘其间的墨西哥所阻断，如同法国的海岸线在比利牛斯山脉被阻断一样。美国和法国这些海岸线具有一定的海洋连贯性，由于这种连贯性，舰船才能通过海洋由一端前往另一端。也就是说，海洋边境连贯的这个说法并无夸张。美国拥有一条紧密连贯的、水陆衔接边境[1]。按照自然条件划分，美国的边境主要分成三部分：大西洋、墨西哥湾和佛罗里达海峡。我知道，为了研究方便，还可以进一步细分，但不妨肯定分成这样三个基本的主要部分。它们的长度不一，在军事上的重要性也有差别。佛罗里达半岛对于美国的产业利益并无多大贡献，但一支优势的敌对舰队一旦在佛罗里达海峡驻扎，就能占据中央位置有效地控制住两翼之间的水路交通，不需对美国海军形成优势，就可在这个中央位置将其分割开来。这样，敌人只需对列于任何一翼的美国海军分舰队形成绝对优势。相反，如美国两支海军分舰队集中成一体，敌人就必须对整个美国海军形成优势才行。正是这种特殊的地理条件，使得古巴在美国建立伊始就在美国国际关系中具有头等重要的意义。古巴位于美国贸易交通线和军事交通线的一侧。美国不乏贤明人士，他们对待地理条件所造成的局面，简单粗暴地处理为舰队分成两队，分列于国土两侧海洋上，声称这样如同两个孩子平分一个苹果一样公平合理，理所

---

[1] 从缅因州海岸到里奥格兰德河。

当然地要在两边设防。这种做法，不用说明：没有集中，所以也就毫无效果。

佛罗里达半岛与朝鲜半岛惊人地相似。东乡平八郎占领马山浦，对俄国人而言，就如同一支敌舰进驻佛罗里达海峡，威胁墨西哥湾和汉普顿锚地的两支美国海军分舰队一样。

太平洋和大西洋海岸成为美国边境，对美国国防态势至关重要。美国的海上边境线是连贯的，可以通过水路从一端到达另一端，过去的数次战争已经证明了这个事实。这样，从缅因州的东港至皮吉特海峡的海上边境线就分成了三部分：大西洋海岸，太平洋海岸和连接两个大洋之间的航线（前提是这条航线通过麦哲伦海峡）。这条边境线，确保了分舰队可从一端到达另一端；保证美国的兵力调动，以及阻止敌海军通过。其实还是一条交通线，和前文提到的几条交通线性质相同，而巴拿马地峡就和前文所述的中央位置一样，它比麦哲伦海峡更具内线优势。

我要再一次重申，中央位置的优势不在于它如何固若金汤，而在于如何使用。中央位置只是影响态势的众多因素之一。如果两侧的敌人比自己强大，那么即使处在中央位置也于事无补。也就是说，位置加力量胜于无位置的力量。更有启发性的一点，实力是位置与力量的组合，互相弥补缺陷才能发挥最大效用。如果野战军或者海军一类的机动兵力，强大到足以在战场的任何地点立足，那它就可以完全不在意是否拥有中央位置而仅凭借自身实力获胜。如果美国舰队完全能够毫不费力地在敌人的阻挡下从一侧海岸到达另一侧海岸，那么仅仅依靠自身的实力就能占据中央位置。一旦美国舰队在巴拿马运河设防，那么它便集力量与位置[1]的威力。在未使用巴拿马运河时，美国舰队必须控制麦哲伦海峡，确保舰队可在两个大洋之间自由运动。只要舰队实力强大到任何敌人都不是它的对手，这个中央位置就会完全无虞，从而确保整条交通线的安全。所以，从军事角度看，中央位置的两侧都必须有足够的防御能力，广义的防御包括港口工事、火炮、守备军、鱼雷装置等。另外，还必须拥有一支陆上部队，这是因为敌军攻占的某一决定性位置，将由这支陆军来守卫。

确保位置的安全后，兵力的比例问题也就解决了，有的时候，好的位置可能只需要较少的兵力。然而，如果美国在太平洋和大西洋上都有敌人，那么无论位置多有利，美国都必须拥有一支强于任何一个对手的舰队。这就是美国海军实力的标准，也是美国海军兵力的最低限度。1909年7月份《全国评论》刊载的《海军与帝国》一文提出："……保持两支舰队，其一支必须在一切武备方面优于在力量顺序上次一位的外国舰队，而另一支则必须在一切武备方面优于在力量顺序上再次一位的外国舰队。"并不是说美国需要采用这个标准，但是如果英国按照这个方法布置海军舰队，那么就能证明这个方法是可行的。就欧洲的局势和海军早间规划而言，这个标准要求英国必须在英吉利海峡拥有一支强于德国的舰队，而且还要在地中海部署一支实力优于奥意联合舰队的舰队。

内线的优势仅在于可以尽快到达战场，它提供不了所需的最多兵力。中央位置只能对隐蔽地、补给站、交通线起防卫作

---

[1] 而且是一个设防的位置。

用，它不会变成一支增援部队前往战场。但是，如果一个国家在大西洋和太平洋上都有敌人，而它只强于一方的敌人，还无法招架两方敌人的联合，中央位置就能为它提供一个单独与一方对决的机会，并阻止它们会合。东乡平八郎就是利用了俄国人的失误，先后击败了俄国的三支分舰队：旅顺口分舰队、海参崴分舰队和波罗的海分舰队。

太多"假如"和"但是"了。当每一次处理一个具体问题时，你总会发现"假如"和"但是"给指挥官们造成了太多难题，然而一旦被解决，它们就成了指挥官们获得荣誉的途径。在奥斯特利茨战役之前，就有太多"假如"和"但是"困扰拿破仑。东乡平八郎在面对俄国海军的时候，他拥有中央位置旅顺口，还有一支力量强于波罗的海分舰队和远东分舰队。这两支分舰队位于东乡平八郎两侧，相隔距离要比汉普顿锚地经巴拿马运河至旧金山要远得多。假如两支分舰队联合，东乡平八郎甚至不敢勉强迎战。假如东乡平八郎勉强迎战，那么也是凭借他出色的个人能力而不是日本舰队的实力。你能想象在他发出"帝国存亡赖此一战"信号之前的数个月内，有多少"假如"和"但是"吗？

我们所了解到的情况，从一开始，日本舰队的数量就居于劣势，连战列舰的使用都不能保证。当旅顺口内的俄国人出乎意料坚守时，引发了日军巨大的恐慌。设想当时东乡平八郎发出的信号代表着实际情况，假如旅顺分舰队的情况一如往年夏季，或者是，罗日杰斯特文斯基提前十个月到达，实际情况就会发生逆转。但是，罗日杰斯特文斯基来得太晚了，旅顺口分舰队早已损失殆尽。

在另一方,东乡平八郎也受到许多"假如"和"但是"的困扰。一名日本参谋记录了罗日杰斯特文斯基到来之前的情况:

我们感到极大不安的时刻是临战前的两三天。我们预计俄国舰队最迟5月25日就会被我方在最南面布置的舰队侦察到。但是,我们没有接到报告,也没有任何关于俄国舰队的情报。敌人是否已经进入了太平洋并绕道津轻海峡或宗谷海峡[1],这让我们更加焦虑不安。我们对敌人的航线毫无头绪,这是最考验我们的时刻。就连坚信敌人必定取道对马海峡的东乡大将,似乎也不安起来。

1796年的查理大公也面对着很多"假如"和"但是"。在这时,正值拿破仑在意大利所取得的辉煌成就之时。查理大公所取得的功绩就构成了巨大的"假如"。假如儒尔当和莫罗联合起来,查理大公所处的劣势就能引发无数的"但是"。然而,他克服了不利条件,以集中兵力对付分散的法国部队,凭借多瑙河的优越地理条件,巧妙地占据中央位置和内线。他在多瑙河及其南部支流所采取的行动,恰如同时期拿破仑在加尔达湖的出口明乔河的行动一样。查理大公用右翼部队扑向儒尔当所率领的法军左翼,而左翼则小心以劣势兵力牵制多瑙河南面的莫罗,他要求部队诱敌深入。在谈及这场战役时,查理大公以富有启迪的语言强调了拿破仑所推崇的专一性,即精力和力量的集中。伟大的指挥官正是抓住主要目的,并以此解决其他的诸多"假如"和"但

---

〔1〕位于日本北海道和俄国库页岛之间,扼日本海和鄂霍次克海的要冲,是日本海通向太平洋的北方出口,也是俄罗斯太平洋舰队出入太平洋的重要通道。

是"问题。真理只有一个,查理大公说:"只要我打败了儒尔当,哪怕是莫罗打到维也纳也无关紧要。"

是否可以用查理大公的决心来驳斥那些主张把作战舰队分列于太平洋和大西洋的人?假如查理大公分兵对抗两支法国队伍,一旦莫罗打到维也纳,形势就危急了。因为分兵后,儒尔当就会处于优势,奥军只有后退,而儒尔当即可轻易地与莫罗会师。所幸,查理大公的英明决断,当莫罗逼近维也纳时,儒尔当已经败退至莱茵河畔,莫罗被迫急速后撤,不然,他就会遭到敌军的截击,交通线也会被切断。这种态势与结局和当日罗日杰斯特文斯基所面临的又有什么区别呢?

哪怕维也纳因此陷落,其结局也不会改变。莫斯科在1812年陷落,最后的结局又是什么呢?控制欧洲中央的拿破仑曾试图同时从两翼对俄国和西班牙发起进攻。即使是拥有巨大实力的拿破仑面对两线作战也深感力不从心。我们有充分理由将作战舰队部署在大西洋或是太平洋上,但是,却没有理由将舰队分开部署于大西洋和太平洋上。必须选定一翼作为舰队进攻时候的依托,同时,另一翼应该采取避战的方法,保持守势。用查理大公的话来说:"如果舰队能摧垮其对手,那么保持守势的一翼不论出现何种情况都无关紧要。"要注意的是,这并不能高枕无忧。莫罗如果真的打到维也纳,也会给奥地利人造成极大的麻烦。1898年,美国机动舰队被派往汉普顿锚地,就是为了保证北部海岸的安全。不使战争伤害一人,这是任何人都做不到的事。假如一处海岸遭到袭击、封锁、炮轰或占领,只要能摧毁掉敌人的舰队,那么这处海岸的损失对于国家安全和最后的胜利而言都是无关紧要的。只要最后的胜利属于我们,先前所遭受的任何损失都可以得到补偿。哪怕是一个国家没有做好战争准备，只要它愿意承担损失，切断敌人的交通线和退路，便可取得最后的胜利。同样地，一支在海外执行任务的部队，处于这种局势下，或许也能生存，汉尼拔就是例子。假如，兵员和补给都是由海上运输而来，那么结局又截然相反了。进入一个国家或许容易，想要从它领土上撤离就不是件易事。海洋曾是威灵顿和东乡平八郎的安全保障，而汉尼拔和1798—1801年在埃及的法国人则都是因为失去了海洋而惨遭覆灭。

可见，拥有中央位置、内线和集中兵力其中之一或如东乡平八郎一样三者兼备，便想高枕无忧，是不太可能的。三者兼备，其实只是有了明显的有利条件。想要抵消这些有利条件，就需要提升自身的实力。假如日俄战争中，俄国海军的总兵力比日本强大25%，若几支分舰队集中，那么就对日本有绝对优势。如果分成两份，则每支舰队的兵力就只占日本兵力总比例的62.5%。日本手握中央位置，可以沿较短航线向任何一方航行，而俄国海军必须绕较长的航线才能到达另一方。这支劣势舰队一旦与日军交锋，想要获胜，就只有重创这支敌军，使其兵力骤减直至少于原来的62.5%。假如不能，那么获胜的就只能是日本海军。这得益于它的内线和中央位置。第一次交锋后，虽然日本的兵力已经不再具备优势，迎击第二支敌军时，它却拥有了新对手所没有的士气，这种巨大的精神斗志可使战斗力倍增。拿破仑曾说过士气支配着战争，这是因胜利而产生的必胜的决心。

第四章

史例述评(三)

在我们开始继续探讨黎塞留时期的法国如何与西班牙、奥地利作战时，请你们先回想下我之前所谈及的内容，即查理大公在多瑙河流域的战争。这些战争说明了集中、中央位置、内线的原理。法国与奥地利的战争却提供了陆战和海战的实例。本章主要介绍英国海军与荷兰海军的海战实例。

我曾以法国的地理位置以及它与奥属日耳曼和西班牙的战争为实例，说明了一些原理。这部分说明大致以1642年12月黎塞留离世为终点。以此为结束，是为了使用战例推导出战争原理。请允许我在描述这些战争的时候，随意引入其他的历史实例。因为，我们必须从各种不同情况中去探索原理的共通性。我相信，如果一个人能领悟到集中原理也可以在海军中运用，如设计舰船、组建舰队、部署海军、制订作战计划，他将会受益颇深。

我接着从黎塞留离世开始写起。黎塞留死后，他的继任者马扎然坚定地奉行黎塞留生前执行的总体对外政策。随着时间的推移，错综复杂的欧洲局势渐渐明朗起来。法国、荷兰、瑞典、北日耳曼诸邦结成同盟，而其对手则是西班牙、奥地利、巴伐利亚、南日耳曼诸邦。一场始于宗教性质的战争，渐渐转变成了以政治目的为主的战争。法国的力量越来越集中在敌人的右翼，而它的左翼的敌人则是日耳曼、比利时（即西属尼德兰）以及摇摆不定的意大利和加泰罗尼亚地区。法国内部稳定，国家的力量得到了集中和加强，它所培养出来的军事将领们已经取得了多次胜利。相反，西班牙则国力衰落，加泰罗尼亚和葡萄牙的独立运动使得西班牙焦头烂额。1640年，葡萄牙再次独立。

1646年，法国联合瑞典侵入巴伐利亚，迫使巴伐利亚脱离奥地利的统治。之后，法国不顾正在与日耳曼作战的瑞典，将重兵投入比利时。这时，它得到荷兰的援助，可是好景不长，之后又被荷兰抛弃。盟国所取得的成功引起了彼此的猜忌，内部开始分化。因为一个强大的邻国是任何国家都不愿意看到的。荷兰在这方面尤其显著，因为条件所限，荷兰无法在陆地上与法国抗衡，它无法容忍法国通过比利时将其边界推向荷兰一方。

1648年，荷兰单独与西班牙媾和，同年10月，日耳曼帝国和巴伐利亚撇下西班牙同法国、瑞典等国签订了《威斯特伐利亚合约》。这次和谈，标志着三十年战争的结束。西班牙继续和法国对抗。法国从日耳曼得到了阿尔萨斯地区，这样，法国就将边界推进了100英里处的莱茵河，并依托得到的菲利普斯堡和布赖萨赫两座要塞强化了对莱茵河的控制。这两个要塞位于阿尔萨斯边界的两端。如果将伊比利亚半岛战争的罗德里戈城和巴达霍斯同这两个要塞相对照，定会对你们有所启发。利用罗德里戈城和巴达霍斯可巩固后方领土，并使其成为进攻的基地。1812年，威灵顿占领了这两个地方，并以此为起点，向前进军将法国逼出西班牙。

《威斯特伐利亚合约》签订后，法国和西班牙继续交战长达十年之久，而这时，欧洲舞台上出现了新的力量——英国。在克伦威尔的铁腕和英国的军事力量之下，英国的外交政策改变了，与之前斯图亚特王朝时期的外交政策截然不同。因为，斯图亚特王朝时期，国王与议会不合。克伦威尔作为英国绝对领袖的时期正值法国与西班牙继续交战的这十年。重建海军成了英国新政府的首要工作，而这时的英国陆军已经成为一支精锐。英国海军的改革有两个明显特征：一是用专业的舰船和人员组成正规海军，代替以往的商船和非正式兵力；二是由陆军对海军的纪律、战术、战略等方面进行训练和管理，并组建一个高效的军事组织。以往的传统习惯使海员们无法适应新的变化，他们必须经受由陆军组成的海军战士的严格训练。一支具有独特意义的全新的军事化海军出现了。

拥有了这么一支强大的武装，加上自己强大的陆军，以及在六年战争中所获得的锻炼和昂扬的斗志，英国完全有能力傲视欧洲。作为信奉新教的共和政体，英国冷眼旁观了两个天主教国家之间的战争。作为一个海洋和贸易国家，隔海的信奉新教的共和政体荷兰成了英国的竞争对手。在共同的信仰下，两国却因为旧恨难消，加之在航海和贸易上存在的不平等而结下新仇。五十年前，英国支持荷兰，使其摆脱了西班牙的统治获得自由，而这时，荷兰以廉价的薪酬和运输成本损害着英国的航运利益，抢到了英国大量的运输业务。

至于克伦威尔的政策获得支持的原因，一直存在争议，因为他的政策难以看透，而且具有欺骗性。可我认为，其中的奥秘，在于他是一名虔诚的宗教信徒。他的理解是，世界的发展是上帝的旨意，他的政策是顺应了上帝的旨意。克伦威尔认为，他手握着真理并得到上帝的指引。这种信念很危险，能导致国家政策的肆无忌惮和恣意妄为，这是一种为了目的可以不择手段的信念。但是，当时没有任何人提出异议，包括政治家们，他们都认为，只要是为了达到目的，可以不择手段。

克伦威尔的第一次行动试图把所有新教力量在政治上集中。除了向其他新教国家提议外，他还向荷兰提出了合作的建议，联合两个共和政体。荷兰当然表示反对，因为它已经控制了世界航海贸易的绝大部分，而法国这时又无暇顾及它。过去的经历，以及当时英国的实力，使荷兰人明白，联合就意味着被吞并或者是屈服在英国之下。四十年后，荷兰王子威廉三世成为英国国王时，这个提议又一次提起并被他接受。正是这种克伦威尔未能达成的集中，打败了路易十四，又将荷兰拉低至二等地位。这些都是鼓吹欧洲联合的克伦威尔造成的。

荷兰拒绝了克伦威尔的提议后，作为报复，英国通过了针对荷兰海上贸易霸权的英国航海条例。1651年10月，该条例通过，1652年5月，战事初现端倪。该条例在一定程度上引发了这次战争。我们要讨论的就是这次战争的过程。两国之间进行了两年的战争。这次战争为集中原理提供了实例，启发我们要时刻考虑所面临的国际形势。

在这之前，英国海军鲜少在地中海出现，在那里的英国商船只能自求多福，而在英吉利海峡和爱尔兰海以及大西洋同法国与西班牙的贸易中，英国已经有了一定的护航制度。地中海的贸易由东方公司经营，其所使用的船只的体积和武装配置只是为了自卫，很少用于其他的贸易。地中海在英国的贸易利益中并不是主要的，所以英国在地中海的商船和偶尔出现的海军舰只一直受荷兰打压。从斯图亚特王朝初期到克伦威尔当政前时期，英国并没有强有力的对外政策，因为强有力的对外政策需要筹措经费，为此国王必须对议会让步，然而国王不愿屈服。那时，因为海军数量不足，一时间海盗横行，北非伊斯兰教各国的船只甚至成群结队地在英国近海集结。截至1652年，六年时间里，英国有150艘船只遭他们劫掠。此外，法国、西班牙的私掠船也随意掠夺英国船只。

克伦威尔改变了这一切。他所领导的共和政体有计划地令海军担负起护航的责任，而且护航范围是前所未有的。正如科贝特所说，这是海军思想的一种全新战略观念，即控制贸易航线。控制贸易航线必备的两个战略要素是：一支机动的海军；供海军驻泊的靠近航线的作战基地。海军初次到达国外海域时，只有依赖友好国家的港口。这种依赖不仅不方便，还缺乏稳定性，必须获得港口。为了保护航运，英国海军进入地中海，经过多年努力，最终取得了直布罗陀、马耳他、塞浦路斯、苏伊士、亚丁等地区。英国还一度占领丹吉尔、科西嘉、梅诺卡岛。

1652年战争爆发时，英国和荷兰除了在各自本土海域部署主力舰队外，双方在地中海也有海军分舰队。英国海军分舰队司令部位于里窝那，这里是托斯卡纳的主要港口。托斯卡纳大公认为，他的领地成为英国贸易的商场和中心更有利于其统治。战争开始时，地中海的荷兰海军大部集中在土伦港外。对于法国和西班牙两个互相交战的国家，英国表面上保持中立，克伦威尔则是倾向于西班牙，促成了西班牙属地厄尔巴岛的隆贡港对英国友好开放。法国虽然不愿意承认一个敢于砍国王头的共和政体，但是不久之后，它也像西班牙一样企图得到克伦威尔的支援。

请特别注意当时条件下地中海和北海的一些问题。近来，英国再一次面对这些条件，美国现在所面临的大西洋和太平洋的问题也与它类似。英国海军将85%的战列舰集中在英国海军必须坚守的地方，原因是靠近英国本土海岸也出现了一个新兴的海洋强国——荷兰。1566年以前，荷兰各省还是西班牙的属地，其后的四十年里，荷兰人不懈斗争获得了胜利，很大一部分原因来自于英国的援助。在这四十年里，荷兰的贸易和海军实力得到了发展。在克伦威尔当政时期，荷兰商船的数量已经超过了英国。这两支海军在开战之初，可谓是势均力敌。这些情况以及由此而来的两国的海军部署，对于1652—1654年第一次英荷战争有重要影响。这时期，恰逢法西战争正酣。荷兰的政治结构是一个松散的、各怀猜忌的省际联盟，而军事效率所需的是行政和组织的统一。相反，克伦威尔的强势，使英国海军在精神上和形式上前所未有地集中。胜利总是眷顾奉行集中的一方。

起初，荷兰在地中海的兵力占优势，英国的兵力不多又分散，一部分由指挥官带领泊于里窝那港，一部分就在地中海东部护航。荷兰指挥官恰好置身英国舰队之间，他首先监视并封锁了里窝那港，然后在内线巧妙地运动以掩盖位置和意图，同时又总能居于两支分散英国分遣队的中央位置。结果，1652年8月28日，本该获得商船增援的英国地中海东部分遣队，被迫在厄尔巴岛之外迎战。这支分遣队遭到痛击被逼入隆贡港，损失军舰一艘。这艘军舰后来又被驻泊在里窝那的英舰夺回，并在隆贡港重新归队。

荷兰舰队继续游弋在厄尔巴岛与里窝那之间，保持其位置优势。两名英国指挥官互通消息后决定设法会合，待厄尔巴岛的舰船修复之后再战。英国政府对里窝那的指挥官不满，将指挥权转交给厄尔巴岛的一名指挥官，这位指挥官对所预料到的每一件意外都做了指示。然而，不论兵力还是位置，都对他很不利，而他的对手却占据着中央位置。出乎意料的事件终于发生了，1653年3月初，里窝那分舰队被迫单独迎战而遭到痛击，只有一艘军舰幸免被俘。这位新任指挥官不得不率领厄尔巴岛的舰船退出海峡。英国于是放弃了地中海，直到战争结束前，再也未能重返地中海。

这次战斗之前，有关的两名英国军官和英国驻里窝那外交代表，曾写信迫切要求请求支援，曾经得到政府的同意。在这之前的北海和英吉利海峡的早期，总体是对英国有利的，英国在这里的实力很雄厚。早在1652年8月，英荷在普利茅斯港外交战，看上去双方战成了平局，但荷兰在这次战斗中并没有什么损失，却成功地打开了一条通路，英国人却退入港内不再出动。所以胜利应该属于荷兰。最后，荷兰舰队司令勒伊特目送所护卫的船队进入大西洋，而后又带领一些返航的商船驶回海峡，同德威思所统率的主力舰队会合。

1652年9月28日，肯特之战爆发。会合后的荷兰人在舰船数量和质量上均处劣势。此役英国获得了胜利。英国政府受到鼓舞，认为这是一次决定性的胜利。时节已晚，英国人认为荷兰人不会再大举进攻，于是将舰队分散去执行一些任务。为了呼应地中海的求援呼吁，一支20艘帆船组成的中队起航前往地中海。荷兰人却又派出一支300艘商船组成的舰队，在特朗普所率领的73艘舰船的保护下，驶往大西洋。英国主力舰队因兵力分散舰船被减少至37艘，在1652年11月30日遭到惨败。于是，驶往地中海的英国舰队又重新归队。这时，荷兰巡洋舰在英吉利海峡盘桓长达数周，英国却只能无奈地忍耐。消息传到里窝那时，大公曾因其中立地位遭到侵犯而震怒，于是不再允许交战国使用其港口，迫使地中海的舰队军官放弃会合后再战的计划。

为此，彻底军事化的英国政府，吸取了这些教训，遂将全部海军集中到本地海域。1653年2月，当特朗普率领一支护航队由大西洋返航时，他所率领的70艘舰船同80艘英国舰船相遇。商船成为累赘，舰船数量又处劣势，虽然如此，荷兰人也在这些不利条件下奋力苦战，最后荷兰四五艘战舰被击沉，4艘战舰被俘，约35艘商船被掠。

这时，蒙克恰好在海军服役，他指挥一支分舰队参加了战斗。这是一位经历尼德兰战争和内战锻炼的战士，他后来成为查理二世复辟的主要人物。蒙克坚持，不能用分散的兵力来执行当前的任务。英国的位置对于经过英吉利海峡或北海通往荷兰的商船航线比荷兰更有战略优势。然而，如前所述，位置的优势全在于对它的利用。

1653年之战以及之后的战争，兵力集中以及舰队良好的军事组织能力和政府的军事远见，对战争有着决定性影响。在航线被封锁18个月后，荷兰的贸易陷入停顿，1500艘荷兰商船被掠。据称这个数字相当于当时英国商船的两倍。通过这个对比，不难看出两个国家之间的贸易竞争以及英国制定航海条例的动机。英国对荷兰贸易航线的打击，直接导致荷兰税源枯竭，工厂倒闭，商业陷入危机。须德海桅樯林立，国内饿殍遍地，街头杂草丛生，阿姆斯特丹1500幢房屋人去楼空。

1654年，克伦威尔同意荷兰的求和，而且所提出的条件较为宽容。这符合克伦威尔的政策，他的政策并不会毁灭一个新教国家。克伦威尔意识到，在当时的欧洲，英国需要一个强大的信仰新教的荷兰，而不是一个衰败的荷兰。只着眼军事的蒙克对此大为不满。显然，和解更符合克伦威尔的政策，在他最后的时间内，他想帮助英国和新教从法西战争中得到好处。一定时间内，他对于法国和西班牙似乎有些摇摆不定，而这也是历史学家们困惑不解的地方。

本章的课题就要结束了，在结束之前，我想说清楚我无意坚持教条式的集中。对于集中，我坚持要像对待每一条原理一样，从实践上去理解和记忆它，而非从字面上获得教益。协作是作战的根本思想，不论兵力如何部署，每个部分都必须各司其职尽量为其他部分减轻负担。同时，部署在固定驻地的兵力要具备及时集中的能力，即使是空间距离很远，也必须能互相支援。日俄海战中，日本海军的两位将领曾经是遥遥相隔的，但是他们却能位于敌人两支分舰队之间的中央位置互相支援。每一支舰队都可以通过对敌人的控制达到支援的目的。中央位置也要便于会合和支援，这样才符合实用。蒸汽和电气以及通讯的发展，使得舰队之间的距离可以更远。然而，这种变化，并不能改变部署分舰队时必须使它们能互相支援的要求。分舰队必须在敌人联合起来之前集中起来。在我看来，美国现在将舰队分列于国土两侧是极端愚蠢的。只有在每支分舰队的兵力都优于敌人之时[1]，或是占据中央位置使它们能够及时集中时，方可如此分开配置。

---

[1] 就如东乡平八郎和上村彦之丞各自于旅顺口分舰队和符拉迪沃斯托克分舰队。

第五章

史例述评(四)

开始本章之前，为了强化教学效果，我想再进一步以实例论证集中、中央位置、内线所具有的战略优势，当一支海军远离本土时，必然不可避免地要取得些永久性位置，这些位置是保证海军进行有效活动必不可少的先决条件。

为使读者掌握我书中所写到连续性的历史背景，我想先简单地回顾两次战争期间的一些事件，即1652—1654年第一次英荷战争，以及随后的欧洲全面战争。在欧洲全面战争中，英国和荷兰完成了联合，由一个君主统治，实现了克伦威尔所期望的力量集中。联合的时间是1688—1702年，英王威廉三世兼任荷兰执政官、荷兰陆海军总司令。短暂的联合使两支海军在一个最高指挥官下集中。虽然是路易十四的强大也促成了这一局面，然而，没有一个统一的君主，它们也无法在短期内如此完美地集合。克伦威尔一直没有达成的愿望最后由威廉三世达成了。在他执政期间，他打压荷兰，使荷兰陷入瘫痪，从而未能达到克伦威尔所期望的集中。我们先来了解一下克伦威尔统治下的英国海军的行动，威廉三世所统治的联合海军的行动，以及他的继承者安妮女王统治的联合海军的行动。

荷兰海军在第一次英荷战争中幸运地存活下来，但是它所遭受到的损失已使它无法继续战斗。英国海军空前强大地凌驾于欧洲所有海军之上。这一结果，正是来自于它在荷兰的战争取胜，而西班牙和法国的海上力量因为互相交战而各自损伤惨重。

马扎然总结了法国海军破坏西班牙至意大利之间的交通线的成功经验，1642年黎塞留死后，马扎然发展了其海军政策：派遣一支舰队进入一个新的地区。他曾希望法国海军能在地中海获得牢固的基地，然后在此基础上扩大控制区域，扩张法国的政治势力。1646年，法国占领了厄尔巴岛和皮翁比诺港，之后又在那不勒斯扶持了一个对法友好的政权。

第一次英荷战争后，英国海军在直布罗陀海峡的实力和影响力瞬息即逝，其原因在于英国在当地缺乏基地。英国海军在此地曾产生过巨大影响，但是，这些影响是短暂的，而且可算得上是消极的影响。这些影响之所以巨大，应该归结于舰队的存在。法国和西班牙举棋不定，是出自于过多考虑英国舰队一旦投入某一战场所发挥的作用，而并非考虑到英国舰队交战时发挥的作用。这说明，舰队甚至不用战斗就能保证其决定性影响，这种影响极为深远，当年的一些局势就能证明。也许正是因为法国和西班牙的沉默，妨碍了克伦威尔的判断，他并未意识到当布莱克率舰队于1654年11月到达直布罗陀（它这时还是西班牙港口）之时，这支英国舰队所造成的巨大影响，而此时，法国远征军已经登陆那不勒斯，试图再次使它脱离西班牙。这次行动是否能成功的关键在于对海洋的控制。趁着法国国内的投石党运动，西班牙重新夺回了厄尔巴岛和皮翁比诺港，强化了对海洋的控制。位于直布罗陀的布莱克正位于那不勒斯的法国海军和从布勒斯特出发的一支法军增援部队之间。

有赖于布勒斯特分舰队的迟迟不前,布莱克取得了直布罗陀这个中央位置,并获得当地人的盛情接待。1652年,布莱克就曾攻击法国前往敦刻尔克的增援部队,帮助西班牙将直布罗陀收入囊中。如今,布莱克又来到直布罗陀,而法国另一支分舰队还在里斯本停留。正当布莱克等候着这支舰队时,那不勒斯的法国舰队抛弃所担负的任务逃亡土伦。布莱克并没有跟进,而是仅仅依靠中央位置,便逼走了法国舰队,轻易地取得决定性战果。

对此,科贝特的评价很公正,他说,这是"消极性"的战果,人们容易忽视它,甚至没人注意到这对未来行动的影响。日俄战争中,旅顺口可以看成是日本人的胜利,但是没人注意到,之前旅顺口所牵制的在中国东北的日军比俄军多得多,它还为波罗的海舰队争取到了宝贵的时间,而波罗的海舰队未能及时赶到,并非由于俄国人在旅顺口的失败。克伦威尔没能意识到布莱克所率舰队在直布罗陀的作用,即使他曾经有丝毫的意识,也不能够使他将注意力转移到地中海。他一贯秉承英国的传统,把大西洋和美洲当作英国海军的主要目标。

克伦威尔的思想与英国人的固执、保守契合,这种民族思潮又被新教强调,新教要求对抗天主教盛行的西班牙和奥地利。克伦威尔狂热地推崇这种思潮。在他看来,地中海毫不重要。对此,科贝特很遗憾,因为地中海是他研究的主题。

正当布莱克在直布罗陀使法国放弃了那不勒斯,受到西班牙的殷勤款待之时,英国一支袭击西印度群岛的部队已经悄然出发。这支部队于1655年5月夺取了牙买加。

1655年11月,英法正式媾和。1656年2月,西班牙向英国宣战。1657年3月，英法结盟以对付西班牙。盟约规定，法国把从西班牙夺得的敦刻尔克和马戴克交付英国，作为英国舰队和5000辅助部队的补偿。得到两处港口，部分解决了英国贸易大患——私掠船失去了一个老巢，也为克伦威尔提供了一个登陆欧洲大陆的桥头堡。加来的作用曾一度被这两处港口所取代。对此，马扎然非常不满，但是联盟可以使法国在西属尼德兰获得援助。马扎然既想从西班牙口中夺取利益，又想哄骗英国为法国谋利。1659年，西班牙同法国签订比利牛斯和约，法国从西属尼德兰手中夺过阿图瓦省和比利牛斯山东面的鲁西永，又将东部边界向外扩展了。这次战争，使曾经不可一世的西班牙一蹶不振，西班牙从此再也未能主宰欧洲。

继承者指责克伦威尔对法国的援助，使法国实力大增，并能威胁和主宰欧洲。这并非我们的探讨范畴，想要得出一个众人皆能接受的结论更是不可能。人们各执己见，我也难以找出真正的原因。但就军事而言，克伦威尔的执政不仅强化英国的实力，帮助英国建立了强大的海军和陆军，所得到的两处港口也为英国提供了可以干涉欧洲大陆事务的通道。一旦欧洲有任何意外，英国都能确保有利的军事位置，而想要在海外有所建树，如美洲以及东方，则是取决于欧洲的实力，尤其是海军的实力。对于海外基地，欧洲才是基地，想要在海外有所收获，首先要在欧洲取得优势。

在接下来的英法角逐中，英国海军已经不再居于优势地位，它通过与荷兰结盟以求得支援，英国陆军也是如此。查理二世复辟后将敦刻尔克归还给法国，荷兰的港口就成了英国的桥头堡。英国与荷兰结盟，缘于民族和宗教渊源，这种渊源曾使克伦威尔忽略了地中海而将眼光集中在北欧。自威廉三世以来,克伦威尔的政策被证明是正确的,尽管所面对的敌人不同,其态势却相差无几,即陆军在北欧作战,海军则根据形势所需选择位置。克伦威尔的政策是以英国的陆海军实力为依托,而不是斯图亚特诸王的方针为依托,助长路易十四气焰的不是克伦威尔,而是斯图亚特诸王。

1658—1688年,整整三十年期间,英国无论是对外政策还是军事政策都陷于瘫痪,这是由于斯图亚特王朝的两代国王与民众之间的争斗。他们想要摆脱议会,于是就挑拨议会同路易十四的战争,然而,军事行动所需的经费都要由议会拨出。查理二世和詹姆斯二世都同路易十四维持着金钱和个人关系,结果便造成法国在欧洲坐大,而英国保持沉默,尽管英国民众对此颇有怨言。敦刻尔克和马戴克以及地中海的丹吉尔都已相继被放弃,英国的对外政策变得更为软弱和犹豫。可见,国内不稳定,就无法制定成功的对外政策,不论是曾经的美国南北战争还是斯图亚特王朝都是如此。

达夫吕伊的说法真是发人深省:

一个民族如果不能统一,其所有的资源就只够应付国内需求,这就是为何在同苏格兰合并之前,英国无法奠定殖民帝国的基础。这也是法国海军应从路易十四时期算起的原因[1]。这也是德国海军应从德意志帝国成立之日算起的原因。

请注意,德国海军每年经费已经从1875年的不足1000万美元,增至1905年的5000余万美元,在之后的十年里,其预算每年

---

〔1〕更正确地说,应从黎塞留算起,是他巩固了法国的统一。

将超过1亿美元。我们还要注意，在奴隶问题尚未解决，各州权力过大时期，对南部调整尚未完成之前，美国还无法建立起一支扬威海外的海军。假如1898年达到顶峰的美西战争在联邦战争之前发生，那么北方就会将战争视为这是南方企图夺取古巴以扩大奴隶制度，这是南方首脑最为喜爱的计划。

关于巩固内部于内于外的作用，可从前文提到的各时期简明地说明。亨利四世逝世之后，直到1622年黎塞留执掌大权，法国经过了整整十二年的虚弱时期。为了达到控制北意大利和阿尔卑斯山诸险隘以将奥地利和西班牙隔离的计划，1624年，法国夺取了科莫湖以东的瓦尔泰利纳地区。由于胡格诺派叛乱，黎塞留被迫于1626年放弃瓦尔泰利纳地区，将兵力集中在法国领土以内。大仲马的《三剑客》所说的拉罗谢尔之围，就是一次突出的决定性事件，由于英国曾经威胁要进行干涉，黎塞留终于意识到海军的意义。1628年10月，拉罗谢尔陷落，标志着新教威胁终于解除。1629年3月，法国夺取卡萨莱，以此控制皮埃蒙特对抗西班牙。1631年，法国资助瑞典国王古斯塔夫·阿道夫[1]以反对奥地利。1633年，法国占领洛林，并从洛林进占阿尔萨斯，拦截了奥西两国沿莱茵河流域的运动，以利于法国入侵日耳曼。1634年，法国与瑞典、荷兰结盟，并于1635年向西班牙宣战。1636年，为了强化对西班牙至北意大利的交通线的控制，法国海军于地中海

---

〔1〕瑞典国王、统帅、军事改革家。为谋求波罗的海霸权，他指挥军队先后同丹麦、俄国和波兰进行战争，并取得胜利。三十年战争时期，他率瑞典军队在波美拉尼亚登陆。在布赖滕费尔德会战、莱希河会战和吕岑会战中，他指挥瑞典军队击败神圣罗马帝国皇帝和天主教联盟军队。

集中,直至1655年布莱克率领英国舰队进驻地中海。这些连贯性的动作,表明统一的作用,内部统一正是黎塞留制定宏伟对外政策的基础。

在黎塞留的带领下,法国稳步前进,实力大增,这在路易十四亲理朝政的最初三十年里尤为突出。从拉罗谢尔陷落到英王詹姆斯二世被逐的六十年,法国的对外行动推行着黎塞留、马扎然和路易十四的连贯性政策,只在1649—1653年,因为投石党运动,对外行动再次被削弱。

法国实力增长有多方面的原因,主要归结为两点:内部的统一和欧洲的分崩离析。造成欧洲分裂的原因,主要在于英国漠视欧洲大陆权益,英国国王阻挠国家政策的推行。法国实力猛增所带来的危险已经很明显,但是英国在国王的影响下并未采取任何反对措施。

路易十四所进行的最后几次战争,涉及1688—1713年的海战,早在我讲授现已成书《海权对历史的影响》的相应的这门课程时,就已经进行探讨了。科贝特的《英国在地中海》中也有一些关于这一时期的论述。我与他不同,我着眼于指出海军在整个战争中的作用,他则是强调地中海在战争中的特殊重要性。这些战争就作战范围而言,主要是在法国的东部和东北部边境,其中发生激战地点有:弗勒吕斯、蒙斯、那慕尔、施泰因刻克、兰登、布莱尼姆、拉米伊、奥德纳尔德、马尔普拉奎特。较为激烈的战斗主要在低地国家和莱茵河展开,这些地区的战斗关乎全局。尽管尤金[1]在北意大利、彼得伯勒在西班牙都有辉煌战绩,

---

[1] 即欧根亲王,神圣罗马帝国元帅、军事委员会员主席。

在拿破仑的历次战争中，结局却并非由武装冲突决定，而是由海军在地中海所施加的无形压力决定。

请允许我重申，我特别关注基地同作战的关系。海军一旦开赴新的活动区域，就必须逐步取得一些基地。基地就其永久性而言，与陆军和海军在战役中所占领的位置不同，它类似于在国家边境上建立的永久要塞。在考虑对中央位置、内线、交通线的影响时，对临时占领位置和基地的要求都是一样的。一个基地，在作战时同样可以用于进攻。然而，新基地所长期拥有的自然条件也会引发一些考虑，这些考虑可从我们阐述的实例中说明。多瑙河的位置、流向、河床的自然特点决定了多瑙河的重要，从而人们在一些关键据点上建立了一些要塞，这些要塞既是作战基地，又是控制河流的通路。同样，地中海也是由于它同周围国家的相对位置而显得重要，于是人们在这里建设了港口，既可作为舰队的基地，又可控制海上交通线。海军基地与海军场站的意义并不相同。

地中海，尤其是从意大利半岛至西班牙之间的地中海西部地区从古至今就是无比重要的军事位置，这是科贝特的观点。对此，他的论述非常充分。在这里发生的争端中，优势海军力量曾起到决定性作用，支配着历史的进程。然而，海军想要发挥作用，必须有基地。于是，直布罗陀、马耳他、塞浦路斯、埃及、梅诺卡，以及法国的土伦、阿尔及尔、比塞大等基地就这样产生了。相信我的读者能看到一些德国基地的诞生。除了的里雅斯特、里耶卡外，或许也会有其他奥地利港口会成为基地。现在，我们来研究1688年詹姆斯二世垮台以后一些海洋问题的发展情况。

法国的政治态势决定军事态势，法国的实力经过几代人的努力得到巩固，它也拥有了中央位置和资源，得以在欧洲称雄。英国对外资助军费的能力已经被法国取代，法国毫不顾忌地扩张和侵略。法国的这些行动促成了一个广泛的联盟，英国、荷兰、奥地利、西班牙、北意大利，结成联盟防御共同的敌人。

1689—1697年，尽管敌人很多，而且四面受敌，但强大的法国凭借中央位置，使得联盟毫无成效。然而，法国的野心在于夺取西属尼德兰和莱茵河，以向这两个方向扩张版图。它以左翼和偏左的中央攻击盟军右翼，并在西班牙和意大利的右翼牵制敌军。我认为，法国右翼其实是在实行佯动，诱使反法同盟自顾，无暇应付法国在东部和东北部的行动。一旦法国的佯动能使敌人慑服，那么其兵力便可立刻投入东部和东北部的主攻行动中，正如日军攻破旅顺口，便立刻开赴中国东北一样。

在盟国一方，最有效的方法应该是迫使法军在右翼作战，这样就可发挥地中海的作用。兰克说："现在再次出现了过去两个世纪期间国际政策支配策略方针的情况——即西班牙和西印度群岛同南意大利和米兰的联系居于支配地位。"这一政治联系以地中海的归属而定。对西班牙和其属国那不勒斯和米兰，以及其结盟者萨伏依来说，地中海是一个辽阔的中央位置。受法国威胁的国家，加泰罗尼亚和萨伏依都同地中海毗连或接触，控制住这一水域，在这一地区的军事行动就会受到决定性的影响。

如果反法同盟能在地中海部署一支强大的舰队，那么一旦情况需要，这支舰队就可在这个中央位置支援西班牙或是意大利。反法同盟在西属尼德兰的指挥官马尔伯勒在与尤金亲王的往来信函中曾反复提到这一点。巧妙利用海军，曾经在西班牙同日耳曼之间的交通问题中发挥作用，如今又能在便利的中央位置上为抗击加泰罗尼亚和皮埃蒙特两个地区的敌人发挥功效，使敌人因交通线过长而无法联合。进一步看，法国的战线从西属尼德兰延伸至加泰罗尼亚，而地中海恰好在该线的一翼，法国却想将兵力投入到相反的一翼。在地中海，反法联盟便于对法国发动翼侧突击，如果成功，就将牵制法军在其他地区的行动。这也是地中海在1689—1697年和1702—1714年两次战争中所表现出来的尤为突出的作用。

反法联盟中，英国和荷兰的海军力量优于法国，但它发挥作用还需要时间。第一次战争开始时，詹姆斯二世下台就导致了危急情况，英国舰队不得不在英国诸岛附近驻留。英国忽视地中海，法国便在地中海取得了决定性优势。战争的最初两年，法国从这支舰队中组成了数支分舰队前往英吉利海峡，使其舰船总数在此地多于反法同盟。1690年比奇岬之战，法国以78艘舰船对敌60艘舰船控制着海洋，但因其在南方的海军未采取行动，致使陆上形势因缺乏海上支援而受影响，如其采取行动，形势就会迥然不同。该战役法国失利的部分原因是反法联盟趁土伦分舰队未到即行发起猛攻。1692年的一场胜利，使盟国牢牢控制英吉利海峡和爱尔兰海，从而建立起英国至欧洲大陆的交通线。法国舰队则于1693年返回地中海，准备1694年再战。1694年，法国舰队再次编入一个拥有22艘舰船的兵力集团。然而，并非所有舰船都适用于作战。

法国海军在地中海迟迟不动，使得地中海的政治局势一直动荡。在反法同盟军队恢复了与欧洲大陆的交通，使西属尼德兰成为主要战场之后，法国力量便不断陷入分散。此前的数年里，反法同盟的海军主要致力于巩固威廉三世在不列颠诸岛的统治以及本土水域建立优势。很明显，路易十四高估了法国的持久力，过重的负担，使他转向强化在地中海地区的作战，以迫使西班牙和萨伏依议和，从而撤离这些地区，将兵力转向西属尼德兰和日耳曼。于是，法国舰队在图维尔的带领下突然前往土伦，以支援正在加泰罗尼亚海岸地区威胁巴塞罗那的法国陆军。另一边，路易十四正努力使萨伏依退出反法同盟。

威廉三世主导的反法同盟所采取的策略十分明智。反法同盟海军的主力舰队，及时地追击敌人。法国舰队虽然首先到达战场，却在兵力上不占优势，这是一次舰船能力和速度的较量。最后，法国舰队不得不仓皇退至土伦，而法国陆军因舰队的失败而未能获胜。反法同盟海军的出现，极大鼓舞了萨伏依，它将继续作战，并将利用这个砝码在交战方中间讨价还价。

基地这一问题就是在此时提出来的。直至之后的五十年内，战列舰队每年10月后，都不会在比斯开湾停留。1702年第二次战争爆发之时，英国舰队总司令写道："我们的舰队的任何贡献都无法弥补其冬季必须返回本土所造成的危害。"为了及时返回，舰队必须最迟8月离开地中海，而拥有土伦的法国便趁反法同盟海军不在地中海时继续作战。舰队为何撤离，我认为并不重要，兵力的转移才是关键。是风浪还是缺煤而被迫转移的结果都是一样，而其补救方法，则都是在当地夺取基地。如果同盟舰队撤离地中海，巴塞罗那就会有陷落的危险，西班牙就会与法国媾和，而萨伏依就可能退出联盟，而在这些地区的法国军队便可开往西属尼德兰和莱茵河地区。

曾经，英国地中海没有港口，查理二世结婚时所获得的礼物丹吉尔港，在他去世之前已被英国放弃。没有港口，就意味着缺少海军基地，也没有安全防卫设施和资源，而战争必须具备这些条件，没有基地，就无法准备这些作战条件。威廉三世所制定的决策中，就已经包含了十年之后攫取直布罗陀。科贝尔评价其为海军史上最勇敢、最重要、最果断的行动之一。麦考莱曾指出，威廉三世或许在战场上并无多少洞察能力，但却具备伟大政治家的精准眼光。他具有战略家的眼光，他知道要压制住低地国家的法国兵力，必须紧紧拉拢萨伏依和西班牙，而唯一的方法就是，继续维持反法同盟舰队在地中海的影响力。因此，反法同盟舰队必须留在该地。威廉三世甚至不顾国内内阁和海军人员的反对，下令舰队在加的斯过冬，这样春季时，舰队就可返回原地。

因为大部分舰队停驻地中海，英国本土海峡的兵力就较为薄弱了。这种情况，美国在未来也有可能会遇到，将舰队调集至大西洋或者太平洋，而使被放弃的海岸处于守势。在威廉三世的决策中，我要提出三个要素来讨论，之后的各章中这些要素将被作为标题，进行分系统的论述。三个要素为：位置、兵力、资源。威廉三世要求舰队停驻加的斯，遭到总司令强烈反对，是因为那里没有港口，而且大不列颠本土很容易被入侵[1]。英国政府曾经建议舰队司令使用那不勒斯、墨西拿和马翁港。对此，舰队总司令回复，那不勒斯尚未设防，缺少力

---

[1] 这和主张将美国舰队分开配置于大西洋和太平洋的论点没什么两样。

量；墨西拿太小；马翁港不能提供给养。也就是说，这些港口缺乏资源。而加的斯，虽然满足了兵力和资源的要求，又在位置上占优势，却依旧遭到舰队总司令的反对。他认为舰队停驻该地，英国本土就有危险。威廉三世考虑加的斯的理由如下：在此可以对海峡进行监视；对于法国海军在土伦的分遣队和其留在大西洋的分遣队，又居于中央位置；对于向土伦和海峡方面进行运动，也是居于中央位置；拥有良好的交通线，英国的补给可以运达此地，充分弥补该港资源的不足；锚地既宽阔又安全。

法国海军处劣势，加的斯特殊的位置令土伦的法国海军不敢轻举妄动，也就导致法国陆军在加泰罗尼亚地区陷入瘫痪。萨伏依为此坚定了依附联盟的信心。1695年期间，英国舰队留在地中海并返回加的斯过冬。路易十四在加来集结一支部队，扬言将要进攻英国本土。恐惧的英国人要求将派往加的斯替换回国待修舰船的海军分舰队留在英国，民众的呼声就这样干扰了军事部署。这支分舰队1696年停驻唐斯。丧失战斗力的舰船返回英国，本该前往替换的舰船又被扣在国内，加的斯的舰队在舰船数量上居于劣势，地中海便门户洞开。法国土伦舰队趁机逃至布勒斯特。我认为这是盟国的一次失策，因为盟国完全可以依靠当时的优势，在两个地区占据优势。事实却是，土伦舰队逃走了，巴塞罗那陷落了，萨伏依和法国媾和。

英国舰队在加的斯长达两年的驻守。在这两年内，英国舰队保卫了加泰罗尼亚、萨伏依和意大利，从而阻断了法国得胜的势头。这就是军事位置具有战略作用的最佳例证。类似的案例还有：1800年热那亚的法国守备部队为支持拿破仑的马伦戈战役计划所进行的长期抵抗；1899年莱迪史密斯城阻止布尔人的前进；1904年旅顺口俄国海军的抵抗。

最后，作战双方在1697年议和。1702年，新的战争又开始了，法国同西班牙结成联盟，目的是为了波旁亲王能继承西班牙王位。伊比利亚半岛的民众拥立了自己的国王。在日耳曼，巴伐利亚站在法国一边。萨伏依最先保持中立，然后又倾向法国，最后又转而敌对法国。此次战争影响深远，它稳定了欧洲局势，却又酿成了长达百年的殖民争端。该战争于1713年结束，所缔结的《乌得勒支和约》规定了18世纪的欧洲领土归属，将法国逐出了美洲和东印度群岛，大不列颠从而取代了法国的地位。这又一次证明了国外的殖民地有赖于国内的巩固，国内的巩固重于国外的扩张。

威廉三世认为对法国南部施加压力便可影响法国东部和东北部战线，于是决定再次夺取加的斯，以使其成为英国在地中海的舰队的基地。威廉三世的尝试于1702年失败。1704年，英国夺得直布罗陀，并一直占据该地。

威廉三世去世后，马尔伯勒担任英国陆海全面战争的最高指挥官，他继承了威廉三世在地中海的政策。西班牙王位之争，在反对一方来看其目的就是阻止一位法国亲王统治西班牙，然而马尔伯勒认为，西班牙半岛的战争只是旁枝末节。他的着眼点在于盟国海军对巴塞罗那至热那亚海岸地区施加压力，以支援萨伏依封锁波河流域通往法国的道路。对于法国，这是另一条向奥地利进军的通道。封锁了这条通道，则意味着奥地利陆军开辟了一条进攻土伦的道路。攻克土伦，进而控制地中海，才是马尔伯勒的真正目的。占领了土伦，盟军就将获得一处绝佳港口，并可以在这里持续作战,而法国则会因为失去土伦而使局部部队陷入瘫痪。盟国在土伦登陆将迫使法国从增援尼德兰或日耳曼战争的部队中撤回一些部队。

在1704年的海上战役中,英国夺取了直布罗陀。法国失败的原因很复杂。盟国舰队对法国翼侧[1]所施加的压力,使日耳曼和上莱茵河主要战场发生了有利于盟国的变化。萨伏依在盟国舰队和陆军部队的增援下,坚决反对法国。1704年,在意大利担任指挥的尤金亲王于多瑙河流域同自尼德兰南部前来的马尔伯勒部会师,取得了布伦海姆战役大捷,重创法国。盟国的胜利,解除了萨伏依所面临的威胁,这也正是马尔伯勒进军的目的之一。它也不失为一个战争中各个环节互相影响的例证。

1707年,盟国进攻土伦,却以失败告终,但盟国海军、陆军协同在翼侧的攻击,吸引法国部队在此集中,削弱了法国在其他地区的兵力。之后,因为进攻土伦受挫,英国内阁认为,舰队冬季无法在地中海停留。马尔伯勒说:"除非舰队留在地中海,否则你们在西班牙将一事无成。"后来,英国又得到了梅诺卡岛。梅诺卡岛显然比土伦更有价值,就像直布罗陀比加的斯更有价值一样,因为它们都是被割让给英国的,英国可以永久占有。在欧洲,还没有一处港口可以永久占有。

至此,英国就在地中海永久地掌握了固定的海军基地。在这里,英国可以沿海岸线四处扩张势力,而法国和西班牙,由于其领土特点,也急需一支像英国那样的优势海军,以承担在

---

[1] 即萨伏依。

地中海和大西洋的军事、贸易需要。对于以足够兵力控制海洋的海军而言，海洋就是一个链环，一座桥梁，一条公路，一处中央位置。它可以提供内线、中央位置、交通线。想要控制海洋，则需要我所说的固定的永久性基地，即要塞。威灵顿公爵曾经写道："没有海军控制那些湖泊，则在该处边境上的陆战就无法取胜。"

第六章

基础与原理(一)

我的最初构想是先概括性论述海军战略要素，以此为导言，进而研讨加勒比海和墨西哥湾的战略特点。引自查理大公著作中关于多瑙河重要战略意义的论述，成了导言的主旨，为此我还以热那亚—米兰—莱茵河流域一线和地中海对于17—18世纪历次战争的作用为例证。这些例证从各个方面说明了中央位置和内线的价值。同时，我还探讨了克伦威尔的海上战略，以及集中原理对于战争的意义。

从1887年起，我就已经开始关注加勒比海和墨西哥湾。随着时间的推移，我的祖国获得了路易斯安那和佛罗里达，西班牙在美洲的殖民统治被推翻，门罗主义的推行，都使我加大了关注力度。门罗主义就是为了阻止欧洲对美洲事务的干涉而推出的。美国扩张控制范围的主要目的是，排除欧洲势力，抢先占领地盘。路易斯安那和佛罗里达就是很好的例子。我们也绝不允许古巴被一个海军强国控制。就连杰斐逊总统也把古巴列入美国的扩张规划中，他说，除了古巴，我们不会再前进。

因地理环境因素，我们把美国势力扩张到了巴拿马地峡。这是因从墨西哥手中取得了加利福尼亚，并在该地发现金矿从而加速了太平洋沿岸的发展而产生的。对于一个在两大洋沿岸都有领土的国家来说，这里太重要了。当美国在两大洋海岸拥有政治和贸易权益时，巴拿马地峡对美国也更加重要。随着这些权益的发展，国民对其重要性的认识也与日俱增。美国的对外政策日益关注通航问题和可能影响通航的一些位置问题，因为这些位置可以影响一些交通线，极为重要的位置就是巴拿马海峡。

巴拿马地峡简直就是多瑙河的再现，也是瓦尔泰利纳隘路的重演，而加勒比海就是地中海的再现。哪怕是还没有运河，仅是靠陆路运输时，该地的重要性也丝毫不减，更何况巴拿马运河把水陆交通连接起来，其重要性更不言而喻了。为了海军能在美国东西两侧活动，就必须控制巴拿马运河。丧失了巴拿马运河，就丧失了迅速集中舰队的宝贵时间。多瑙河和瓦尔泰利纳地区的便利，我已经在前文中详细地说明了。巴拿马地峡对于国家和国际都极为重要，但国家利益至上，我们当然希望其他国家能承认美国在此的地位。

二十年过去了，美国的对外关系已经得到全面改观。就与欧洲关系而言，《海-庞斯福特条约》承认了美国在巴拿马的权益。然而该条约的缔结之所以引人注目，是因为我们经历了半个多世纪的交涉，以及美国对巴拿马地峡的强烈感情，使条约的结果也极尽苛刻。

美西战争将美国推入欧洲各国的视线内，它们对美国的关注是我们先辈未曾预料到的。我的意思是，因为美西战争，美国的对外关系已经有了变化和进步，而欧洲各国会随时而且出其不意地同我们密切接触。我们必须小心应对欧洲实力均势不断的、毫无规律的变化。

因此，我要承认我的错误，我曾认为没有必要在美国海军学院的课程中加入欧洲局势的内容。较早时候，我曾谨慎地注释[1]。但现在，情况要比当时更为突出，部分原因是美国的对外活动范围扩大了，主要原因则是欧洲本身的内部关系及其对亚洲的关系正剧烈地变动着。这种变动大大影响了欧洲干预美洲或亚洲的能力，尤其是影响到与其相关的海权。

现在，欧洲的对外活动再一次走向敌对竞争。这些敌对竞争是它们对外活动的结果，其根源还是在于德国贸易的发展。贸易发展促使德国拟定了一个宏伟的海军发展规划，从而影响到欧洲乃至美国。我把1897年的欧洲形势的显著特点归纳为：一是法德各拥盟国而对立；英国不再主动插手欧洲大陆事务；奥、德、意三国对抗俄、法联盟，对俄、法深怀敌意的英国则隔岸观火。英国的反对很有意思，它在印度反对俄国，在非洲反对法国。日俄战争失败以及国内动荡，俄国陷入混乱，法国则形单影只。值此陆上安全无虞之际，德国大力发展海军，保护其日益繁忙的贸易。一支强大的德国海军，在摩洛哥与法国针锋相对，种种事件令英国感到危机，促使它捐弃前嫌与法国和俄国结盟。

英国对于门罗主义的态度逐渐软化，最终承认了美国在巴拿马的要求，与美国签订了《海-庞斯福特条约》。这时的大不列颠海军已经无法再左右世界了，除了受到一系列条约的限制，

---

[1] 欧洲各国当时致力于殖民地的扩张，这种扩张所表示的精神可能使这些国家同美国的门罗主义声明发生冲突。由于所有这样的活动都要依赖于海权，所以学员在研究海军战略时必须予以注意。

它已经无力再同时支持美国和日本了。然而英国与日本之间互有协议，同美国则没有这种义务。那么英国要与美国互相支援吗？如果支援，又要达到何种程度？一旦日美出现冲突，英国又该如何呢？[1]

虽然暂时还能牵制德国，使其将主要精力放在欧洲，然而一旦英国海军无力对抗德国海军，它必将在世界上掀起风暴。这支海军掌握在一个迟迟没能拥有任何殖民地的国家手中。德国难道就不想在海外扩张领土吗？难道它就不想在海外建立基地支持其贸易吗？难道它就不想建立一个如同大不列颠帝国的版图吗？更不想移民、扩展工业市场、开辟原料产地吗？

门罗主义使美国将非美洲国家隔离在美洲之外，不让一寸土地落入外人之手。它是一个内容广泛的契约，它得以执行的支柱就是一支胜任的海军。请允许我为"胜任"下一定义。它并不仅仅依赖现在欧洲的实力均势而存在，还必须应对这种均势被打乱后所面临的局面。正如德国宣称要建立一支"具有这样实力的舰队，即使是最强大的海军国家要想同德国交战就势必要甘冒有损其最高权益的危险"。这至少意味着，英国不会再像1898年那样冒险支持美国；也不会在摩洛哥支持法国；也不同日本结成同盟反对德国。德国的言论使因门罗主义而互相疏远的美英两国发表联合声明。这虽是国际政策的范畴，但海军和陆军战略家们却必须考虑，因为国家间的政治关系决定了该国舰队的建立

---

〔1〕英日于1911年7月13日签订了一项新的同盟条约，规定：任何一方均可同第三方签订像英美之间所签订的那种一般性仲裁条约，并将不再对另一方负有针对第三方的军事义务。

和规模。

我要引用达里厄的一段话来为我的论述佐证:

在战略思想所引起的复杂问题中,没有什么能与建立舰队相提并论,每项规划如不考虑到同大国的国际关系以及本国资源的极限,其建立基础就将脆弱不堪。

我还要重复戈尔茨的话:"我们必须拥有国家的战略,国家的战术。"我要收回我曾说过的一句话,这句话曾一度体现了海军的传统:"政治问题属于政治家而与军人无关。"我也将反对政治与军人无关的论调。

1895年、1897年,我重新总结了欧洲局势,指出当时欧洲形成了实力均势的稳定局面,由此欧洲掀起了一场浩大的殖民运动,所有的强国都投身其中。我曾要求海军战略家注意这个局势,因为美洲国家也有可能卷入其中,而将门罗主义抛在脑后。

然而,巨大的变化发生了,德国工业、贸易、海军实力剧增,陆军实力也持续领先[1],人口增长了50%。俄国趋于衰弱,法国人口处于停滞不前。德国与奥匈帝国结成联盟,其在海上从北海扩展到亚得里亚海,在陆上则拥有一支难以匹敌的军事力量。欧洲实力均势已经不复存在。

伴随着英国对德国新兴工业贸易的嫉恨,以及英国对德国海军发展的戒备,英国放弃了曾经实力均势时期的旁观者身份,转而加入协约国,意图扭转失衡。然而,英国的努力并未收获成果。难以维持的均势,使欧洲殖民国家将注意力转回欧洲,德国

---

[1] 这一优势由于法国陆军的改进或多或少受到限制。

则向美国否认了其殖民野心。这时已经进入了殖民稳定、欧洲失衡时期。

我关注的重点在于,德国的实力已经超过了英国,而且证明它能超越美国。这两个国家都拥有巨大的财富,如果它们能联合,实力将更雄厚。美国和英国运用资源的效能与德国相比却不值得一提。另一个问题是,英美没有明显的联合动机。结果便是,德国完全可以以一对一的方式对付二者之一。在欧洲,只要奥匈帝国坚持与德国的联合,欧洲其他国家就无法遏制德国。对此,德国人十分清楚。

我的推理表明,德国的海军实力将会成为美国的心腹大患。除了英国海军还能与之一战,德国海军在欧洲已再无其他对手,而当时英国国内的局势如果一直延续,势必会导致英国海军的衰落。英国也就不会贸然对抗德国,除非德国触及英国权益底线。甚至有一天,英国已经无力再阻挡德国了,因为它的国力正日渐衰退,德国国力则蒸蒸日上,而当时,德国的国家体制令民众惯于为国家服务。国家控制民众已经成为时代的特征,日本和德国都因此受益。

当敌人只能从海上接近我们时,拥有一支海上力量保卫国土、支持对外政策是何等重要啊!美国的对外政策为:门罗主义和门户开放。门罗主义已经得到欧洲承认,因为它们已经卷入均势失衡的争斗中。门户开放的战场就是太平洋,巴拿马地峡是美国通往太平洋的门户,通向地峡的交通线则经过墨西哥湾和加勒比海,因而人们对该海域的关注力度大大提高。

在我以加勒比海为案例阐述海军战略的某些原理时,大多数人对海权以及海军战略的认识几乎为零。他们对海洋漠不关心,就连远见卓识的俾斯麦也不例外。取得阿尔萨斯和洛林，已达成了他的愿望，于是他转而致力于国内事务，他对外关系的规划并未伸展到欧洲以外。

德国现在的行为与俾斯麦对于海洋的漠不关心形成鲜明的对比。自1887年以来，新兴的海军强国为日本、德国、美国。现在，每个欧洲国家都清楚地意识到未来发展的趋势在海外。在相对稳定的局势下，欧洲应该成为海外冒险的基地，而冒险的目标则是那些落后的国家和地区。这些冒险必须依靠海军力量。

海权将决定世界局势的发展，这一观点已经逐渐被人们接受并发展，而以海权为主题的著作也增加了。这意味着，人们对海权理论进行了系统化的归纳，整理了资料，阐释了海权的原理及其应用。近几年来，那些天才发展了人们早已熟知的原理，并且将之系统化，通过例证阐释这些原理以及运用，最后将其确立为公认的理论规范。我们可以从海军军人函文中、海军通史中、政治家的活动和交往中，找到大量实例，并且理出它与国际权益之间的联系。

在某种程度上，海战可以看作是阐释原理的实例。然而，那些最引人入胜的海军战役，其指挥者往往是陆军军人偏多。克伦威尔就曾把改组舰队的任务委托给三位陆军上校，彻底地改造德雷克、霍金斯和雷利的海军。克伦威尔的做法，在于用陆军体制改造海军，而罗伯特·布莱克和蒙克则是这项运动的先驱。

直到威廉三世时，海军才彻底与陆军脱离。不管是威廉三世还是马尔伯勒都认为陆军和海军都是战争的构成要素，在这两位杰出陆军军人所指挥的一些战役中，陆军和海军曾相互配合取得战果。在特拉法尔加战役中，老皮特亲自制订了陆海军协同行动的计划。在美国独立战争和拿破仑的历次战争中,罗德尼、圣文森特和纳尔逊等人都成了杰出的战略家。在特拉法尔加战役之前,英方的战役部署完全符合战略要求。

我们可以从历史战例中,与战争相关的函文中,海军人物笔记和传记中,推出"海军战略"。这些素材很丰富,却无法提供战略。可能因为帆船动力很不稳定,所以战争艺术在海军的运用中较少。海军将领无法从航程中推断出航行时间,但是陆军将领却可以靠里程推算出行军时间。纳尔逊在追击维尔纳夫时,一阵偏东风就让敌人顺利逃脱。海战不像陆战,它总是令人把握不定。在特拉法尔加战役中,风使纳尔逊无法实施既定计划,尽管他最后成功了。舰船受风力、流速影响如此之大,致使很多一流海军军官热衷于舰船操纵,而直接漠视了海军战略的研究,这种风气一度广为流行。

蒸汽舰队还未出现时,我们可以从1870年的普法战争、1877年的俄土战争中获取养分。自本部讲稿完成以来,发生的中日甲午战争、美西战争、日俄战争,为我们提供了不少的探讨实例。[1]

蒸汽机使舰队运动稳定和准确。现在,不管是顶风还是逆流,航行时间都可以估算出来。这可能还要比陆军将领的计算更加容易些。海军战略形成的条件也渐渐成熟,甚至已经到了刻不容缓的地步。我们必须抓住已经经受考验的主要海战原则,并且用次要细则充实它。遵循这些原则便可判断出一些人士的主张是否与已经确立的真理一致,断定其正确还是荒谬。

---

〔1〕本书绝大部分历史经验的讨论仍以风帆舰队为依据。

当有人主张将战斗舰队分开部署在美国两洋海岸时,我们就能准确地指出曾经发生过的教训。我们可以提醒他,1652—1654年荷兰和英国就曾分兵北海和地中海,还有在特拉法尔加战役之前康华里将舰队分成两部分,俄国将舰队分别部署在波罗的海和旅顺口。

将探索和创立的原理归纳并分类,能使思维简明扼要又方向明确,进而被人们广泛地理解。蒸汽机为海军行动做出了极大贡献,它方便了海军的行动,直接影响了海军战略和战术的制定。在陆上,交通起最重要的控制作用,而在海上,蒸汽舰船依靠储煤提供动力。陆军在急行军中所能携带的给养延续的时间可能不如海军依靠煤炭而航行的时间,但二者的性质却是相同的,归根结底,它们的动力分别是粮食和煤炭,而不是人的腿和发动机。

依靠风力航行的时代结束了,装载供四五个月所需的粮食和淡水即可不停地在海洋上追踪敌人的时代也结束了。1803—1805年,纳尔逊常在舰上备有粮食和淡水,也就是说他可三个月不依靠交通运输。在蒸汽时代,想要多载煤,船只吃水的问题就会造成战术障碍,降低航速;如果不增大吨位,就只能牺牲装甲和舰炮,这对战术更不利。罗日杰斯特文斯基的教训就在眼前,在航程仅千余海里时,他竟然下令各舰满装煤炭。他之所以这样做,只能是归咎于缺煤对他产生的心理影响。明知战斗无法避免,他却如此轻率,令舰船缺乏战斗力,造成了舰队的巨大损失。

由于蒸汽机所带来的巨大变革,全面系统地论述海上战略并确定明确的原理已经刻不容缓。这项工作是创办海军学院的目的之一。战争艺术的原理不多,却包含了许多要点,海军学院的原则只有一个，研究战争艺术并阐明其原理。理解海军历史的途径就在这些原理之中。通过这些原理，我们能洞察历次海军战役的成败原因。海军战略家充分掌握这些原理，就可从前人的实践中吸取教训。通过研究案例，我们可加深了解，拓展眼界，提高对事件关键的领悟能力和理解速度。

戈尔兹伯勒海军上将曾对我谈到他在法庭上的一件趣事。他为律师对一件疑难案件的辩论所迷惑。当他巧遇主持开庭的法官时，他说："我真是不明白，你怎么总是能从控辩双方貌似都有理的话语中找到出路？"法官回答道："牢牢记住那一件或两件值得决定性思考的事实或原则，将其他旁枝末节都抛开，便可轻易地裁决了。"这就是领会原理之后通过研究形成的习惯见解。决定性思考基本上符合于构成军事态势"钥匙"[1]的主导特点。决定性思考被大量令人迷惑的事件掩盖，抓住它，就能容易地了解特定实例中的决定性因素，越发善于判断军事实例，快速地判断紧急军情。

我认为陆战实例对海军研究人员是很有价值的。首先，陆战拥有更多的资料，因为陆战比海战多得多，而且人们已经从大量陆战实例中引出了基本原理。其次，动力的发展，消除了海军和陆军运动之间的差别，使我们能从杰出的军事著作家中找到基础，并在此基础上创立新的结构。空中楼阁是毫无用处的，我们

---

[1] 克劳塞维茨曾以不无取笑的口吻提及战场或军事态势"钥匙"一词。按他的评价，使用这个词具有特殊的优点，有助于掌握合乎需要的印象，因为在绝大多数的军事态势或军事问题中总有一个居于首位的主导特点，它可从许多细节中提炼出一个中心思想，依据这一中心思想可使目的和部署集中起来，从而达到计划的统一。

要在坚实的地基上去创立新的结构。不用畏惧,差异是肯定存在的,谁都不会把新房看成旧屋。海战和陆战原理有着极大的相似,对照就可领会它们的共同特点。

通常认为战略仅限于军事联合,该联合包含一个或多个独立或互相依赖的战场,而战场则是真实的或直接的战争场所。但是这却与海军战略不同。一位法国著作家说:"海军战略与陆军战略不同的是,不论是和平时期还是战争时期它都是必需的。的确,在和平时期海军战略可以通过购买和缔结和约,在一个国家内取得战争时期可能无法取得的优势位置,而赢得决定性胜利。它善于利用任何机会在岸上选定一个点,伺机达成占领。"

海军战略的特殊性质缘于海军能够直接到达领属关系未明或政治力量薄弱的地区,陆军却只能依靠海军才能到达这些地区。如果陆军想要在这些地方作战,也要依靠海军控制海洋。一个国家如果想要控制这种地区,必须占领位置合适的基地。在和平时期,贸易往往需要拥有这样的属地。正如这位法国著作家所说,一旦时机成熟便将其占有。

在欧洲,奥匈帝国趁土耳其政局动荡,将力量推进至爱琴海,这里将是奥匈帝国未来贸易所需要的目的地。往前推,英国在十年和平时期占领了塞浦路斯和埃及,尽管法国和俄国长期不满,但最终它们做出了让步。

近年来,法国占领了突尼斯以及港口比塞大[1]。德国从中国

---

[1] 该港主要水文特点优于阿尔及尔,而且又靠近地中海的狭窄部分,接近于直布罗陀海峡至苏伊士运河之间的交通线,这是欧洲至远东,至印度以及至澳大利亚航线上的紧要环节。

租借了胶州湾，又购买了加罗林群岛及其他一些太平洋岛屿。为此，这位法国著作家说："海军战略的最终目的是在和平时期和战胜时期奠定、维护、强化国家的海权。"我对于这个道理能否还用于陆上战略有些疑问。然而，陆上战略所关注的陆战区域已经为人所知，而且已经固定。大部分海上战略据点，却是在和平时期未经冲突而占有的，如美国的夏威夷群岛。之所以不通过战争就可以占有，是因为其拥有者无力反抗，或是拥有者为了同海军强国建立政治联系而割让的。

海上作战的位置总是远离海军的国家，是否可以由此推断海上作战的地理范围比陆上作战的广呢？谢尔曼将军为我审阅这部讲稿的初稿时，曾对这个情况惊诧不已。海外基地、通往那个遥远目标长达几百海里的交通线，舰队的运动，这些要素构成了一幅雄伟的海上行军画面，给人以深刻印象。

从当前各国海军的部署调整，可以从中得出和平时期的海军战略。这种调整绝大部分是由战略中心之间的距离决定的，例如，美国的大西洋海岸和太平洋海岸战略中心，英国的英吉利海峡和地中海的战略中心。这种情况是由于环境条件，是国际条件变化，还是不同时代海军军人对战略的理解所造成的，对于这些原因，如果仔细分析，将是很有用处的。我能肯定的是，集中的必要性得到确认，应该归功于研究工作的进步，明智的、正确的理解，以及正确评判了和平时期分散兵力配置的危险。然而，它也是国际局势变化的直接结果，如英国舰队在本土水域集中，是对德国海军发展的直接反映。增强查塔姆造船厂和在罗赛斯创建新的基地，就是英国海军部署变动的必然结果，两者都证明了海军战略位置是在和平时期建立或发展起来的。

美国战斗舰队集中于单一指挥下和集中成一个整体,不仅体现了海军领导人对简明原理的运用,而且还具有特殊的指导价值,因为国际关系尚未迫使我国的战斗舰队集中于大西洋或是太平洋。对这一原理的运动,并不是因国际环境所致。众所周知,这是在海军学院举行的演习中首先形成的。当前,美国舰队集中于大西洋,纯属出于我们的主要危险来自欧洲这一传统观念。要知道,环境是会改变的,国际关系的发展将决定集中的地点。请特别注意一下情况:当战斗舰队环球游弋时,曾经一度体现海军政策的小型中队和分散舰船已不再出现。

不断地集中,这是海军战略又一个与陆军战略不同的特征。这说明,海军具有陆军所不具备的机动能力。一支配置优良的舰队,能以陆军无法比拟的速度快速到达确定的战略位置。机动能力意味着快速,快速则意味着行动距离的增大,这就便于战胜兵力分散或毫无戒备的敌人。正如日本的鱼雷艇在旅顺口外突袭毫无准备的俄国舰队时,它们是从数百海里之外赶来发起攻击的。

查理大公的名言:"对战略据点的占有决定着作战的成功。"拿破仑以"战争就是处置位置"来表述。我们应该警惕,人们对海军问题已经形成一种顽固的偏见。通过阅读,我才理解到,每占据一个港口海军力量就会增加的看法是如此普遍。海军力量当然包括战略据点,但其最大组成部分应该是机动。如果占据了很多港口而将兵力分散在各港口,倒不如没有港口的好。正如若米尼说的,如果没有把握控制整个战场,那么最好占据那些能控制战场大部分的据点。所以,运用到海军战略中,应该依靠海军已取得的据点,从能控制得住的位置向敌人推进。在推进中,延伸交通线时应保证前进位置上的兵力的安全。

古巴是一个绝佳的前进位置。美国能够控制墨西哥湾，取决于能否在古巴岛上占据一个位置。西班牙控制古巴时期，美国无奈地以彭萨科拉和密西西比河为海军作战基地。如果美国同任何一个欧洲国家开战，古巴保持中立，那么敌人就能冲入墨西哥湾，敌人的后方和交通线也不会有太大危险，因为美国这时还没有控制关塔那摩，也就不能在此建立海军基地攻击敌舰队。如果敌方与我方兵力相等，敌方想要驻泊于墨西哥湾内或进入加勒比海向巴拿马地峡推进，那么占有关塔那摩就拥有绝对性优势。从这里，它可干扰和切断对方的补给。对墨西哥湾海岸而言，基韦斯特就相当于关塔那摩。这两处结合就能整体防御墨西哥海湾地区，这比在该区域建立多点防御更为有效。对巴拿马运河地区的影响而言，关塔那摩优于基韦斯特。敌人可能甘冒损失数艘巡洋舰的风险骚扰关塔那摩。

英国对法国各港口的封锁，证明了海军前进位置的重要性。因为封锁，英国贸易的安全得以保障，法国对不列颠诸岛的进攻才被遏制住。现在，英国又把战斗舰队集中于本土水域，显而易见地，这是为了对抗北海的德国舰队而进行的部署。一旦战争爆发，这里总有一支优于德国的舰队，可以掩护来自大西洋的英国交通线[1]。英国的部署切断了与波罗的海联系之外的所有德国海上交通线，还掩护了不列颠诸岛。

相信我提供的实例已经充分说明了占领前进位置的理由。有了前进位置，舰队既有可靠的位置为依托，又拥有严密的交通线

---

[1] 实际上即连通世界各地的交通线，同波罗的海国家的联系可能除外。

与本土联系，贸易、运输、补给均不是问题。当双方兵力大致相当时，敌人便不会冒险进入这样的海域。如同德国不敢进入大西洋，美国的敌人不敢进入墨西哥湾一样。英国对法国的封锁一直推进到靠近法国海岸，掩护了大西洋通往不列颠诸岛的所有交通线。英国的这种封锁，保卫了英国本土安全，使大英帝国的贸易损失率每年保持低于3%。

对德国来说，不列颠诸岛正位于它的前进位置。这里对北海的控制恰似古巴对墨西哥湾的控制。德国的巡洋舰要想切断英国的贸易交通线必须冲破北海的防卫，而这又远离了德国的作战基地。

当然，对前进位置后方以及其交通线的防卫，并不能完全杜绝补给船或贸易船免遭攻击。对于这种攻击，即使使用轻型舰或者与对方施行这种袭击所使用的相同的巡洋舰也不能完全杜绝。

若米尼说："出色的袭击部队总能打乱护航队，不论其所取路线的方向如何，若其方向是一条来自基地中心至作战前线中心的垂直线，多少能少遭受一些攻击。"

但这种损害不等同切断或威胁交通线，因为那还算不上致命打击，而在靠近交通线的前进位置拥有一支强大舰队所造成的危害是不可估量的。

破坏贸易或破坏敌人交通线，可以在遥远的殖民地上进行。过去，法国海军曾以法属西印度群岛的马提尼克和瓜德罗普为基地袭击英国的贸易船和供应船。想依靠本土防备这些袭击是完全不可能的，只能在当地部署兵力才行。例如，从德属西南非洲可以很方便地骚扰英国与好望角以及沿此航线的地区的交通往来。为了对付这种情况，英国就须在当地进行防备。

把一系列前进位置连贯并延伸，其作用就会大大加强。古巴拥有多个港口，这些港口为陆地所贯通，而且形成了一条长达900海里的屏障，使敌人难以逾越。不列颠诸岛之所以对北海贸易影响巨大，也是由于从多佛尔海峡至苏格兰北端的陆地连贯。

可见，在海上确定战略据点时，必须考虑以下两个方面的内容：首先应选出对控制战场起决定性作用的那些点；其次选出最能充当最前进位置的那些点。

第七章

基础与原理（二）

任何地区的战略价值取决于三个基本条件：

1. 位置，确切地说是它的态势。一个地方可能具有巨大的力量，但就其位置而言却不值得占领。

2. 军事力量，包括进攻和防御。一个地方可能位置很好，拥有巨大资源，由于力量脆弱其战略价值也就不大。但是如果可以依赖人力加强防御也不是不可，那么对它而言设防就显得尤为重要。

3. 资源，包括自身和周围的资源。资源的重要性已经不用我再强调了。如果一个地方，位置极佳，攻守皆宜，只是缺乏天然资源，可以依赖人力补充，如直布罗陀、马耳他、梅诺卡岛。对于海上战略据点，周围友好地区越少，资源越少，力量也就越弱。可见其他条件相同，大岛的战略价值高于小岛，如同彭萨科拉的价值高于基韦斯特。

对于大岛和小岛价值的差别，经验丰富的罗德尼[1]曾说过：

---

〔1〕乔治·布里奇斯·罗德尼（1719—1792），英国海军上将。

波多黎各的价值比所有加勒比岛屿合在一起还要大，它易于防守，而且所需费用低于那些岛屿，这里又能牵制法国和西班牙，还威胁着圣多明各岛。如果大英帝国掌握了波多黎各，它就能切断欧洲至圣多明各、墨西哥、古巴或拉丁美洲大陆的供应线。从这里可以迅速地支援牙买加。如果它得到开发，能吸引大批船只和海员前来，价值甚至能超过向风群岛。

罗德尼的这段话罗列了战略据点的基本条件。尽管他的话不像军事学术论文那样有条理。

战略要地除了要满足上述三个条件外，也有一些次要的方面需要考虑。虽然是次要的，但它们能提高其价值（包括军事价值）。如果一个港口是巨大的商埠，当它遭受侵犯，就会影响其国家的商业繁荣。

一、战略位置

三个条件中，位置是最重要的、必不可少的，因为力量和资源可以凭借人力补充，然而，一个港口的位置是不可靠人力改变的。

位置的价值由它距海上贸易航线的距离决定。如果一个位置接近两条航线的交叉点，它的价值就会增加。一个交叉点就是一个中央位置，它便于向多个方向运动。如果通路狭窄，其价值就更为重要，如直布罗陀海峡、英吉利海峡以及佛罗里达海峡。几乎每个入海口都很狭窄，贸易船只经过这些入海口扩散到全国各地，如密西西比河河口，荷兰、德国各条河流的河口，纽约港的入口等。港口或河口是贸易终点或物资集散地，货物在此装船转运。如果通路是一条运河或一处河口，则船只到达处附近的一些位置就会具有巨大的控制力，如苏伊士运河和巴拿马运河。

因而，狭窄海域中的位置比大洋中的位置更重要，因为船只很少能迂回绕过它们。各据点的战略价值就体现在这里，贸易船只总是途经这些狭窄海域继续驶往其他地方。以地中海为例，苏伊士运河开通之前，船只到达地中海后，只能等待转运，而运河通航后，地中海东岸就成为一个中转点。巴拿马地峡及其运河也是如此。

陆上战略和海上战略的根本不同在于天然条件的不同，陆上障碍重重，必须通过人力克服和改善，而海上几乎是坦途一片。陆上可供行军道路有限，而海上可供舰船航行的路线则很多。风向、水流、短近距离将舰船困在一定的通用航线上，但是，在这些航线范围内也可以巧妙避开敌人的搜索。如罗德尼在指挥一支从西印度群岛返航的护航队时就"曾严令指挥官不要试图驶向英吉利海峡，而是取道克利尔角向西至少900海里，再行继续向前航行"。拿破仑也曾说，海军作战的决定性要素是"采取隐蔽航线使敌人丧失时机"。

1789年，纳尔逊追击拿破仑时，就犯了这样的一个错误。他直接奔向埃及，但拿破仑从马耳他离开后并未直接驶往埃及，而是先向克里特岛航行，结果纳尔逊错失了机会。纳尔逊的教训使英国在数次大战中严密监视法国港口，因为港内舰队一旦驶离港口，英国指挥官只能推测敌人的航线。

再来看看1905年东乡平八郎的情况。纳尔逊只能依靠种种迹象分析出法国舰队的目的地，但他无法确切得知法国舰队的动向。东乡平八郎也不知道俄国舰队的意图到底是战是逃，可以肯定的是其最终目的地是海参崴，但对其航线只能靠推测，而推测则需要掌握情报。在没有准确的情报的情况下，东乡平八郎也开始犹豫不决。造成这种困境的原因是，他的侦察船只在距离旗舰100海里之处进行监视，而未能将侦察活动推进到足够远的地方。

海洋为舰队提供了很多躲避危险的机会，所以海上的战略据点比陆上少，这也提高了这些战略据点的价值。查理大公曾说："在开阔地区，到处可以通行，这里没有障碍，敌人可向各个方向运动，这里或是没有战略据点，或是战略据点不多；反之，却可遇到很多的战略据点，天然条件限制着敌人只能沿着固定的道路运动。"恰如一艘舰船从欧洲驶往中美洲，它首先通过一片完全开阔的地区直至西印度群岛，它接下来的航程到处都是价值大小不一的战略据点。

贸易的数量和港口与航线的距离都影响到位置的价值。正如大不列颠是德国的眼中钉一样，德国工业、商业、航运发展都会受到大不列颠诸岛的制约。这彻底改变了欧洲的国际关系。巴拿马运河也将改变加勒比海附近的各个港口和太平洋许多港口的战略价值；而一旦苏伊士运河关闭，则好望角的各个港口和地中海的那些港口也将受到影响；好望角航线曾经为威尼斯和热那亚带来了翻天覆地的变化。海权首先从属于商业，商业开拓了航线，再由军事控制保护贸易。贸易的流通方向和流通数量，一旦发生变化，人类的政治和经济关系也将发生改变。

在陆上，战略据点总是有公路经过，或者有公路在此汇聚或交叉，甚至天然障碍迫使公路在此汇聚成一条隘路。海洋比陆地开阔，很少有障碍，但是一旦它出现就不可逾越，舰船只能迂回绕过海上的障碍。在陆上，历史似乎已经说明，没有陆军不能逾越的地方。在海上,舰船只能循着已知的航线。航线众多的地方,每条航线上的各个港口的价值与航线数量成正比。例如,如果有一条从海地岛东端通过向风群岛直到中美洲的航线,在马提尼克岛的洛亚尔港和圣卢西亚岛的卡斯特里港中间断开,就会大大提高这两个港口的价值。又如,巴拿马运河的建成,向风群岛的战略价值就大大提高了。

二、军事力量

接下来,我们研究战略价值的第二个要素,即军事力量。

一处港口的牢固取决于许多有利的和不利的要素,所有这些要素可以归入防御和进攻范畴。

(一)防御

港口的防御可以分为两个方面:防御海上或陆上的攻击。

港口设防其实目的还是在于派出军舰出击,海面正好是港口的前沿阵地,陆地的一侧则是它的后方。

在日俄战争中,旅顺口面对陆上和海上的攻击也都进行了防御。日本海军的这次围攻,证明了我的一个观点,即港口防御主要依赖于陆军。在旅顺口,俄国海军完全没有对防御做出贡献,他们本可以依靠港口的物质条件以出击作为防御的手段。在任何总体战略中,防御意味时间。俄国人如果在旅顺口坚守下去,就能为波罗的海舰队赢得时间,只要他们能坚守住,陆上战役就能使日本人一筹莫展。

俄国人曾主动抓获了一艘日本运输船,船上载有用于进攻旅顺口的大部分攻城大炮。这次攻击敌人的交通线,除了使日本人遭受损失外,还令其不得不分出精力保护交通线,从而有效地削弱了日本人的围困力量。这种活动可以看作是攻势防御。它是任何防御计划所必需的。拿破仑曾说过，单纯依靠防御，没有任何进攻，任何位置都无法坚守，必须不断地扰乱敌人，才能阻止他获胜。在海岸防御配系中，这些反击、扰乱、骚扰（即攻势防御），均由海军承担。

狭义的防御，当活动仅限于击退敌人直接的进攻时，主要由陆军承担。因此，海军军官不用分派陆军执行这种防御的准备工作，应交由工兵负责计划防御工事及施工。对陆防御工事所需的范围，以及维持这些工事所需的守备部队的数量等，均属于陆军军事学识问题。

若需在国内和海外选择海军场站，必须由陆军、海军共同协商之后决定。事实上，凡是涉及海岸作战的每个问题和每项准备，都应由陆、海军共同联合完成。有配合就会有冲突，而指挥官则需要尽可能地协调它们的工作，排除万难地突出各兵种的优势。身为指挥官，如果他胆怯怕战，而力求避开危险，就不可能在战场上赢得胜利。

旅顺口还证明了一条真理：海岸要塞受陆地攻击而被占领的危险大于海上攻击。原因在于，舰船和浮动设施无法安装与陆上工事一样的大炮。另外，水雷也在旅顺口证实了它的威力。但是，这些并不能威胁陆上要塞。因为，在炮台所及范围内的舰船都不是它的对手，一艘舰船无法与一座与其造价相同的炮台抗衡。当然，炮台也没有舰船的机动性。炮台以其笨重发挥守势力量，舰船以灵活机动创造机会。

四面皆水的国家或与军事力量较弱国家接壤的国家，往往只针对来自海上的攻击来防守自己的港口。然而，海军的任何活动,都需要依托基地,而基地为海军提供防御和进攻的基础。因此海军基地应该确保陆上和海上的安全。伍德将军在波士顿附近举行的联合军事演习,就是为了向世人证明,该城需要有陆上防御。商业港口的设防应该考虑到下述情况:如果敌人想要夺取一个商业港口,仅靠派出一支小股登陆部队实行奇袭就能达到,因为一个商业港口是不足以让他派出庞大海军的。

1888年8月英国举行的一次对抗演习,证明了兵力封锁并不能阻止个别军舰逃走,而封锁部队也无法得知它们的方向。当它们出现在英国的其他六个港口时,这些港口因没有设防而被其占领。

利用水下定位水雷,港外敌人能更容易地封锁港口。这种水雷对巡洋舰或是战列舰,不仅能造成实质性损伤,还能拖延时间。严格意义上来说,这种拖延属战略范畴。如同日俄战争时那样,日本舰队可以在广阔的海面上选择位置,而港内的舰队为了确定一条安全的水道作为航线,就可能耗费一定时间。

任何环境下,技术和警戒总能帮助一方取得良好的成果,尤其是对港内的一方。可以设想,运用三点法来确定一条通过水雷区的直线水道,方法就是在夜间设置三个信号灯以供观察,在白天或夜间清扫水道,之后进行警戒,防止敌人再次布雷。信号灯则可以为舰船导航,指出已清扫干净的水道。这种方法虽然有效,但是,现在情况不同了。港外一方也可想方设法制止港内一方的这种行动,结果就出现了"前哨"战。

商业港口需要对海设防,而在对陆一侧无须设置工事。因为巡洋舰无法抗击港内的重炮,也没有登陆的兵力。用一支舰队千里迢迢去占领一个商业港口实在是得不偿失。海军基地才是它的直接目标。炮轰不设防海港已经遭到禁止,但是不设防所换来的代价太沉重了,你无法得知敌方舰船占用港口到什么程度,加煤、修理、补给都有可能,而对它的任何干扰都将剥夺掉该港口的不设防资格。

再让我简单地谈谈岸防舰吧。它只限于防御,只有当敌人进攻时,它才能发挥力量。岸防舰的威力比不上岸上的炮台,因为它不能承载陆上工事所能承载的重量;它暴露在各种攻击之下。陆上的工事则不一样:它需要大量的人员操纵;最后它总是集结在敌人目标之外的地方,从而无法掩护港口。纳尔逊在制订防御东南海岸特别是泰晤士河的总体计划时,特别强调,岸防舰绝不能擅自移动。它们的泊位是经过周密思考而选定的,不应该轻易地改变。永久工事的优点就是在任何情况下都不能移动。美西战争时期,公众的恐慌却影响了军事部署。

应该看出,海军使用鱼雷艇和潜艇防御海岸,应该属于攻势。鱼雷艇的作用就是攻势防御,它在港口总体防御计划中于夜间发挥功效,主要攻击泊于港口附近的敌方舰队。

鱼雷艇的出现似乎并没有对原理造成多大影响,在实战中也未与二十年前人们得出的结论相违背。鱼雷艇在白天的行动,只能是在一支舰队猛烈攻击要塞的前提下,它们此时的作用是击毁那些受创的、特别是落在其友舰后面的敌舰。鱼雷艇的规模迅速增大,甚至装载了火炮。在旅顺口,敌对双方的鱼雷艇曾进行多次炮战。如果双方互换角色,那么日本人肯定会更多地发起鱼雷攻击。

掩护海岸要塞这类战略据点的防御设施,不管是人工的还是天然的,它的作用都很重要,因为这些设施能使防御方以较小的兵力阻挡一支重兵，令防御方有能力抽调出一定数量的兵力组建机动野战部队。旅顺口一战，日本不得不动用较多的兵力来围攻兵力较少的俄国人。

战略据点对于陆战和海战都是不可缺少的。但是，对战略据点不能盲目迷信。若米尼曾说："当一个国家将其大部兵力投入其强固地点，它就接近于毁火。"日俄战争中的俄国人就是活生生的例子。俄国舰队在旅顺口和海参崴不出来，不啻放弃了它在战争开始对日本所拥有的海军优势。

海战时，海军相当于陆地战场上的野战军，而设防的战略港口就相当于陆上的梅斯、斯特拉斯堡和乌尔姆等要塞。军事家们认为对这类要塞实施占领必须根据战略性质而定，使其成为国家防御的基础，但基础不是上层建筑。战争中防御是为了能随意进攻。海战中，海军承担进攻任务，如果再有海军承担防御任务，那么一部分训练有素的人员就会被固定在要塞之中，而这种防御完全不需要由他们来承担。如果众多港口的防御都交由海军承担，那么海军就会被一再分散，最后丧失其本质功效。前文中的英国演习引发了不小的惊恐，某些报刊居然提出，建立一支能向每个海港派遣一支小分遣队的强大海军。照这样，海军还有什么用？公众的呼声总是淹没正确的军事原理。

公众对军事部署的影响，在美西战争时期表现得最为突出。国会议员代表公众提出的一些建议，打乱了舰队的部署，致使舰队无法封锁敌人港口。如果当时舰队面临的是一支劲旅，西恩富戈斯港就会被西班牙占领。在那里，它将获得西班牙陆军主力的支援，后果不堪设想，因为美国正规军还很弱小，疫病已经开始流行。

战时惊慌的人往往就是那些在和平时期反对积极备战的人。很早以前,一位海军将领曾说:"与其等到来年夏天法国舰队进入海峡之时,才被吓得惊慌失措,倒不如现在就惊恐不安,我们反倒会有时间进行准备。"

将海军用于单纯防御,就要求大量的小型舰船。美国早期的单炮塔低舷装甲舰,舰体小、造价低廉,便于大量建造。它们很适用于单纯防御方案。单纯防御方案是陆军警戒线政策在海军的类似产物,要求将兵力部署在易受攻击之点,而不是将其集中于中央位置。我曾经拜读过一位训练有素的海军军官精心制订的大西洋保卫方案,他要求依各个港口的重要程度,分别配置一艘、二艘乃至三艘单炮塔低舷装甲舰。所幸,海军"只用于防御"已经被抛弃,对海军进攻作用的肯定,必将导致对战列舰的肯定。

港口的防御力量取决于永久性工事,但海军军官的职责并不包括准备这些工事。海军重视这些工事,原因是当这些工事发挥功效时,海军可无后顾之忧地投入进攻,这才是它的正当职责。

还有人认为,由一支相当规模的海军控制海洋,就能避免被入侵。这与我现在讨论的海港和战略据点的防御力量不同。根据这种观点,那么战略港口就无须再进行区域防御了,即无须设防。这和永远避开战争又有什么区别呢?

我已经驳斥了海军是海岸防御工具的观点,它把海军限于防守港口。我的上述理由可以归纳为四条原理:同等攻击能力下,浮动炮台或机动能力很小的船只在抗击海军攻击时不如陆上工事强而有力;将身强力壮的海军专业人员用于防御港口,就等于将攻势力量禁锢在防御的岗位上;使海军人员从事防御并脱离海洋,必将损伤其士气,浪费其所掌握的专业技术;海军放弃进攻,就等于抛弃了它的最大作用。

(二)进攻

如不考虑其战略态势及其天然的和人工的资源,则海港的进攻力量体现在:集结并掌握一支既有战舰又有运输舰船的庞大海军;将这支海军安全而顺利地投送到深海;不间断地支援这支海军直至战役结束。在这类支援中,提供坞修被视为最为重要的支援。

有人认为,支援既要依靠该港的位置及其资源,同样也要依靠其力量。但是构成一个港口价值的各种要素并不能武断地明确地加以区分。某些必要条件多少会涉及力量、位置和资源三个方面,并且互相交叉。

(1)集结。港口入口处的水深,可供大型舰船使用的锚地范围,都是进攻力量的要素。水深不够,战舰就无法进出;锚地不宽,舰队便无法集结。深水也可能成为防御弱点,因为敌人的重型舰船也能驶入。对于次要的、仅仅用作破坏贸易基地的港口,深水不仅不能增强进攻力量,反而使其丧失防御力量。

港口应备有船坞和仓库,供舰船维护、修理、补给之用。这是进攻力量的必要条件。船坞、仓库、锚地的地点,应该位于隐蔽之处以免遭到敌人毁坏。陆军扎营的地点,理所当然地要考虑进攻和防御力量的诸多要素。

(2)投送。将一支海军安全而顺利地投送到深海,意味着这支海军一旦准备就绪,便能借助适合机动的水道,或者依靠港口的防御力量的掩护,立即出航并在敌前形成战斗队形。舰队可以依靠自身能力保证机动,但是变换队形之时,也是危急之时,机动必须在敌人到达之前完成。为了完善进攻力量,港口必须在舰队变换队形时提供掩护。如若不然，港口的进攻力量便大打折扣。

这种情况类似保障陆军通过隘路之后，有展开的余地。如果港口出口狭窄，舰队就必须驶出港外才能机动，这样，港口进攻和防御功能就会发生冲突，因为狭隘更易于防守。当这部讲稿刚写成时，撞击已经在海军流行开来。这意味着，双方舰队必须形成横队相向接近，舰艏正对敌舰。渐渐地，作战经验恢复了火炮的主宰地位。因为舷侧火炮的数量大大超过纵向火炮的数量，纵队成为主流，所有舰船的舷炮列成一条战列线，将所有火炮对准敌人。

一般舰队通常以纵队驶出港口，再机动成横队。港外敌人正瞄准这个机会，其舰队横阻于水道出口处，躲在港内炮台射程以外的地方，集中火力攻击纵队的先锋舰船，致使后续舰船无法展开炮火支援。

交战双方所布设的雷区，可以说是在创造人工的水道条件。港内的一方设置水雷，是为了将敌人隔离在雷区外，鱼雷艇和潜艇可以强化它的效果。在旅顺口，俄国的水雷迫使日本舰队停泊于常山列岛。港外的一方则布置水雷以阻碍出港舰队展开队形。日本人当时没能这样部署，是因为他们已经损失掉了三分之一的战舰，他们更愿意找到一块设有水上栅栏的安全锚地，而不是使装甲舰遇到敌人的水雷。

我的讲述可能有些偏题了，设置水上栅栏锚地，布设雷区，集中攻击敌方的先头各舰，都属于战术范畴。海军作战基地的力量属于战略范畴，对战术上的各种要素的综合考虑也属于战略范畴。雷区，已经对港口向深海投送海军兵力的能力产生了影响。

上述战术上的考虑，还与一个极为重要的战略问题关系紧密，即一支以牵制港内敌人运动为任务的港外舰队到底应该占据哪种位置。霍克和圣文森特的回答是：靠近港口。纳尔逊的回答更冒险，他说：远离港口。他认为，只有给港内敌人足够的出港机会，才能截击敌人。纳尔逊的方法其实就是欲擒故纵，他的这种方法会导致因失去与敌人的接触而心生疑虑。

纳尔逊的做法太过冒险，敌人一旦出港就有可能逃脱。无线电虽然有利于传递情报，但是只能在发现了敌人的踪迹才能用无线电发送情报。日俄战争时期，日本人将舰队主力驻泊于长山列岛而获得成功，很大一部分原因是俄国人的犹豫和愚蠢。如果俄国人利用夜间扫清航道趁夜突围，完全可能转移到海参崴，扭转战略态势。日本人位于长山列岛和位于旅顺口前面的两种情况，对于俄国舰队如何突围，都是研究战术的有趣题材，也能得出一些战略结论。

如果一个港口有两个相隔很远的出口，则其攻击力量就会增强，因为敌人无法在两个出口部署足够的兵力。假设两个出口，一个靠近海峡，一个靠近海洋，都适于设防，敌人不将舰队一分为二配置，就无法接近两个出口。纽约就是这样的一个港口。一支联合舰队无法控制纽约港的两条水道，除非它恰好位于两条水道交汇处。皮吉特海峡的奥查德港也有这样的优势，另外法国的布勒斯特港在帆船时代尤为突出。无线电通讯帮助敌人轻易地从一处出口运动至另一处，但其战果远不如帆船时代。纳尔逊曾在加的斯50海里之外，通过一系列信号船，获悉敌人已经出航，他截击的机会，或许比位于同样位置的蒸汽舰队利用无线电的机会好一些。以蒸汽为动力的突围舰队的速度，完全可以抵消港外舰队获取情报的速度。法西联合舰队从加的斯港航至特拉法尔加港外曾经花费了24小时以上。

当两个出口之间的距离，能使敌人在港内舰队出航直至在港外列成战斗队形之时，不能在任何一个出口前集中，这两个港口的进攻优势才能充分发挥。对蒸汽舰队来说，这样的港口几乎没有，而帆船已经无须再考虑了。圣文森特曾写道："赶快前进，在东南偏南的南风之下，敌人一艘战列舰也别想离开布勒斯特港。"如今敌人通过布设水雷就能拖延舰队出港的时间。

（3）支援。在掩护一支海军出航之后，并在预定行动的整个过程中不断支援它。

这种支援能力取决于海军行动的场所和性质。日俄战争中，日本各造船厂既是装备、补给、修理舰船，又是船员休整的场所。它们紧跟着舰队，成为其后盾。俄国本土的港口只能派出舰船，却无法在战场上支援俄国舰队。须知，一支从旧金山开赴远东的舰队，必须拥有一个更靠近远东的港口对其支援。朴次茅斯和普利茅斯一直是英国的巨大造船厂，但霍克和圣文森特却不准他们的舰船在这两个港口寻求支援，由托贝港负责补给、清理船体、翻修动力、安排船员休整。

位置，在战略要素中居于首位，正如拿破仑所说："战争就是处置位置。"美国南北战争中联邦舰队在北方各造船厂装备，作战时却由洛亚尔港、基韦斯特、彭萨科拉等较近的基地负责对其进行支援。随着海军作战范围扩大，这种情况愈发常见。最好是将造船厂和随后的支援地二者结合。随着墨西哥湾和加勒比海的重要性逐渐显现，我们必须立即调查清楚北方各造船厂能否适应可能发生的紧急情况。

伴随舰队进行支援，主要是源源不断地运送补给，迅速修复返港维修舰船。

补给，包括大量的、不断消耗的各种物品[1]。补给还包括轮换船员以保持舰队的战斗力。这意味着，不仅要用新的舰船替换长期航行并受损的舰船，还要轮换船员。这种替换和轮换中，干船坞是核心，它必不可少，建造极耗时间。

让我们再回到日俄战争。旅顺口海战后，日本的当务之急是要在最短时间内修复受损装甲舰。日本人要趁俄国人犹豫不决时，将所派出的舰船全部坞修完毕。这样，日本舰队经过休整又能恢复战斗力。如果各船坞在战时能经常接纳两艘装甲舰和船员入坞休整，形成一支后备力量，替换其他舰船并在关键时期补充舰队实力，就更好了。所有舰船同时接受整修绝非良策，但是日本装甲舰数量不多，前线吃紧，实在是迫不得已。

有人认为把这种支援舰队作战的能力列入资源更为准确，它虽可称为一种资源，但将其作为进攻力量考虑时，其价值更为显著。若将船坞的能力归于资源，则攻击力有赖于这一能力的事实，就会得不到足够的重视。

三、资源

满足海军需要的资源可以分为两大类：天然的和人工的。人工又包括人们在从事和平职业中为国家的需要所开发的资源，以及人们专门为维持战争所创造的资源。

在其他方面均相同的情况下，一个港口既有丰富的天然资

---

[1] 这些物品必须通过定期派出补给舰船来完成。

源，其位置又便于贸易，它的价值将更大，远远高于一个现有资源均属人造并专用于战争的港口。一个港口虽然居于良好的位置，具备巨大的军事力量，但其所需的资源必须通过运输，它的价值比那些以富裕而发达的地区为后盾的港口小得多。直布罗陀、圣卢西亚、马提尼克，与英国、法国、美国的一些港口相比，就有这些缺陷。假如古巴早就被开发的话，它们甚至还不如古巴。从海军所需的资源来看，商业和海军的依赖关系太明显了，国家的强大有赖于贸易和航运。贸易和航运同单纯军事性质的海军相比，前者是自然成长，后者为强制助长。

各种资源中，干船坞居于首要地位。虽然它们建造费时最长，但它便于进行各种修理，可同时清洁和修理数艘船体使其快速归队恢复战斗力。

干船坞是战略港口的缩影，代表着战略港口的三种要求。位置上，它们尽可能地接近战场；力量上，船坞数量越多，港口进攻力量就越大；资源方面，船坞是一项重大资源。选定海军造船厂厂址时，只要厂址便于建造船坞，便具备了天然资源，之后的建造属于人工资源。情况紧急时，一处商港将以其用于维持商业的船坞来补充这些资源。这也证明民众从事职业中所开发的资源可用于军事用途。

第八章

基础与原理（三）

不能将战场的各个战略据点看作是孤立的,应考察其位置、军事力量、资源后,并考虑它们彼此的相互方位、距离和最佳航线。

连接各个战略据点的线称为战略线。陆地上,可能有很多条线连接两个战略据点,其中任何一条线可能在不同时间内拥有不同的名称,以表示当时的用途,如交通线之类。在海上,除了舰队所选定的这条线应该是所耗费时间最短的,其余与陆上并无太大差别。

罗日杰斯特文斯基率舰队离开马鞍群岛驶向海参崴选择的航线,就是一个很好的例证。他面临两个选择,从台湾海峡通过还是取道台湾岛外侧,他选择了后者。东乡平八郎的位置是经过慎重考虑选择的,在这里截击任何一支沿航线而来的舰队都很方便。但东乡平八郎也有焦躁不安的时候,因为俄国人长时间不出现,又没有他们的确切消息。他深信俄国人会经过对马海峡,但是如果俄国人选择了另一条航线,这将打击东乡平八郎的自信。要知道,面对这种情况,有些人很快放弃信念,有些人难以忍受焦虑。

虽然从地球表面连接两个海港的线有很多条,但它们大多属于两类：横越公海和循着海岸。利用公海通常是捷径，但必须以海军力量控制海洋为前提，如果不能满足这个条件，舰船就只能在夜间沿海岸航行，并利用港口进行隐蔽和取得其他支援。拿破仑企图入侵英国时所用的船队就是靠这种方法。这支船队的大批舰船是在许多不同地方建成的。为了到达布洛涅港集结，它们不得不闯过英国巡洋舰所组成的交叉火力网。尽管遭到一些损失，但由于紧靠海岸使敌人无法安然跟踪，同时又有精心布设的固定岸炮和流动岸炮为其提供岸上掩护，集结得以顺利完成。在1812年的战争中，美国贸易船也是被迫采取同样的方法才得以幸存。纳尔逊沿着尼斯与热那亚的里维埃拉（今利古里亚）一线，同样也是采取这种方法获得了成功。只要公海被敌人控制，就得使用这种夜间行进的方法。

在一条战略线因靠近敌人而遭受威胁时，中立国的沿海海域在一定程度上可用作向交战国港口挺进的部分路线。例如，英国同德国交战，英国海军控制北海，德国舰船进入法国或挪威沿海海域时，便可在规定的3海里限度之内安全航行。

涉及交通运输的战略线最重要。交通支配战争。这在陆上尤其如此，因为陆军离不开补给，任何短暂交通中断都会带来沉重打击，而舰船的船舱又携带着大量物资。在海上，两支舰队交锋，舰船所能携带的必需品和补给品是有限的。由于水运比陆运方便，这些东西可以伴随舰队一起行进，而陆军辎重部队无法做到，它们只能跟进，因为陆路狭隘难行，而海上很宽阔。

总之，所有军事组织都必须依赖畅通的交通才能与本国的实力基础取得联系。交通线具有双重价值，因为它通常还是后撤线。补给便利和后撤通畅乃是保证陆军或舰队安全的两个基本条件。1796年，曼图亚争夺中，拿破仑将军队部署在该城守军的后撤线上，这座城市因得不到外围奥军的增援而被攻破。1800年和1805年，拿破仑在马伦戈和乌尔姆曾将部队成功地部署于奥军的交通后撤线上，成功地阻止敌方从其基地向前输送补给和其军队后撤回基地，控制其交通线。美国南北战争中，法拉格特的舰队在密西西比河上游掌握了交通线，从而征服密西西比河的各个炮台。

　　罗日杰斯特文斯基驶向海参崴，其实就是在向本土基地撤退。日本人则在其后撤线上部署了足以将其击败的兵力，正如拿破仑在马伦戈对付奥军一样。我认为美西战争中，塞韦拉之所以驶往圣地亚哥，是由于他担心在西恩富戈斯港外，即在其后撤线有一支兵力胜于他的舰队。西班牙海军部长在西班牙议会上称，塞韦拉之所以驶往圣地亚哥是因为他除此之外别无选择。这个实例证明在同一边境上拥有两处港口的优越性，以及一支敌对兵力位于交通线上的巨大威胁。

　　圣地亚哥、西恩富戈斯、哈瓦那，说明一条拥有多个优良港口的海岸线其实就是一处相互衔接的漫长基地。利用鱼雷艇和巡洋舰，就可防护其附近海岸免受敌人侵扰。这样的海岸线可以看作是一条拥有数个战略据点的战略线。出于战略考虑，一国必须占领紧靠海上边境的数个战略据点。一旦大规模战争爆发，就可在多个战略据点上准备作战。1798年，拿破仑远征埃及时，法国在地中海沿岸只有土伦一个战略据点，但其分遣舰队却是在法国所控制的数处其他港口之中做好准备才参加主力舰队出航。其原因可能是，海军的补给和休整都依靠一个港口实在太过危险，敌人的封锁和攻击一旦奏效，这个港口的一切作战活动都会陷入停顿，而舰队再撤回这里更会遭到毁灭。从这里可以引出一条原理，即每条海上边境至少应该有两个充分设防的安全港口可承担任何修理工作，如果只有一个港口，敌人就会掌握你后撤的目的地。就像东乡平八郎无法确知罗日杰斯特文斯基究竟是取道朝鲜海峡还是津轻海峡，但他知道罗日杰斯特文斯的目的地是海参崴。

切萨皮克湾和纽约是美国大西洋海岸的两个主要天然补给基地，也是美国主要兵工厂的所在地，它们是战斗失利可以撤退的港口，所以应该在此囤积各种物资。因为它们既可战又可守，因此必须对其重点设防，而在大西洋海岸线上的其他港口，如波士顿、费城、查尔斯顿等地，可以充当临时进行补给和准备的港口，对它们的防卫参照商港防卫的标准即可。为了节省物资和经费，除必须外，已无须再增加要塞了。这点和查理大公不谋而合，他认为对于陆地边境，只要有一个一级要塞和一个二级要塞就可以了，这也适用于海上要塞的设置。可以看出，纽约的优势较诺福克更为突出，又可将纳拉甘西特湾纳入其防御计划内，它实际上拥有三个入口。

海参崴和旅顺口以及横亘之间的朝鲜半岛，就其位置，恰如美国大西洋同墨西哥湾之间的佛罗里达半岛一样，或者是旧金山与诺福克，以及俄国波罗的海同远东诸港。这些港口之间交通因为有陆地突出于其间而变得更加困难。这块陆地不仅增大两地的距离，还形成了一个明显的战略位置，这些战略位置即朝鲜半岛尖端、佛罗里达半岛尖端。当确定逃敌必定经过此处时，就可集中兵力在此待机。这些海角正如突出部一样危险。有个特例是长岛，纽约港的凹入部分恰恰可由长岛隐蔽。这样便于防御舰队在出航前集中并迷惑敌人，使其无法确定该堵截哪一个出口。

一条海岸边境上的设防港口，都是作战基地的组成部分，作战基地本身就可以被称为战略线。必须在这些港口之间采取措施，确保此处交通安全而迅速，分散是为了迅速准备，而集中则是为了实施作战。

海上战略线的港口之间需要有安全而迅速的交通，以便在关键时刻集中兵力。这是完全符合我之前所提到的陆上作战基地所必须具备的条件之一，以保证部队和补给能自由调动和运输。莱茵河就是一个例证，历史上法国一旦入侵德国，就总是在莱茵河西侧集结，法国部队总能在不被察觉的情况下，在莱茵河后调动分散的部队前往预定的位置集中。莱茵河就像遮住德国人眼睛的帷幕。若在长岛东端设防，它也能为舰队提供类似的掩护。若纽约港的设防计划将纳拉甘西特湾纳入其中，则长岛更是应该居于中央。

然而，这个条件对于舰队并不怎么实用。舰队从一个港口驶往另一个港口，通常是从基地的正面通过，或者直接循岸行进。沿内线航行，确实是一个诱人的设想，舰船可以从基地后边从一个港口航抵另一个港口，如同在一个受掩蔽港口的两个入口之间航行，而不用担心受到攻击。这只是理想而已。

这种内线航行其实便于轻型舰船发挥功效，以鱼雷艇和潜艇最为合适，它们可以迫使敌人不敢贸然集中和出击，从而在外海开辟一道安全、畅通的水道。在旅顺口，日本人吸取教训，小心翼翼地把战列舰停在远处防止水下攻击，就是担心俄国人使用鱼雷舰和小分队开辟水道。

沿岸的浅水区可以为鱼雷艇的活动提供方便。尚德卢尔群岛和一些浅水区连贯形成的岛链，为小型潜水艇建立起了从渡口到莫比尔的连贯航道。古巴的部分海岸也具备类似的特点。如果密西西比和莫比尔是美国在墨西哥湾的两个战略据点，那么当海域被敌人控制无法沿直线航行的情况下，连接这两处据点的海岸线在鱼雷艇的保护下，便会成为一条相当安全的战略交通线。因为莫比尔靠近彭萨科拉，这条线可能延伸到彭萨科拉。

日俄战争中的一些情况尤其发人深省。俄国舰队分别位于旅顺口和海参崴，可能是因为俄国人对形势的错误估计所致。但8月10日交战后，俄国舰队依然如此部署，大部分舰船返回旅顺口，一艘战列舰驶往胶州湾。日本海海战后，俄国舰船四处溃散。这种溃散，是日本获得胜利的象征，正如在陆上一样，溃逃后边总是跟着胜利，胜利者乘胜追击，散乱的敌人土崩瓦解。

如何将一直分散的舰队重新集结，或是使一艘失散的舰船安全归队的问题，是值得我们去挖掘的问题。即使条件艰难，也不能认为这无法达到而放弃努力。只要努力排除那些导致无法成功的因素，就往往能获得成功。当一艘舰艇或者一支小分队驶往另一个港口和主力舰队会合时，可在夜间集结一些鱼雷艇行进，因为夜色可以提供掩护。这种航行，如果能熟悉当地实际条件，再加上时机选择恰当，成功的可能性很大。当然，他们还是要冒风险的，没有冒险就不是战争了。就我所掌握的实例，已经证实像鱼雷艇这类的小艇大多数时候能比较容易地沿着受海外敌人兵力威胁的本国海岸前进。

海岸附近妨碍航行的障碍物，可以看成战略上的外围工事，它们可以阻拦敌人，也便于实施攻击。荷兰海岸附近的障碍物，在以往历次与英国的战争中发挥作用，但随着舰船的增大，这些作用就显得不那么重要了。荷兰的战舰必须在海岸线的浅水区活动，因为它不大，抗风浪能力也较弱，这样浅水区的战略价值反而成为它的战术弱点。

我已经谈论了具体战争中的战略据点的重要性，以及它与海战战场和舰队之间的关系。但我还想谈谈，宗主国与其殖民地或海外权益的距离，以及距离对其殖民地或海外权益的影响。我以陆战来做参照。曾经世界上的军事强国几乎都位于欧洲大陆，它们设立了牢固的边界，在陆战中，它们防守和攻击的任何一点的距离，都不是很远。[1]当海洋成为边界的一部分时，它就成了所有国家的公共场所，大陆上没有这样的地方。一个国家的武装部队一旦越过陆上边境，要么进入中立国家，要么进入敌对国家。如果是中立国家，未经允许不能进入；如果是敌对国家，就需要军事力量的优势，否则必须谨慎从事。如果目标很远，那么中间就必然有一个或是多个目标需要抢占并固守，使其成为迈向最终目标的步骤，可能会在这些中间目标遭到奋力反击。

不顾及这些阻碍[2]而长驱直入，就必须掌握敌情，正确判断部队向最终目标进攻的能力，并且能在敌人动用其资源前打消其抵抗。也就是说，你必须趁敌人还处于暂时的劣势时一击即中。攻击一国的力量中心，必须先斩断其军事组织的力量来源，攻占它的交通枢纽，阻止其国民协同行动。这种大胆的运动可能制服敌人。这就是现代战争的目的，也从另一个角度说明了迅速动员至关重要。

---

〔1〕至少在最初。

〔2〕包括它们对交通线和后撤线的威胁。

在海战中取得陆上那样的胜利，要么是击败了敌人的战斗舰队，要么是攻取了中央位置。二者之中，前者居多。我已经说过，不论位置具有如何的价值，关键在于对它的利用。一支舰队对海上的有利位置的使用才是关键。舰队覆灭或是在敌人面前处劣势，不管在任何位置上，这都意味着殖民体系和属地的瓦解。如果英国海军在北海被德国消灭，则英国的所有殖民地都将暴露在威胁中，它们与宗主国无法互相支援。除非英国海军能够重新恢复其实力，否则帝国殖民地的陷落是迟早的事。[1]届时，没有援兵，没有野战部队，每个独立的位置都只能勉力维持，一旦耗尽自身资源，就只有屈服，如同旅顺口。1780年的直布罗陀，要不是靠着英国海军，其结果可想而知。相反，只要英国海军能在北海和不列颠诸岛周围保持优势，帝国体系就会安然无恙。可见全局关键其实掌握在海军手中。

我并没有否认，一支具有威力却处于劣势的海军不能躲避强敌，也无法在遥远的地方夺取一个或多个位置。我也没有否认，这支舰队可以固守战略据点，待敌人失败和国内形势好转后，解除威胁。位于遥远地区的重要的当地作战基地，是可以进行这样的尝试的。然而，另一个问题值得我们深思，一个国家是否甘愿长时间容忍入侵者？1863年，格兰特将军就遇到过这个问题，如果从维克斯堡退到孟菲斯，依照谢尔曼将军的建议采取一条新的进击路线，美国民众就会因失望而倾向于停战。这个问题其实就是对时间的把握问题。拿破仑曾说过，战争的艺术在于争取最多的有利于己的时机。优势的舰队握着一手好牌，但是好牌不一定

---

[1] 或者是敌人的努力与否的问题。

总能获胜，和对手比技巧才是重要的。基于这些原因，作战时必须将战争的普遍原理与特定区域的具体情况相结合，获取最佳时机。这样，指挥官才能在危急时刻深入思考并果断下定决心。

在军事行动中，必须准备充分、迅速果断，人生处事也是如此。一国进攻（或防御）一个相距遥远而隔绝的属地（不论其如何强固）的能力，与它支援国内本土边境类似地区（不管是位于海上还是陆上）的能力相比，两者之间存在差异。假如直布罗陀位于英国海岸，防御就更加容易了；七年战争中魁北克陷落了，而法国的国内要塞却并未丢失。如果英军更迅速果断地奇袭，可能在1757年夺取罗什福尔。

其他条件相同，距离越远，防御和进攻的难度越大。凡是拥有许多这类据点的地方，其防御难度同据点数量、其距离和分散程度成比例增加。一个拥有这类据点的国家，必定会违背集中的原则，这个原则恰恰是正确战争部署的必要条件。1780年，英国海军大臣告诫罗德尼，海军不能到处分兵，一些舰队不能及时赶到的据点必须放弃。梅诺卡岛就是个例子，1756年，法国人从英国人中夺走梅诺卡岛，并一直占领者该岛，尽管英国海军一直保持优势。后来，英国占领了贝尔岛，以此岛换回了梅诺卡岛，对此双方都很满意。还有马耳他，1798年被拿破仑以同样的方式占有，尽管法国在地中海没有停驻海军，但它一直控制着马耳他和埃及长达两年以上。英国人付出巨大努力后才把法国人赶走。

一个国家因占领着遥远的海洋区域和海军基地，可能会有力量虚弱难以顾及所有区域之感，海外属地也有这样的感受。一个国家前哨和基地都靠近本土又不太分散，它所控制的属地就会比较安全。前者往往被迫在海上采取防御作战。因为采取防御，它在主动性上就失去了优势，而主动性是进攻的特征。英帝国联邦的主要军事问题来源于此，数年来，英帝国一直因此而焦虑。澳大利亚、新西兰、南非、加拿大均为联合王国的自治领地，它们犹如当日的梅诺卡岛和马耳他一样，自己是无法独自在海上战胜大不列颠的若干可能敌人的。如果独立，它们就必须各自依靠自身的资源来对付这些敌人。如果敌人想要永久性占领它们，必定付出巨大代价，还不一定能成功，而强迫其割让一个港口或地区，或者以媾和为诱饵换取商业或海军特权，却是有可能的。

大不列颠和法国围攻塞瓦斯托波尔，是因为围攻这里可以使俄国在交通方面陷入不利境地。俄国防守这个远离国家实力中心的海上要塞，困难程度堪与日俄战争中的旅顺口相比。赢得胜利后，它们以换得利益为条件归还给俄国。为了古巴，美国迫使西班牙放弃在古巴的地位，而不是用入侵的方法。如果美国和日本开战，日本海军击败了美国海军后，日本不会要求美国太平洋海岸任何区域，但会要求夏威夷。香港、胶州湾、旅顺口、台湾岛都曾发生过类似的事件。美国占领关塔那摩港，就以事实说明，海军战略应善于利用形势获取有利位置。为了取得这种类型租借地，英国的殖民地就会遭到攻击和骚扰。在可能发生的意外中，敌人的舰队完全可以在英国海军到达之前占领这些殖民地海岸。英国甚至要为对其追击产生不利，致使本土舰队被削弱，危及不列颠诸岛安全而担心。这关乎数量对比和安全系数问题。

美国独立战争期间，英国的形势一直如此。虽然其他国家[1]的殖民地比过去大大扩张了,容易受攻击的地点也成倍增加,但这些属地一般没有什么经济发展,也没能建起几个具有商业价值或于国家和军事方面有价值的自治领、殖民地或海军要塞。英国属地虽多,它们一直为英国贸易和战争服务,但是它们也一直是危险的根源。任何地点、任何时间,都有可能遭到攻击。一位法国海军军官在谈到英国海军的巨大发展和它容易遭攻击地点广泛分布的特点时,一针见血地说:"英国手握财富,却为贫穷所困。"纳尔逊的辉煌摧毁了敌人的海军,却无法掩饰英国每次所经历的海战,就军事性质而言都是防御性的。法国虽然海上地位不如英国,却拥有进攻优势。在法国海岸之外的英国海军,站在防御第一线,他们渴望战机,因为英国人深知,摧毁敌人舰队的最好时机需要在战斗中去寻找。但在攻击时,英国海军仍然只是保卫国家的海上和海外权益。它为了保护帝国所取得的胜利,证明了舰队的优势在于它所拥有的决定性位置。

1910年,基钦纳爵士访问澳大利亚和新西兰时,在致当地政府的备忘录中写下了这么一段话:

帝国的生存主要靠保持一支胜任而又有效的海军力量,这是英国政府坚守的信条。只要这一条件得以实现,只要英国能确保其海上优势,那么英国的自治领就不会被有组织的海外入侵而被征服,这是一条众所公认的原理。

当他的言论应用到澳大利亚时,他强调不能忽视对时间和空间的考虑。他说,海军有可能被迫在一个位置上集中兵力,而在其他海域,英国的海军力量同敌人相比可能暂时处于劣势,还有

---

[1] 尤其是法国。

可能需要一段时间才能控制这些海域。他认为自治领需要建立一支能果断迅速地抗击入侵的军事力量，确保本区的安全、坚定公众信心。[1]他的观点适用于美国联邦的各个自治州。

以往英国海军战略的成功之处在于，派出分舰队驻泊在敌人海军船坞、港口之外。安特卫普、布勒斯特、罗什福尔、土伦以及同西班牙战争时有关的西班牙港口，形成了一条战略线，英国海军在该线收到了双重效果。占有了这条战略线就阻止了这些港口内舰队的集中。这对当时不列颠来说，属于防御。就进攻而言，这些位置对封锁敌人海岸起掩护和支援作用。我旧话重提就是为了请你们注意，德国海军已经取代的法国和西班牙的海军地位，历史是会再次重演的。英国舰队集中北海，在那里捍卫不列颠的权益，也控制着德国商业的海上通道。

拿破仑远征埃及可以看作是进攻英国或其殖民地的典型案例。从中我们可以看出，法国处于攻势，而英国处于守势，尽管它在尼罗河的攻击赢得了胜利，成为海军战史上的辉煌篇章。

指明决定性的据点，在敌人尚未准备好拦截之前，把握时机向该点挺进，这是拿破仑的一贯风格。当他扬帆起航时，英国在地中海只有3艘战列舰，之所以兵力匮乏，是因为法国联合了西班牙。舰队数量居于劣势，英国舰队只好前往大西洋集结。正如基钦纳爵士所说的，英国海军确定了在大西洋的控制后，又返回地中海。如果奥地利在对英作战时与德国联合，又会出现同样的情况。我之所以这样说，是人们认为蒸汽机、无线电和所有现代发明之后，已往的基本特征就不会重现。关于这点，我只承认

---

[1] 见《邮报》1910年4月18日。

细节不会重现。1793—1795年，西班牙与英国结盟，1796—1800年，西班牙与英国反目。现在，奥地利并非英国最为担心的敌人，但奥地利关切的是英国撤离地中海，因为它渴望在那里谋得一席之地。奥地利和德国没有抱着共同目的，却有着共同利益，它们将会在世界策略中紧密配合。

地理位置使埃及一直拥有独特的战略价值。它位于水路和陆路的交叉点，经地中海可达欧洲，经红海可达印度洋，它的位置如同我前文所说的瓦尔泰利纳要隘。一个西欧国家想要控制东方，就必须控制埃及。西欧国家想要直接进攻印度，需要在埃及攻占一个中间目标，在那里立稳脚跟后再继续向印度推进。恰似查理大公从波希米亚出发，首先巩固多瑙河流域，然后再向莱茵河挺进。法国想要进攻印度，首先必须夺取埃及，然后再向东推进。埃及与法国之间的中间目标就是马耳他。哪怕拿破仑需要急速行军，为了马耳他，他还是在中途停了下来。拿破仑的远征无法掩盖法国进攻大不列颠的事实，而英国不确定法国的远征目标，又因据点众多需要分兵掩护，致使法国成功地在一段时间内控制住了最重要的两个据点——埃及和马耳他。

圣文森特勋爵和纳尔逊以及海军军部都在信函中表明，他们都不清楚法国的远征目的地。他们认为最可能的目标是那不勒斯或西西里。纳尔逊在一封信中写道："马耳他是通往西西里的直接道路。"这也说明他把马耳他当作中间基地。

当法国夺取了马耳他和埃及后，攻取印度进行得很顺利。从此以后，法国的冒险开始遇到困难。本来只要肃清敌人，法国人就可以继续前进，达到目标，但是英国并未遭到致命损伤，它积聚力量反击，于是法国被迫转入防御。想要进一步推进，必须巩固这两个据点，并建立起与本土的交通联系。对于陆上战线，拿破仑一向精于谋划，到了条件不同的海上，他失败了。一个法国作家说，拿破仑从未"领悟到海上的困难"。陆军已经进入敌境，并攻取了第一个目标，自身的交通却陷入危险。拿破仑无法运送部队补充和增援远征的部队，因为英国海军控制了海洋这个中间区域。在埃及和马耳他，法军从进攻转为防御，这两处的部队变成了守备部队。两地同本土的交通线已经被切断，除了牵制敌人，已没有任何作用。尼罗河之战已经预示了战争的结局，从英法两支海军各自条件来看，结局已经注定，然而拿破仑未能领悟到。这场战役是基钦纳爵士那段言论的最好例证。短时间的劣势，使英国海军被迫撤离地中海，当英国海军重获优势后，法国就已经无法战胜它了。

拿破仑远征埃及与1796年他在意大利所获得胜利的相似之处发人深省。1796年，拿破仑从热那亚的海岸迅速推进120英里到达阿迪杰河，控制了桥头堡维罗纳。阿迪杰河同其桥头堡维罗纳构成了一个战略中心，位于热那亚海岸和法军最终目的地维也纳之间。该位置却受到曼图亚要塞的限制，曼图亚要塞位于阿迪杰河以西，被庞大的奥军守备部队所占有。只要曼图亚不在手中，拿破仑就无法全面占领阿迪杰地区。他必须停下来，就像在马耳他一样。曼图亚从翼侧威胁着他向奥地利进军的路线，恰如马耳他从翼侧威胁着进军埃及的路线一样。拿破仑在这里滞留长达八个月，比在海上幸运的是，他拥有一支强大的陆军，正如同大不列颠后期在地中海拥有的强大海军一样。法军机动兵力保持了交通线的顺畅。攻克曼图亚后，拿破仑继续向前推进，如同从马耳他继续进军一样。拿破仑将自己的胜利部分归因于奥地利的迟疑。

拿破仑曾说:"如果奥地利人不是求和而是等待机会后撤,他们就有可能拖垮我的部队。"而英国对待埃及的态度则尤为坚决,所以在埃及和马耳他,拿破仑尝到了失败的滋味。

讲稿完成后,日俄战争给我新的启示。旅顺口就是马耳他和曼图亚。俄国人依照和平时期的战略,将兵力运送到远离其力量中心的旅顺口,并在那里建立起基地。战争来临时,他们就像在马耳他的法国人一样,无法保证陆上和海上的交通,只能品尝失败苦果。港内的俄国舰队威胁着日本与中国东北之间的交通,迫使日本从对付北面俄军主力的兵力中抽调出大批部队前来夺取旅顺口。日本攻克辽阳后,却在该处被困长达六个月之久,正是因为旅顺口久攻不下。攻克旅顺口后,日军继续前进,而俄军意在后退,他们集中兵力,向基地撤退。紧要关头,调停开始了。日本人面临的困难正如拿破仑向维也纳进军时所面临的一样,但日本人并未如他一样虚张声势,而是采取了像拿破仑劝告执政团那样的行动,即"切勿超越条件伸手过长"。

法国的失败是因未能保住马耳他、埃及以及其他被控制的遥远据点,英国在美国独立战争中无力维持美洲大陆殖民地,西印度群岛,非洲和印度,以及梅诺卡等地。两国的情况相同,失败根源在于各据点距离太远、数目众多、分布太广所导致的兵力分散。英国失败的原因还有部分在于,英国虽然拥有一支优势海军,却认为法西联合海军更占优势。两个国家在不同时期遭受损失的范围表明,一个战略位置的力量和对最近战场的影响,因其与本土距离的遥远而降低。从这些实例中可以看出,靠近本土的战略位置所具有的优势。这就是日本在日俄战争中对俄国所占据的优势,现在日本在西太平洋的活动与其他国家相比也具有这样的优势。在远东，日本的国家实力中心靠近国际纠纷最有可能发生的地方。如果奥地利能成功将势力推至萨洛尼卡及其周围地区，就像俄国推进到旅顺口一样，那它在地中海就会拥有这样的优势。这必将引起意大利和俄国的担忧，两国君主在拉科尼吉的会谈表明，他们对此满怀戒备。

海上进行快速远征比在陆上适宜，因为海军具有较大机动性。就效果而言，这种远征不如进攻其宗主国或摧毁其舰队作用大。因为这种打击只触及四肢，而非直插心脏，而坚持这种远征更为困难。尽管凭借海底电缆和无线电，突击目标已经很难，然而远征军一旦离港，只要够保密，还是可以甩开追击舰队的。当远征军实现目标时，他们必须从攻势转成守势，为了保护战果，还必须控制海上交通线，即控制海洋。

另外，这种海上远征只有在登陆点无法有效抵抗的情况下，才会获得最初的胜利。这只是最终胜利的基础，而最终胜利取决于登陆后敌方舰队不会前来干扰。塞瓦斯托波尔和旅顺口的情况就是最有利的证明。登陆部队在这里都未遇到强力抵抗，而且登陆后也未遇到敌方舰队阻断交通线的情况。美国独立战争时期，法国和西班牙从英国手中夺取了彭萨科拉和其他许多小岛，但牙买加或直布罗陀从未落入它们手中。梅诺卡的陷落，正是因为英国无法抽调舰队赶往救援，无法截击敌人的远征舰队，以及对其交通线进行骚扰。牙买加之所以得救，是由于法国舰队在之前就被罗德尼所率领的舰队重创，无力再执行什么登陆企图了。在直布罗陀，敌人虽然控制了陆地，可以在陆地上建立站点，但是英国舰队不断为其运送补给并实施干预，遂保住了直布罗陀。

这些考虑所要表达的只有一句话，即只有拥有一支强过任何对手的海军，才有可能在国外水域确立和维护国家权益。用在陆地上就是，决定战争的有效工具是野战军，而不是守备部队。诚然，占领并固守港口是有其价值，甚至必要的，但这只是舰队的次要目的。占领遥远地区的战略据点，只要完全遵循拿破仑"战争就是处置位置"的名言，便能把握住一条原理，即在海战中舰队本身就是全局的关键位置。再以日俄战争来证明这条原理。日俄战争中，日本最初将舰队的大量补给物资储存于长山列岛永久基地内，后来又将其大部保管在船上。载有补给物资的舰船直接随舰队行动，相当于舰队自身携有基地。

我要强调，海军必须全神贯注于提高舰队的军事效率，同时也要避开绿水学派的偏见，并时刻铭记，一支兼顾基地安全的舰队，无论在战术还是战略上，效能必然被削弱。

一支舰队需要拥有设防的基地，但必须遵循一定的原理对其进行选择和准备。

首先，应尽量减少战略据点的数量，尽可能少地消耗国力，集中力量于要害，在其他地方，只有用大炮来防御。如果敌人够明智，是不会在这些地方上浪费精力和时间的，而对要害点必须加强力量守卫。如果敌人针对整个配系采取攻势，那么每个被攻击的战略据点，都必须依靠天然优势坚守到最后一刻。多坚守一天，就是为共同防御多赢得一天时间。1862年，美国南北战争最艰难时期，假如杰克逊堡和圣菲利普堡能够尽可能长久地坚守，则将对联盟军和整个战役产生极为严重的影响。日俄战争中，旅顺口的坚守，为俄军的整个作战计划赢得了兵力和时间。如果抵抗能成功将日本舰队尽可能远地阻隔开来，则罗日杰斯特文斯基到达之时，旅顺口的舰队很可能依然存在。在热那亚的法国守军拼命死守，为拿破仑赢得了时间，使他得以将部队部署在奥军通往其本土的交通线所经之地。在布尔战争中，莱迪史密斯的坚守，也曾起到过类似作用。

拥有大量分散的海上据点的国家必须仔细研究以下问题，能维护多少据点，应当维护哪些据点。同时，当一个国家认为必须在特定地区建立据点或准备将来对其维护时，它就必须仔细调查，明确应当努力的方向，以便固守在战略上应予以坚守而又能守住的港口。例如，德国对胶州湾，美国对夏威夷和关塔那摩所采取的措施。

其次，构成国家海上配系的各种港口，必须按照重要程度排序。本土港口居于首位，这对任何国家都适用，因为一个国家只有在自卫的基础上才能进行国外活动。一个国家的政权如果尚不稳固，扩张活动也就无从进行。国家政策随时代而变化，而港口的价值也随之改变。但在任何时代，国家都有明确规定的国策。遥远港口是舰队不可或缺的部分，必须同本土港口结成一个整体、一个配系。

我们以历史上主要海洋国家英国为例。英国踏上海军强国的征途时，它的敌人是荷兰。荷兰在查塔姆港设有大造船厂，而现在，德国已经成为与英国竞争的海上强国，罗赛斯便成为德国的查塔姆。英国和荷兰从对抗到全面联合以对抗法国。于是，英国将眼光投向地中海。此前，商业权益已经吸引了少量英国舰队到地中海护送商船。当英国在本土水域确定优势后，相继取得了直布罗陀、梅诺卡、马耳他，地中海也成了英国国策的第一目标。

进入18世纪，地中海已经排在了西印度群岛和北美洲之后，虽然英国在地中海的权益依旧存在，但被人称为"土耳其商人"

的生意，也已经排在西印度群岛的糖业、美洲大陆的谷物和烟草，加拿大的毛皮及其纽芬兰渔业之后。牙买加在加勒比海是最具控制力的位置，从1782年法国和西班牙为征服该地所进行的准备规模，就可推断出牙买加设防和守备的强固程度。法国和英国的敌对态度，在18世纪一直持续着，在英国的突出表现便是，朴次茅斯和普利茅斯这两处船坞港口的重要地位日益提高，英国在美洲大陆的殖民地，似乎只拥有海岸防御。这是因为，该地资源丰富，人口众多，又距离欧洲相当遥远，只要英国海军在所到之处继续保持优势，外国就无法征服它们。法国对路易斯堡和魁北克设防和守备，正是因为加拿大人口稀少、法国海军处于劣势，陆上和海上都无法确保其安全。这两地的陷落也表明，一个设防的据点一旦落入敌手，其位置上的优势、力量、资源都将为敌人所用。一个殖民港口一旦陷落，人们总是希望它的人造防御工事不妨碍从陆上对其进行的收复。1760年魁北克失陷，之后的沃尔夫大捷便是如此。我的结论是，在应予设防的地方，工事和守备部队二者都应能充分胜任一切可能的事变。

  我所提到的时期，英国的国策几乎与战争同步的。因此，它对设防据点的规划都带有尝试性质，这跟英国宪法的产生极其相似。美国很少发生战争，其对外政策的发展鲜少受军事气氛影响，而军事气氛往往促成下意识的准备。在我的这部讲稿还未完成时，美国、德国、日本还没有装甲舰队；古巴、波多黎各、菲律宾仍属西班牙，夏威夷则为一独立社会；美国海军总部，还是陆海军联合作战部，都还未建立。

  现在讨论美国港口的设防规划还为时尚早，原因是，上文提到的那些部门正在处理这个问题，无法提供详情。我可以将某些总的战略考虑归纳如下。

  首先，海军场站的必备军事条件。建造和装备一艘战列舰至少需要两年时间，可见，海军造船厂不能将建造舰船当成首要的军事目的。假如一个海军造船厂能快速地建造质优价廉的舰船，这些都是良好的工业或经济的依据条件，而非军事的依据条件。海军造船厂的首要职能是在战争中维护舰队的效能，尤其是在最短时间内修复因日常勤务或战斗而遭受损伤的舰船。为了使所选地点符合这一目的，必须考虑到其战时的效能，可从位置、力量、资源三方面加以考虑。关于资源，要求所选地点供应丰富，能保证坞修快速完工。当然，三项必需条件可能会使考虑变得复杂，但是以建造舰船为核心考虑，也就简单多了。

  上一原则对本土还是海外的主要海军场站都适用。在本土，每条海岸边境应有两个这样的海军场站：一处可能是主要的，另一处则是次要的或者正在发展之中的。本土以外的海军场站的数量和位置，则以国策而定。假如国策集中于本土附近的权益，则这一地区的海军场站的建立，可参照本土港口的条件。在美国南北战争中，罗亚尔港、基韦斯特、彭萨科拉和新奥尔良都曾是海军场站，但发展十分有限。那次战争中，舰船可前往北方船坞进行修理，前线的兵力通过轮换维持战斗力。

  每一支部队都需要一定的轮换制度，我国的坞修地点应尽可能位于由莫比尔至诺福克（或纽约）之间。

  这部讲稿完成时，美国人只有门罗主义可算是称得上对外政策。现在，我们又有了"门户开放"。政府根据一定原则处理对外关系所遇到的许多问题，这种固定而明确的原则，可称之为外交政策，但它们都只适用于特殊事件和偶发事件，所以不会对上述两项政策产生连续不断的影响。这两项政策都是依据国家态度和国民利益而制定的，具有制造舆论的作用，能持续不断地影响外交。门户开放指商业机会均等，门户开放政策很大程度上是针对亚洲人制定的。夏威夷便是一个恰当的实例。日本强烈反对美国占领夏威夷。美国不能容忍亚洲进入其地广人稀的太平洋沿岸，任由亚洲人自由迁入，否则其结果将变成亚洲人在美洲开拓殖民地。这是美国政府所不能接受的。

美国结合实际情况，在太平洋设置海军场站，恰如英国在地中海逐渐获取海军场站一样。门罗主义是美国唯一的积极对外政策，门罗主义的焦点即巴拿马地峡。美国的国家权益已逐渐而迅速地集中于加勒比海，而巴拿马地峡的通道恰好穿过这一区域。我的讲稿最初写成时，太平洋问题和其国际意义尚未显现，极少人注目。现在，太平洋已具有现实而直接的意义。这种转移，可同18世纪后半期英国政治家们的评价相提并论，即从加拿大至委内瑞拉的西大西洋的地位已超过地中海。地中海并非不再重要，而是失去了领先地位。加勒比海地位与太平洋相当。巴拿马运河即将建成[1]，加勒比海和太平洋之间的联系必将日益密切，在这两个方向上选定的港口可以构成一个严密完整的体系，其中每个部分的设施和持久能力都应按其对整体有所贡献。

归根结底，维护任意设防海军场站体系还是要依赖海上优势，即海军。一个完全孤立的强固哨所，即使苦守再久也难逃陷落。1779—1782年的直布罗陀依靠英国海军的补给，才得以幸存。只有活跃的野战部队才能解救被围困的堡垒。

---

[1] 作者书稿写成时，巴拿马运河还未建成。

由此可见，战斗中海军的直接目标是敌人的海军。因为敌人海军必须在各分散的战略据点之间保持联系，于是，与其打击战略据点，不如直接打击舰队。我们往往惋惜一支巨大的海军把力量集中于海军场站上，而不去管攻势范围内的敌人海军。舰队和港口必须互相协作，除了本土港口外，港口对舰队的需要大于舰队对港口的需要。所以，我认为，舰队应该攻击敌人的海军，从而切断它与港口之间的交通联系。

第九章

基础与原理
——远程作战与海上远征

一个想控制任何重要海域的国家,就必须在海上夺得战略据点以立足,哪怕这些地方遥远而又分散。深思熟虑所选定的战略据点可用作基地,这样的基地对本土是次要的,但对其邻近区域的作用很重大。

一支陆军部队远离本土远征时,必须在战场附近按照建立第一基地的原理再建立第二基地,二者之间必须有可靠的交通联系。这是军事学家们所归纳的一条原理,在海上仍然适用。须牢记,安全的海上交通就意味着海军优势,尤其是在基地离本土很远时,更是如此。这些二级基地同本土边境的那些基地一样,都应该遵照:必须有两个设防的港口,以一个居于头等地位,它们之间的距离必须便于互相支援,但其距离又不能便于敌人无须分散兵力就可监视两个港口。1803—1805年,纳尔逊监视土伦时,马耳他和直布罗陀都可供他使用。两个港口不仅可以支援舰队,还互相支援以护卫英吉利海峡至东地中海的商业航线。假如俄国在战前就把舰队派到远东,就能使舰船数量超过日本,而事实是,日本因为拥有濑户内海和多处出口,其舰队便可出敌不意地联合行动。在这些实例中,拥有两个港口,就意味着拥有两个或更多的据点，这样的基地便可被视为一条线，就如本土的海岸边境一样。更为理想的是，这个港口具有水陆交通的便利，如圣地亚哥、西恩富戈斯、哈瓦那都具有这样的优点。但小安的列斯群岛的任何一岛上，港口都相距太近，其实就和一个港口没什么两样了。

假如海战的预计战场范围很广并且含有许多可供使用的战略据点，那么对这些据点的选择也至关重要。如果据点位于中央，在该位置上的舰队所施加的影响就更加平衡，而且可容易地到达战场的所有部分。但是，如果影响不能延伸到边缘，它与本土的交通联系就会不安全。正如牙买加，它是加勒比海地区最重要的据点之一，如果英国力量仅限于这里，那么来自英国本土的交通联系，势必要通过其他国家控制的地区，安全也就没有保障。1798年，法国与埃及的关系就是这样，如果没有马耳他或者其他据点，尽管埃及是欧洲和印度的中央位置，但是也和牙买加一样。虽然英国控制着埃及，但是它对自己与埃及的交通仍然感到不安，尽管它控制着的直布罗陀和马耳他，都能为舰队提供隐蔽并且防御敌海军的进攻。海外位置中，离本土最近的位置才是第一位的，因为它们更安全可靠。例如，直布罗陀是迈向埃及的第一步，圣卢西亚岛则是迈向牙买加的第一步。那些距离本土最远的位置，无论如何重要，总是最为暴露，例如埃及和巴拿马，必须注意通过中间据点来加强它与本土的交通联系。英国便拥有一系列这样的据点。

当一国认识到特定地区的国家权益可能诉诸军事行动时，就应该组织专业人士详细研究该地区，以确定哪些据点具有战略价值，哪些据点最为有利。对于这些地域的占领，则需要政治家来决定。然而，一旦时机成熟，为了保护权益诉诸军事时，就可能需要控制海域。一旦如此，战争就形成了。该国的目的可能在于取得控制或扩张，与此相对应国家的目的也可能是为了防御威胁，以保卫现有的控制区域。

如果是为了占有尚未控制的区域，这样的战争就是进攻。然而，军事行动可能并不直接指向想要取得的目标，而是直接进攻对方更重视的、易于攻击的一点，这样可能更有把握。这就关系到整个作战实施的问题。对于发起进攻的一国而言，想要把敌人赶出一个位置，将面临正面攻击还是迂回夺取的问题。正面攻击需要更多的兵力，迂回需要更多的时间。美国独立战争时期，法国和西班牙对直布罗陀的进攻就是个例子。直接攻击英国在地中海最为强固的基地，都以失败告终。如果将同样的兵力直接攻击英吉利海峡或英国海岸，两国很有可能从英国手中要回直布罗陀。战争中征服的地区往往在结束战争签订合约时作为筹码。

因而，战争的目的可能并不仅是直接的军事的目标。事实上，战争的目的也可能并未全是为了获得领土，而是为了获得优惠或权利。所以，对敌方某个属地的攻击可能只是作战计划的组成部分。

受本书主题限制，我所举的例证都只涉及对海域的控制，可以是部分的控制也可以是全部的。一个国家必须具备两个条件才可进行这样的战争并取得预想的战果：第一，边境安全，不会遭受致命损伤；第二，海军有与敌方海军争夺海洋控制权的实力。海岸或边境，从广泛的意义上来说，是战争的根据地，以它为基础进行防御。海战中，海军是主要进攻者，它在防御中起次要作用。在大规模的联合作战中，舰船也起着主要作用，只有敌方没有海军时，舰船才无用武之地，如塞瓦斯托波尔之战。当时有两条交通线通往战场：一条陆上交通线，完全处于俄国实力范围之内；一条海上交通线，完全控制在英法手中，敌人将其舰船上的装备拆除之后便将舰船沉掉。最后战争变成了围攻战，围攻者的交通线丝毫不受干扰。1779—1782年直布罗陀之战，进攻者之所以失败，就是在于其软弱无力的海军所致，如果海军称职，英国舰队完全无法投送补给。

在超出本土直接相邻范围的海域进行战争，就是海上远征，它是一般军事行动的一种特例。进行海上远征的国家，不管它是否在遥远海域拥有可以用于战争目的的位置，都必须进攻，以便达到获取领土的目的。

海上远征，其特点表现在搭乘舰船的陆军在海上处于无能为力的状态，陆军的安全完全依赖于海军对海洋的控制。请牢记，不论这支陆军的规模如何之大，士气如何高昂，纪律如何严明，战斗力如何强大，它在航渡期间则处于完全无力的状态，无法有效地作战。这期间陆军所面对的危险，以及其交通线所承担的风险，始终依赖海军对海洋的控制。

我先对这种远征的主要特点说几点看法，接下来，我将引述两个实例并加以论证。

本土边境相当安全，海军能与敌人争夺对海洋的控制，这两条基本条件前面已经讲明了，之后就是制订最佳的作战计划达成目标，这包括选择一个基地，一个目标，一条战线。

关于在控制以外的地区进攻的问题，由于涉及范围过广，暂时不提。进攻的最终目标，应该是对总态势具有最重要影响的位置、线或者区域，即要害。假如所指向的区域与本土海上边境比它与其他海上边境更靠近，则作战计划中的基地应该靠近海上边境，除非另有重大原因，如缺乏良港或船坞。德国如今已经是海军强国，大不列颠又在北海的罗赛斯另设坞修船厂。这显然是为了北海的战争做准备，英国基地已经从普利茅斯和朴次茅斯为界限的海峡转移至北海。奥匈帝国和俄国已经把势力伸向了地中海，因为它们的其他出海口远在亚得里亚海的顶端和黑海，过于遥远，而且通往海上的交通过于暴露，不适合用作作战基地。

美国在墨西哥湾拥有一条基地线，它比诺福克和纽约两个位于大西洋海岸的主要港口，更靠近巴拿马地峡和加勒比海西北部。随着战列舰尺寸的剧增，加之密西西比河坞修困难，墨西哥湾各港口能否和大西洋各港口提供同样的作战基地，我十分怀疑。它们位置太过靠近，较之坞修能力，反而物资补给更为突出，能否构成中间前进港口也值得怀疑。而关塔那摩和基韦斯特在指向地峡的作战中，能互相支援而具有明显的优势，哪怕它们只有二等的坞修设备，也能高度符合需要并且极为方便。当然这也会承担某些风险，例如大不列颠的船坞，位于阿尔赫西拉斯海岸射程之内。

大型海军船厂决定着基地线的位置，而且在很大程度上决定了其长度。这些船厂所造的鱼雷艇和潜艇有助于保卫它们之间的海岸线及其两端稍远地区的安全。从这个固定的基地向选定目标运动，则涉及对作战线的选择。开阔的海面上，最直接的、最佳的航线就是天然的航线，但是，它也会受到其他情况影响。其中最重要就是海军力量，海军力量不仅取决于总吨位，而且还取决于总吨位在各级舰船之间的分配。另外各级舰船在武备、装甲、速度、煤炭续航能力等各方面的特点对海军力量也有影响。所有这些质量都关系到战略实力,有时各方面互相矛盾,在它们之间的调整也会影响到战略计算。这说明,国家舰队的组成其实是战略问题。在已知交战国的海军实力及其与目标的相对距离时,如果双方为争夺同一目标,也会影响到作战线的选择,因为需要包围的交通线的长度会影响到交战双方的力量。在这些线上或是海域里快速巡逻舰可进行干扰作战,迫使敌方从舰队中抽调兵力应付。这些线越多,距敌港越远,敌人的任务也就越重,它们也就越安全。

某些人认为,由一批战舰护送一支搭乘运输舰的陆军部队的这类大规模海上远征是不可能的,过去从未发生过,未来也不可能发生。但请记住,1798年拿破仑就是这样做的,他当时还被纳尔逊所指挥的舰队追击。我要提出的问题,可能也曾经令纳尔逊和拿破仑都困惑过。要使这样的事情永不重现,那就必须认识到西印度洋群岛和加勒比海在未来的重要性,它们是通往巴拿马地峡的通路,航渡时间很短。还要记住,加勒比海海域小,长度仅为地中海的一半,所以,一旦环境特别有利时,大规模海上远征便会出现。

拿破仑历次战争期间,英国就曾不断地进行海上远征。美国在墨西哥战争和南北战争中也是如此。1830年,法国远征阿尔及尔以及英法在克里米亚战争期间亦是如此。拿破仑时代,尽管英国实力超过法国,但因为繁多而艰巨的任务所致,英国舰队无法到处分兵,这就会出现敌方分舰队与英国运输船队相遇的情况。因此,运输船队必须得到保护,即有一支武装舰船伴随运输船队活动，武装舰船的力量与运输活动的重要性相对应。绿水学派或存在舰队学派则主张，当敌方舰队存在于必经航线附近之时，运输船队就不应出航。在美国独立战争时期，双方的海军力量实质上相等，交战双方都曾派出过运输船队。

在派出确保作战线安全所需兵力后，如果还拥有一支超过对方的海军时，不妨迅速攻击渴望夺取的目标。在进行这样的攻击时，如果经过一个敌人控制并能掩护其舰船的港口，就必须对这个位置严加防范，确保它不足为害。因为从这种港口能截击进攻方的煤炭或弹药补给。

牙买加和圣地亚哥紧靠的向风海峡是美国大西洋各港口至巴拿马地峡的直接航道；加的斯和直布罗陀紧靠所有航船自大西洋驶入地中海的必经航道。这些位置的特点是，它们从翼侧威胁航道。假如敌人把战舰藏在港内，则必须派分遣队护航。这支兵力的组成和驻泊地点应该靠近该港，以能遏制港内舰船的活动为准。当敌人在活动范围之内的任何一港口，拥有一支优于这支分遣队的舰队时，它就会暴露在敌人舰队之下。1799年，法国布勒斯特舰队在地中海出现时，英国海军却分散成若干分舰队，其中可能不止一支分舰队被击破。分遣队可能会削弱主力部队的实力，但并不会削弱到使其无法向目标挺进的程度。英国拥有各种分布很广的重要权益，军事的、商业上，它曾感到其海上航线在许多地方受到许多港口在侧面的威胁，诸如布勒斯特、罗什福尔、费罗尔、加的斯、土伦等。这些威胁迫使它在每个港口外配置同港内兵力相称的分遣队。这种兵力部署以及它在阻止敌方数支分舰队联合进攻的行动中所发挥作用，往往掩盖了一个事实，即这些海上位置遭到了监视和钳制。正如一位陆军将领在陆上保卫进军路线以阻止一座要塞的威胁一样，不能攻克这个要塞，它就能威胁他的交通。

近来有人怀疑翼侧位置对交通线的作用，认为对交通线的目的地点进行集中设防更为有效。我认为没有必要进行这样的对比。马耳他能对一支前往埃及作战的西地中海国家的远征军的交通线施加影响，但这并不能否定在埃及设防的军事价值。1813年，威灵顿在控制托里什·韦德拉什以抵御陆上攻击，确保其在里斯本的海上基地的安全时，活动于菲尼斯特雷角外的美国私掠船竟能严重地扰乱该港同英国诸岛的交通联系。

假如一个据点，位于或靠近作战线，战斗舰队可从该线上安全通过，也可以通过迂回航线避开这个据点，完全摆脱敌人的搜索，则就可以改变交通线。或者，根据据点的特点或港内战舰的数量，派遣一支大型分遣队护送运输舰船通过这条线上比较暴露的部分。1779—1782年，英国就是用大型护航船队在战斗舰队的保护下支援直布罗陀。

舰队的补给方式有两种：一种是补给舰船通过己方海军巡逻控制的航线输送补给；另一种是大型护航船队在一支武装舰船的保护下输送。主要补给需要依赖护航舰队，偶尔有运输船单独补充。必须严密防护护航舰队，因为敌人必定以其为攻击对象。因此，为保卫护航舰队而战，在海战中很常见。单独的补给舰船进行补给输送时，需要速度，避险的航线，巡洋舰级军舰的海上警戒。无论哪种方式，拥有两条或更多的补给线通往目的地或者舰队的位置，都是有好处的。此外，单艘舰船补给比大型护航船队更方便，因为保护大型护航船队会削弱作战兵力。美国正准备在巴拿马地峡设防，一旦发生冲突，便能便利地从海湾和大西洋、太平洋运送补给。

一支舰队离开本土远征时，不宜只靠一条补给线。对于作战兵力或战斗准备而言，集中是好事，但补给机制应该尽量避免单线。拿破仑就曾说：“战争的艺术在于巧妙地实行分散便于生存，并在这种方式之中迅速地实行集中以便进行战斗。”

如果由于监视途中港口而造成兵力分散，形成敌我兵力相当，或者所有兵力虽占优势，但在适当援兵到来前不能制服目标，兵力不应该分散，而是应夺取整个港口，或者在预估现有补给能维持到行动完成的情况下，继续前进，暂时放弃交通线，切断与基地的联系，使敌方的翼侧港口无下手机会。这种冒险，必须是在燃料非常充足之下采取的。没有武器，还可以逃跑，口粮不足，只要能维持生命就好，如果没有燃料，这艘船就既不能战也不能逃。

如果目标是敌人控制的一个港口或一座岛屿，则征服之后它未必能像在陆地上一样，立即对战争起决定作用。因为必需而有限的陆上交通线往往在一个要冲集中，占据这里就占据了绝对控制权。海上则几乎没有这样的要冲，因为海洋很开阔，可以采用多条航线，避免从战略据点近旁通过。一个陆上战略位置所具备的重要性在于被迫循一定的道路前进，如果改走其他道路，就会招致危险。当然，海上也有一些类似的要地，如直布罗陀。如果占据了博斯普鲁斯海峡或达达尼尔海峡，便可钳制黑海的俄国海军。假如一个海上强国控制了北海两岸，另一个海上强国位于英吉利海峡和比斯开湾一线，则谁掌握多佛尔海峡谁就能阻止另一方的活动。苏伊士这样的运河也是类似的据点。

上述实例实为罕见，海上要冲的威力同陆上的相似，只是程度稍弱而已。拿破仑占领埃及和马耳他证明了这一点，法国掌握了西方通向东方的钥匙，却未能加以利用，最后反而被敌国夺走。掌握了道路交叉点是好事，如果不利用这些道路，又无法阻止敌人利用它们，又有何意义呢？

可见，先发制人[1]攻占目标，在尚未建立起海军优势以控制与本土的交通线，以及控制这个位置附近的那些重要通路之前的征服，是不稳固的。征服可使敌人失去一个必需的基地和一部分舰船，建立起优势。更为常见的则是舰队数量和质量优于敌人而出现优势。显然，对于那些早在战争爆发前掌握的位置，也是如此。例如，巴拿马运河地区和夏威夷，只有依赖舰队的力量以保存。请牢记，门罗主义并非军事力量，而是美国的一项政治宣言。

如果决定性优势并不存在，就应该做好海战的准备，这一战将决定新取得位置的最后命运。东乡平八郎对对马海峡外的舰队疾呼"敌国兴亡全赖今日一战"，尽管主要是为了激励将士的爱国热忱，也不失为对这条原理的运用。日本人准备充分、技能纯熟、行动迅速果断，抢先将本国部队派至海外。它已经在朝鲜和中国东北实现控制，并取得了旅顺口。如果东乡舰队战败，则前功尽弃，就如纳尔逊断送拿破仑的战绩一样。罗日杰斯特文斯基率领舰队以相同的方式迫近其渴望取得的位置，远程作战的俄国

---

[1] 或是由于战争准备比较充分，或是由于行动比较迅速，或是由于比较靠近战场。

舰队满载煤炭并伴有护航船队同行，然而，在其接近到达点的一战中，俄国舰队、煤炭和护航船队全部覆灭。

这场战斗如果能在旅顺口陷落之前进行，则其效果可能更好。如果一方远征军向虚弱无力的陆上进攻，而敌方舰队与远征军舰队大体相当，则敌方舰队必定会在港口一定距离处发起进攻，远征军舰队由于必须照管运输和补给舰船而受到拖累。如果敌方舰队是向本土港口移动，远征军舰队的目的就是对其阻截，如东乡平八郎对付罗日杰斯特文斯基那样。

假如1798年纳尔逊追上拿破仑，他就应该立刻发起进攻，因为他已经做好了准备。如果他的进攻成功了，便能阻断拿破仑的远征。1759年，当法国已经做好入侵英国的准备时，以及1795年打算从土伦派遣1.8万人的部队再度征伐科西嘉岛时，法国当局认为法国舰队应当首先同英国舰队会战，这正是因为双方海军等，必须将英国舰队除掉才能确保航道安全。不过，法国海军将领能力和士兵技能都不如英国，这也是法国海军部长极力主张这样做的原因之一。

联合远征中，究竟舰队和护航舰队同行，还是取得制海权后护航舰船才活动，这个问题一直存在着争议。显而易见，问题取决于目标的距离。1759年和1803—1805年，法国都试图入侵英国，这种入侵，因为目标和预想的海战地点都很近，能够快速获得战果，可立即运送陆上部队乘胜扩大战果，而敌方则没有时间重新组织抵抗。所以，陆军完全可以不用事先暴露，避免遭受舰队一旦失败所致的损失。因此，拿破仑在1805年将陆军部队部署在布洛涅，就是等待其舰队出现在海峡取得他希望的六个小时的制海权。

如果距离遥远，如埃及之于法国，巴拿马之于美国，夏威夷之于太平洋海岸，则应该在海战胜利后，立刻登陆，以免敌人获得喘息机会。在这种情况下，乘胜追击则是非常重要的，追击的部队应该尽可能地接近。也就是说，陆军部队应当跟随舰队，其数量应该保证攻占一个位置并固守以等待援兵到达。这和敌前强渡的方法一致。渡海就是规模扩大的渡江。其随行陆军部队的数量要同固守位置以待援兵的任务相称，数量主要属于细节问题，并非原则问题，它受到许多其他细节的影响。决定性的细节是不过多地暴露部队，以免战舰战败时被俘。

近距离入侵可分为：大规模的主力战和佯攻性质的牵制战。牵制战所承担的风险要大于大规模主力战。用一艘艇就可以承担的风险，就不宜动用一支舰队。在战略上，牵制战的胜利对于战争的胜利有突出作用，但却不如大规模主力军所获得的胜利那样重要。大规模远征，具有牢固持久的特点，既要速战速决，又要稳扎稳打，必须严谨地配合，每一步都需要各方面紧密衔接。从整体上看，它是一次持久的连续作战，就如1870年德法战争一样。牵制战尤其是海上牵制战，一切作战手段必须能随时运用，以便全军达到目的地点能即时展开，这就意味着陆军部队必须伴随舰队同行。英国陆军部队伴随舰队同行的实例很多，诸如多次对西印度群岛的远征，1762年远征哈瓦那，都是海军同陆军一起航行。

1690年，法国企图入侵英国，这也是寄希望于牵制战，法国人希望发动一场支持詹姆斯二世的叛乱。舰队没有偕陆军同行。法国在比奇岬一战的巨大胜利，迫使英荷联合舰队退出海峡，但由于陆军没有同行，战果也无从扩大了。

如果海军在适当时机还未取得优势,就不应该进行大规模远征。理由我已经说过了,战争中,主力行动的每一步都必须紧密衔接,如果海军无法控制海洋,就无法做到这一点。然而,即使海军处于劣势,发动牵制战也是允许的,但必须权衡得失。如果双方兵力相等,1690年及美国独立战争时期,一般都是双方毫不犹豫地在护航之下适当地派出小股陆军部队。

防御方舰队选择什么位置搜索、打击途中的远征军,这属于战略范畴。1805年,纳尔逊从西印度洋群岛返回欧洲时,对下属舰长们说,假如遇到他所追踪的同盟舰队时,敌舰与他的舰艇为20∶12时,他定会与其交战,但是他又补充,不接近欧洲,他不会主动出击,除非机会太过诱人无法抗拒。我不能准确地说出他选择位置的理由。我推测,面对这样的差距,他会尾随敌人寻找战机。我在前文曾引述过他的话:"当敌人将我彻底战败时,在这一年里,他对英国就再也不能为害了。"

如果入侵部队被固定在一条或几条航线上,选择在何处交战,一定程度上仍有防御一方决定,其位置取决于防御方对入侵方动向的了解。假如纳尔逊在1798年尼罗河之战之前,就已得知法国舰队的动向,并选择攻击地点,那么他最好选择靠近埃及的地方,因为如果法国人战败,纳尔逊在这个远离法国的地方更能彻底摧毁敌人。如果他被打败,也会因为远离本土而不致本土遭到损害。如果一方希望在某一位置与敌人交战,那么选择位置的理由也会是另一方极力避免在该地作战的原因。总而言之,防御者应该尽量迫使入侵者把交战地点选在远离本土基地处,越远越好。但是,在这些地方的小胜利,并不能阻止远征军登陆。假如一支远征军从古巴出发,目的地是圣卢西亚,防御方的舰队就可能在远征军行进途中骚扰或拦截。这种战法可以帮助防御方取得一定的机动优势，因为它无须顾及运输舰船，而这种骚扰和寻找战机正是纳尔逊所倡导的，他还主张在距离敌人目的地足够远的点上发动攻击，一举决战。

尚未取得决定性优势的海军，必须在攻占目标前后发起一次攻击，如果存在决定性优势，更应该充分利用它，将所到之处的敌舰全部摧毁。如果海军还处于劣势，那么就不用再讨论了。因为据我考虑，面对占优势的敌人舰队，是不可能发动长途远征的。1798年，拿破仑率领13艘战列舰远征埃及时，英国在地中海只有3艘战列舰，纳尔逊仍在援兵到来之前追上并超过法军。法国对爱尔兰的几次远征失败的原因，实际上就是海军处于劣势。正因为处于劣势，他们选择在一年中风暴最大时起航，以为这样可以避免优势的英国海军，结果却陷入绝望境地。如果选在好时节，英国海军的控制力就更强大了。请不要把我的评论理解为是在谴责特殊行动。这种特殊行动只是为牵制战设计的，而且预期的收获大大超过失败所招致的可能损失。

远征军在途中应该尽量地集中。在此期间，它无须担心交通，应为补给一直伴随它航行。它该担心的是战术问题，即如何保护运输船队的问题，以及一旦与敌人遭遇应该如何机动的问题。远征军的警戒和通讯任务应该由巡洋舰担任，战斗序列中的中型舰船则需在舰队司令及护航船队进行支援的所及范围以内。

战斗舰船持久的集中，是极为重要的基本条件。1796年，法国远征爱尔兰，如果陆、海军指挥官坚持与战列舰一起不脱离战斗兵力，就很可能获得之后拿破仑登陆埃及一样的战果。可能是记住了1796年的这次教训，拿破仑始终与舰队司令待在一艘最大的战列舰上。运载陆军部队开赴埃及的护航船队则是从几个港口出发,在途中集结的。当已经可以看见奇维塔韦基亚时,法国舰队司令曾向拿破仑请求派出4艘战列舰和3艘护航舰前去保护来自该港的船队,直到它与远征军主力会合为止,而拿破仑则批示:"假如在这次分兵之后的24小时内发现10艘英国战列舰,而我将只有9艘而不是13艘。"法国舰队司令无言以对。拿破仑的批示为意图和目的必须集中的论点提供了有利的证据,他的名言可能更具说服力:"目的的专一"。法国舰队司令是想通过分兵,既保护主力船队,又保护即将到达的分遣队。拿破仑则看到,对这二者进行防护,二者都有可能暴露而遭到毁灭性打击。因为,如果分遣队同英军遭遇,英法对比将是13:4;若主力同其遭遇,则对比为13:9。那支较小的船队在无法逃避的时刻里,只能冒险行动。这和我们所遇到的情况何其相似,将舰队分开部署于大西洋和太平洋上,也和俄国在日俄战争中的错误部署很相似。

只要陆军还在海上,护航舰队就该以护卫部队为中心而部署,这属于战术范畴,其所依据的法则同陆军部队在行军中防备与敌遭遇所遵循的法则是一致的。当到达目的地并获得胜利时,陆军部队便能负责自己的安全,舰队的战术部署随之解除,之后其任务便是保障陆军的交通联系、控制海洋、部署舰队确保目的达成的战略问题。

以上是我就一般性原理对当前主题进行的论述或实例。现在我将详细地列举两个远征史实加以讨论。它们相隔两千年,但其所提供的经验有力地证明了重大的普遍性战略原理具有永久性特点。

罗马同迦太基大战(史称布匿战争)之前的两个世纪,雅典拥有当时世界上实力最大的海权。其海上实力延伸至爱琴海诸岛，并以达达尼尔海峡两岸和现在土耳其的欧洲部分大陆为基地，雅典的贸易推进到黑海和克里米亚。将近二十年，雅典曾同伯罗奔尼撒半岛的诸联邦进行战争。虽然雅典缺少既有力又安全的岛国位置（像英国），眼见阿提卡城下的小片领土被敌人陆军毁坏殆尽，但依靠其庞大的海军和商业财富，即海权，一直傲然固守。雅典凭借海权在敌人海岸上控制了两个前进哨所：一个是纳瓦里诺湾，1827年爱德华·科德林顿爵士在这里统率英、法、俄联合舰队摧毁了土耳其海军；一个位于科林斯湾入口的纳夫帕克托斯。它们都是很有价值的战略据点，既可用于入侵敌国领土，又可用来切断来自西西里岛的谷物贸易。此外，雅典同克基拉岛（即今科孚岛）结成联盟。该岛对控制者极具价值，从希腊通往西西里岛的航线就是沿岸航行至克基拉岛，然后航行至艾厄皮吉恩角（即今圣玛丽亚-迪莱乌卡角），由此沿意大利海岸前进。这里被选为运输船的集合点。

　　这就是大约公元前413年雅典政府攻击叙拉古作为攻取西西里岛前奏时的形势。雅典采取这一步的军事动机为，谋求海上的势力范围。我只会附带提及这些动机，因为我关心的只是军事，我的注意力集中在这次远征，而非整个战争。

　　为什么要攻击西西里岛？首先是因为岛上的希腊城邦大部分都对雅典怀有敌意，雅典担心这些城邦会加入当时正在进行的战争。如果联合形成，雅典赖以维持安全的制海权就会遭到严重损害。这很像1897年英国政府得知拿破仑同沙皇打算合作，迫使丹麦海军加入法俄联盟，立即在哥本哈根俘获丹麦舰队。第二个原因是，西西里岛供给敌人小麦。雅典有足够的势力和理由实现夺取目的，并控制其主要港口，而雅典统帅对海上困难不可避免地缺乏经验。但我仍然相信，雅典的海上实力足能胜任该任务。

这就是雅典总体的军事策略，现在我们来研究下这次远征战场的种种条件。

在希腊诸邦中雅典距离西西里岛最远。伯罗奔尼撒半岛恰在西西里和雅典之间。雅典拥有伯罗奔尼撒半岛南端外海的基西拉岛和位于其西面的克基拉岛，同时它还控制了爱奥尼亚海的其他岛屿，以及纳夫帕克托斯和皮洛斯。雅典舰队经常经过的意大利南岸到墨西拿海峡，每个城邦对雅典都不太友好，该线的两端的塔兰托和洛克里，更是对雅典怀有敌意。西西里东岸还有三个友好城邦。

叙拉古是雅典不二之选。它是来自西方的敌人对雅典形成的威胁的前沿和中心，更是其基地和支柱。如果雅典的海上实力的确非常强大，进攻叙拉古则是非常正确的。具体行动时，远征军必须在能掩蔽敌人舰队的敌方战略点附近通过，但雅典当局估计，这些战略据点如果不妨碍雅典远征军作战，就不用发起攻击。这是对的，它们虽然怀疑雅典，供应了淡水、允许抛锚，但拒绝援助雅典，也没有一个沿海城邦直接反对这支远征军。远离基地的雅典人拥有一支在援助到达之前就能打败叙拉古的兵力，他们依靠制海权就能吓倒靠近其交通线的敌对城邦。这些敌对城邦，除了塔兰托之外，最后也都允许雅典人从它们的市场上获得补给，并成为雅典人的新的供应和资源基地。

对于叙拉古所面临的威胁，赫摩克拉底认为，叙拉古舰队虽然居于劣势，但是数量却相当可观，其所处的战略条件对战舰和运输船所组成的远征军造成了许多无法摆脱的麻烦。赫摩克拉底建议主动利用塔兰托，在那里派遣一支舰队威胁敌人的交通，阻止其前进，如果它继续前进，则等待时机成熟之时直接攻击远征军。赫摩克拉底在公众集会上表达了此看法，其演说词如下：

依我看，有一点比所有其他各点更要紧，你们可能不会赞同，但是我还是要提出来。如果所有西西里岛民或者至少是叙拉古人，同支援我们的人，立即派准备好的舰船开赴海上，携带足够两个月的食粮，我们就能在塔兰托或艾厄皮吉恩角迎击雅典人，如果他们进入西西里岛之前，打算通过爱奥尼亚海这条通道，我们将会回以极其恐怖的措施来阻止他们。我们还要迷惑他们，认为我们会从其友好港口冲出去保卫我们的外围，因为塔兰托会欣然接受我们。敌人的舰队和笨重运输船经过漫长的航程，必然难以保持正规队形。他们只能缓慢地前进，而我们则有无数机会攻击他们。待他们耗尽力气，我们就向他们发起进攻。或者，当情况不利时，我们总能退入塔兰托港内。

因此，雅典人在海上时常处于待战状态，他们只有不多的给养，当他们沿着无法取得补给的海岸航行时，他们就陷入了巨大的危险之中。如果想继续选择在补给站[1]，他们就会被封锁在那里；如果他们冒险出航，他们就只能将补给船留下。因为无法确保海岸各城邦是否友好，他们也会陷入惊慌，他们也会担心交通。我认为，在这样的复杂混乱的环境下，他们绝不敢离开补给站，或者在他们不断犹豫地派出监视船探测我方舰队的情报时，时间已经快到冬季了。

---

[1] 即科孚岛。

从赫摩克拉底的演说中，我们可以推断出战略以及战术对海上作战的影响，那就是古代舰队如果想要在海上停留一段时间，就不得不装载大量食粮和淡水，因而战船会加大吃水，从而影响舰船机动，造成迟缓。也就是说，对航线进行选择，是选择较短航线还是沿着友好海岸前进，涉及舰队速度和旋回能力的问题。这种思考也适用于另一作战方的战术思考，像罗日杰斯特文斯基曾经超载装煤。还要注意的是，在当时，由于划桨极度劳累，必须为桨手提供充足的营养品，而热天又特别需要饮水。

赫摩克拉底的计划具有以下几个引人注目的特点：肯定塔兰托这个敌人必经航线翼侧位置的战略价值；建议利用塔兰托，动员舰队并将其集结在雅典舰队航线翼侧的一处可以免遭攻击的位置上。他的建议意味着，对敌人形成一种威胁，之后用一支劣势海军随时准备攻击敌人作战计划中最为薄弱、致命的环节。

我从他的建议中得到一种真实而丰富的战略思想，这种战略思想没有被战术条件所限制，它出自于两千年前一个从未听说过"战略"或"战术"这类术语的人之口，虽然他并未系统地表达出来。然而，从修昔底德的笔下我发现，赫摩克拉底的忠告遭到拒绝，雅典人长驱直入，叙拉古被围，其他与叙拉古友好的各城邦也改变了态度。不管叙拉古公众集会的动机如何，但只要懂得战争原理，就会提出正确的策略，使这座城邦免于濒临毁灭，幸亏雅典将领无能，叙拉古才未被彻底摧毁。

还要补充一点，虽然赫摩克拉底的计划很巧妙也符合当时的情况，但他的计划不一定就能确保叙拉古的安全，因为叙拉古力量过于弱小。只能说他的计划可使叙拉古能获得更多的获胜机会，然而，假如雅典人的技能能够胜任，则较强者终将获胜。

这个小插曲为我们指出了渡海远征的所有情况。本土基地，雅典；前进中途基地，克基拉和其他各点，其作用于现在的直布罗陀、马耳他和海外煤站一样；目的地，叙拉古；沿途所经历的国家，有的中立，有的怀有敌意，有的态度暧昧；地方前进据点，塔兰托和其他城邦；双方海军实力对比，雅典强于叙拉古，但叙拉古数量可观；困难的交通，累赘的供应船队，长途超载航行；以及中途迎击敌人，本土守势待敌的危险，等等。这些要点和细节，大部分还体现了我们今天应用的一些原理。把这次远征放大，则每种海上入侵的主要特征就可尽收眼底。

雅典人虽然失败，但是证明了他们所拥有的强大的海军实力，可以横渡其控制的海洋，远征作战。

而拿破仑远征埃及，情况却不一样。当远征军离开土伦时，英国在地中海只有3艘战列舰，他完全可以置之不理，远征军在阻击兵力到达前就可以完成登陆。一旦完成登陆，他就可以凭借被征服国家之资源和其卓越的军事才能获得进展。这种想法并非不可信，而且似乎还有一个更有力的理由，假如他采取类似赫摩克拉底所建议的方针，便可令英国舰队司令困惑不已，从而增加自己获胜的机会。

埃及形势稳定后，拿破仑已经达成了第一个目的，进攻的目的已经达到，之后他就需要用劣势海军保持防御。他的位置恰好同叙拉古相对于雅典的位置，他必须考虑如何使用舰队的问题。身为统帅，拿破仑深感忧虑。政治上的考虑必然对他造成影响，但从纯军事角度来看，他的决策显然考虑到了最坏的可能。

保持与本土的交通，不仅是拿破仑获得最后胜利的保证，也是法国陆军在埃及维持生存的来源。无疑，他能击败埃及，然而战斗力和疾病将导致兵力损耗。如果前进，则不可避免地要分散兵力，损失也就更大，从而需要补充兵力。另外，战争所需的各种物资、装备都需要从本土运输，陆军部队中弥漫着的无法返回本土的消极情绪带来的影响等等情况无不让他伤透脑筋。

英国舰队是他困难的来源。任由它随意四处游弋，法国交通线上就受到威胁。尽管法国舰队司令很乐观，深信能够抵御英国舰队，虽然他们当时力量不相上下。

事后诸葛亮总是高明的，有人责备拿破仑的这次远征与雅典远征叙拉古一样都是妄想。我认为，尽管失败了，但当时也确实存在着有获胜的机会，这说明他的企图是不无道理的。不要总是责难失败，请先牢记拿破仑的名言，"不敢冒险，何谈战争"。夸大"存在舰队"论以及其对敌人的威胁作用，实际上就是在假定战争只在不冒险的情况下进行。想一想格兰特将军不顾谢尔曼的劝告经维克斯堡南下时，他所冒的风险；法拉格特经过各个要塞南下新奥尔良，而任凭这些要塞控制其背后的河流时，他又是冒了何等的风险。

拿破仑命令，如果亚历山大旧港港口水够深，舰队则驶入该港；如果水不够深，舰队开赴科孚岛或土伦。他的命令首先保证了舰队的安全，其次如果可能则将舰队集中在拿破仑的指挥之下。进入亚历山大港其实有点疏忽了：首先，舰队暂时安全了，却容易被英国舰队封锁在港内；其次，这会将英国舰队吸引至法国运输舰和补给船的集合点。进入亚历山大港，就完全摒弃了海军的机动和进攻的特点，而且无法保证它与本土交通的安全。一位法国海军军官指出，由于出口的问题，一支劣势敌军舰队就可将法国舰队堵在港内，当法国舰队以纵队队形驶出时，先头舰船就会立刻遭到这支舰队的痛击。

可惜的是法国舰队司令没有执行这些命令。他锚泊在亚历山大港附近的一个开阔锚地，除水道有利之外，这里便于敌人毫无困难地攻击法国舰队，而且他的防御部署严重迟缓和不足。一次军事会议上，与会人员曾经讨论过舰队是在行进中迎敌还是在锚泊中迎敌，会议决定采取后者，其停泊线就是根据这一决定设置的。这一会议决定违背了拿破仑在其战略部署中关于海军实际任务的命令。在战术上，法国舰队处于被动的防御地位，放弃了机动和攻击的能力；在战略上，拿破仑这次则是在以"存在舰队"威慑土耳其。

大家都承认，战略失误比战术失误更可怕。如果战略部署不当，战术则发挥不了作用。让我们把注意力集中在战略上。即使尼罗河之战获胜方是法国，此役后舰队遵照拿破仑的命令进入亚历山大港，也无益于埃及远征的结果。如果法国舰队能攻击孤立的英国分遣队，使其遭受损失或失去战斗力，就可取得优势，但拿破仑命令它进入亚历山大港，则舰队即使胜利了也是徒劳。因为法国舰队进入港口后，英国分遣队就会锚泊于港外，截击来自法国本土的补给。

在错误的战略部署下，如何使用海军呢？

遇此情况，坚定地坚持原理定会受益颇深。正确的军事原理有益于军事行动。但须承认，将军事原理运用于特例，往往很困难。

如果拿破仑采纳赫摩克拉底所遵循的原理，使用担负防御作战的那部分海军随时准备进攻，那么将舰队驶入亚历山大港是个错误的决定。在该处被英国舰队封锁，就像把老虎关进了牢笼。

如果不进入亚历山大港呢？拿破仑提出了两个选择：土伦和科孚岛。在这两个港口中，舰队不会像在亚历山大港一样被轻易封锁，敌人即使要想封锁也需要一支较大的兵力，哪怕敌人形成了封锁，它阻挡法国与埃及交通线的兵力也会减少。在土伦，英国舰队正好位于法国起运补给的战略据点，从这里驶出要比从一封锁的港口中驶出容易得多。

其实，科孚岛的位置比土伦更具决定性优势。如果英国舰队监视该岛，就必须至少远离土伦和埃及之间的直接航线300海里，相当于帆船两天的航行距离，更别说接收情报的困难。一支处于防御的海军的职责，是采取行动，以进攻来保持交通畅通。舰队只有发挥机动能力，抓住时机发动进攻才能达到该目的。在一条确定的航线上保持交通畅通，主要手段是引开敌人或者驱逐敌人。如果力量不足，就要采取牵制，在其他地方威胁其利益，诱使它偏离目的。想要达到这种影响，就必须选定一个具有决定性意义的据点。科孚岛虽然有缺陷，但它比法国其他的港口条件更好，因为只要有一支法国分舰队在这里，就能将敌人的舰队引开法国舰队的交通线，而马耳他和土伦，就在这条交通线上。

牵制敌人，意味着兵力的劣势，如同法国海军整体实力不如英国海军一样。然而，尽管较弱，当与一支分遣队相遇时如果占优势，就应该果断在敌援军到来前发起攻击。这种小分遣队一般都是为了保护已经暴露的据点而派出的。因此，弱方应该尽量保持制海权，集中战列舰一起运动，造成草木皆兵之势，引发敌人的忧虑，使他们派出分遣队，就是要造成达夫吕伊所说的不利于对方的"兵力转移"。如果对方一旦失误，不是各个分遣队遭到攻击，便是其主力被过分削弱遭到攻击。

这些运动都带有战略性质。如果运动导致与敌人一部分兵力相遇,则需在随后的战斗中对敌人的一部分军舰形成优势。这属于战术范围,确切地说,是大战术范围。

现在结合原理来分析下当时的情况。1798年6月28日,纳尔逊首次出现在亚历山大港外,比拿破仑早三天。他没有发现法国舰队,于是匆忙赶回墨西拿海峡,因为他非常担心那不勒斯和西西里。如果纳尔逊在返航途中,法国舰队正起航,则等他再返回亚历山大港时,法国陆军和给养都已经登陆,运输船和巡洋舰也都进入港内,截击已经不可能,把全部兵力留在港外也毫无用武之地。那么,追击已经离开的法国舰队呢?留下一支分遣队,譬如说留下两艘战列舰[1],这确实具有极大的诱惑力。

亚历山大港并非法国所控制的唯一港口,它与法国地中海体系相连,法国还握有土伦、马耳他、科孚岛。因此,土伦、马耳他、亚历山大、科孚岛这四个据点,纳尔逊都需要注意。如果不分散舰队,就无法对这些据点进行监视,也无法切断它们同埃及的交通,如果分兵,则每支兵力都将十分脆弱。1799年,法国布勒斯特舰队进入地中海致使英国舰队分兵。当时,英国的盟邦和友邦那不勒斯、西西里和撒丁毫无防卫,全都暴露于海上攻击之下,而法国舰队却拥有数个良好的战略据点可供隐蔽,它可先发制人。另外,法国还威胁和勒索英国盟友提供给养。拉图什·特雷韦尔率领的法国海军分遣舰队就曾以炮击,胁迫那不勒斯王国一度屈服。

---

〔1〕当时纳尔逊没有巡洋舰。

只要法国在地中海拥有一支13艘[1]战列舰组成的舰队[2]，纳尔逊就必须密切监视数个重要目标。这些目标为：四个港口，敌人通往埃及的交通线，英国的盟邦，法国的舰队。毫无疑问，纳尔逊的天才必定使他扑向敌人舰队，这也是当时战略形势下的关键所在。不是所有人都能成为纳尔逊，即使是纳尔逊在未发现和击溃敌人舰队前，也无法有效阻断敌人的交通。尼罗河之战后，纳尔逊的舰队分散了，有的在那不勒斯，有的在马耳他，有的在直布罗陀，有的位于亚历山大港外。这样的分散表明形势之危急，如果法国的13艘战列舰都集中在科孚岛，则纳尔逊的分散兵力简直就是大错特错。幸亏敌人的舰队不足为虑，所以上述每支英国分遣队都在选定的位置上出色地完成了任务，并毫发无伤。

一旦法国舰队集中停留在亚历山大港，纳尔逊的任务就非常简单了。他只需要封锁该港就能切断法国的交通，他也不用再为那不勒斯和西西里担忧。英国舰队部署在法国可能派出的任何增援的必经之路上，土伦就失去其主要作用，而纳尔逊也可以从14艘军舰中抽出2艘来封锁马耳他。在亚历山大港，法国舰队只有在水深足够时，通过狭窄的航道驶出，使其在战术上处于不利，它必须以纵队出港，面对强敌，先头舰船就会受严重损伤。

可能也有人反对，认为法国舰队素质低下，即使派分遣队游弋牵制，其结局也可能不会太好。这种看法是有些依据，而且还有我未提到的政治上和执行上的理由。但是我引用本实例，

---

〔1〕尼罗河之战法国舰船数量。
〔2〕除巡洋舰外略优于纳尔逊舰队。

只是为阐明战略,所以对这些考虑不予理会,就如研究抽象的军事问题时,可以假定等同就是数量的等同为依据一样。只有空谈理论的人,才会否认环境可以有力地修正原理的运用。然而,在众多实例中除掉特殊条件,总结出原理,才会形成所有实例的共同真理。

如果法国海军像我说的那样部署,则可能对纳尔逊产生影响。但是,这也只是后人观察前人时的"事后聪明"罢了。纳尔逊一度晕头转向,因为他第一次赶到亚历山大不见法国人踪影,他也曾极度忧郁地谈起自己的身体状况,并将其归咎于"焦虑热"。如今我们可以将这些意外情况一笔带过,但是不要忘了这位伟大统帅对意外事件是如何深感焦虑的。我们还可以说,如果纳尔逊搜寻法国舰队两次落空,或者费时太久,他也可能被免职,他的第一次失败已经令人议论纷纷了,而那时还没有一名将领能带领英国舰队同势均力敌的法国舰队周旋。内皮尔曾估计,拿破仑在战场上可抵三万军队,那么在对付敌人舰队方面,纳尔逊可抵三艘战列舰的增援部队。法国舰队只要能成功地躲开追击并造成恐惧,就可使英国失去其极为伟大的海上指挥官。

有意思的是,赫摩克拉底的方针原理与某些陆战战例完全相同。1794年,奥地利、英国、荷兰三国联军,面对法军的胜利挺进,从比利时后撤,之后便各自分兵;英荷联军退向荷兰以掩护荷兰,奥地利则取道日耳曼。若米尼在《共和国之战》一书中指出,假如它们不分兵,而是集中在一个位置上,掩护通往日耳曼的交通并在通往荷兰一线的那一侧靠拢,法军根本不敢越过这一点而将交通暴露于联军的攻击之下。在触及荷兰之前,法国就被迫与敌人在其选定的位置上进行决战。

1800年，拿破仑命令马塞纳将一支守备重兵投入热那亚时，又使用了该原理。当这支守备部队位于奥军交通线翼侧时，奥军不敢越过它，也不敢全力沿里维埃拉河前进攻击法国南部。它被迫从主力部队中抽调一支庞大的分遣队监视该地，从而影响作战。1808年，约翰·穆尔爵士从葡萄牙向西班牙萨阿贡的进军，再一次体现了这一原理。当时，法国交通受到威胁，拿破仑的进军因而受到影响，延缓了他对西班牙的作战，为奥军赢得了作战时间，拿破仑因而陷入了持久的消耗战中，这对拿破仑的最后命运产生了巨大影响。内皮尔一针见血地指出，假如穆尔无此一举，历史上也不会留下关于他的记述。

　　请时刻铭记，这种部署之所以有如此效果，不只是依赖于固定的要塞，更多的是依赖于士兵、海员，要塞只是有助于他们达成目标。"战争就是处置位置"，位置本身的作用远不及人的作用。1798—1800年，马耳他就是一个例证，它对法国毫无用处。虽然它从翼侧威胁着西方至地中海东部的交通，但如果这里没有部署舰队，马耳他也就毫无用处。

第十章

基础与原理
——作战行动

前一章概括地论述了海上远征课题，也列举了两个特殊的远征实例加以分析。鉴于论述过程过细，在这里再次提醒读者注意：当海上战略据点或是某海域一处具有决定性重要意义的位置为一支远征军夺取后，如何才能真正地从战略上使用海军兵力呢？答案是，取得这样的位置后，远征军的下一个任务应该是保卫和维护当前所取得的战果，由开始的进攻转为防御，这种守势中海军所担负的职责就是攻势防御。夺取第一个目标后，被远征军束缚的海军便解放了，由陆军担负对征服地的防御和继续征服，舰队转而保卫交通线，担负其固有的海上职责。海军只有将敌人海上兵力赶走或是将其从争夺区域或战役的要害据点赶走，才算是完成任务。如果海军力量较强，应该主动求战，逼对方迎战；如果海军力量较弱，则应争取将敌人引开，对其战略据点或要塞进行威胁，诱使其分散兵力。我必须指出，如果一个国家在战时被迫依赖海军进行防御，这正是海军防守本土海岸线所应承担的职责。

1812年，拿破仑在下达给马尔蒙元帅的训令函件中，曾经就陆战中的某种类似态势发表过意见。当时，马尔蒙元帅正在西班牙萨拉曼卡周围指挥部队与罗德里戈城要塞对峙。强固的罗德里戈城要塞被威灵顿所指挥的英军一举攻破,速度不下于奇袭战。法国占领了毗连葡萄牙的西班牙西部地区,英军则想从这一地区将其赶走。在此期间,因为与俄国的战争,迫使拿破仑将大量精锐部队集中远征俄国,法国在西班牙只能采取守势。

这时,葡萄牙和西班牙的边疆就相当于海洋,它不属于双方,法国占领了该区域,英国人又想赶走法国人。两个要塞就相当于海上的设防港口,一个是位于北部的罗德里戈城,一个是位于南部的巴达霍斯,前者已经被英国名将威灵顿迅速攻克,巴达霍斯则受到威胁。它们是边境的两把钥匙,现在法国只握有一把钥匙。攻克罗德里戈城之前,威灵顿已经包围了巴达霍斯一段时间,他利用了法国1811年撤离葡萄牙之机,趁其兵力衰弱的大好时机围攻巴达霍斯。

马尔蒙继任司令官时,罗德里戈城都还掌握在法国人手中,巴达霍斯被英国人围困。马尔蒙集结野战军兵力(相当于海上舰队)向巴达霍斯挺进。威灵顿为了避免两线开战,从而放弃巴达霍斯退入葡萄牙,并从那里向塔古斯河以北进军到达阿尔梅达,进而监视罗德里戈城。马尔蒙则回师北上到达萨拉曼卡。如果马尔蒙集中兵力防御待敌,做好随时进攻的准备,他所掌握的兵力是可以吸引威灵顿的,但他却想派出一支分遣队前去支援东部正在围攻巴伦西亚的絮歇元帅[1]。当法国军队向塔古斯河运动

---

〔1〕路易-加布里埃尔·絮歇(1770—1826),法国元帅,是拿破仑最优秀的指挥官之一,是唯一一个面对西班牙游击队能做到常胜不败的元帅。拿破仑曾称他是最具才干的法国将军。

时，威灵顿以为马尔蒙是想从巴达霍斯进入南部葡萄牙；但当马尔蒙派出5000人向东挺进时，威灵顿便明白南部葡萄牙不会受到威胁。威灵顿还发现，法国在北部西班牙已经无战斗力强的法国部队，因为它的司令官把大部分炮兵和骑兵同分遣队一起派出去了。于是，英国趁机向罗德里戈城猛扑过去，在其野战军（相当于海军）赶来支援之前攻克并固守罗德里戈城。战机稍纵即逝，英国军队以最快速度发起进攻，哪怕时机并未完全成熟，威灵顿命令："今夜必须迅速攻占罗德里戈城，因为要塞内的法国人深深懂得，法国的回援部队已经逼近，要求他们必须奋勇争先。"

拿破仑的训令正是针对从此以后所发生的总的态势，他写道：

你的部队已经很强大，重新装备了攻城火炮，士气和人员也都已经恢复，为了保护巴达霍斯，你已无须再向该地开进。你应该把部队以师为单位部署在萨拉曼卡外围并充分向外延伸，但要保持适当距离以便能在两次行军之中将全军集结起来。[1]你的全部部署要让敌人相信，你正在准备采取攻势，并以前哨战不断保持伴动。在此态势中，敌人的一切运动都在你的掌握之中。如果威灵顿向巴达霍斯进军，不要去管他，立即集中部队直扑阿尔梅达，我可以肯定的是，他一定会迅速回师对你进行抗击。但他精通军事业务，绝不会犯这样的错误。

此例中，法国野战军相当于一支海军的机动部队，它牵制敌人的野战军来保护巴达霍斯据点，吸引离开或者使其偏离其想要取得的位置。巴达霍斯由于马尔蒙部队逼近将威灵顿逐离从而得救；罗德里戈城由于马尔蒙指挥失误和分散兵力而失陷；马尔蒙

---

〔1〕即在两日之内集中。

之所以能保住巴达霍斯，不是由于直接守卫，而是由于持续的牵制威胁英国不容忽视的权益所致。

1804年和1805年，拿破仑同样曾大规模采用这种牵制攻击方法。当时，他想将英国舰队的大部从欧洲引开，趁其不在欧洲之际，集中法国军队于英吉利海峡，以掩护他对英国的突然袭击。请记住，这时法国海军为了保卫其海岸线而处于守势。按照拿破仑的设想，土伦、罗什福尔和布勒斯特的法国舰队全部驶离港口前往西印度群岛会合，之后整体返回英吉利海峡。他认为英国海军肯定会跟踪尾随，法国舰队可趁英国海军还未明确其目的的机会，先于英国海军返回欧洲，控制英吉利海峡一段时间。拿破仑的计划因为种种原因失败了。英国舰队总司令纳尔逊在土伦港外待敌，曾尾随法国土伦舰队到达西印度群岛，尽管英国起航迟了一个月，但凭借优良的技术，却比法国舰队早返回英国。出乎拿破仑的意料，纳尔逊在安提瓜便以其非凡的洞察力推测维尔纳夫率领的舰队已返回欧洲。纳尔逊驶离直布罗陀海峡虽较法国舰队晚31天，但他返回那里却只比同盟舰队晚到4天，并在它们进入费罗尔前一周便返回英国。

我再补充一些，拿破仑除了用集结在西印度群岛的舰队进行大规模牵制外，在他那一时期的信函中，经常提到诱使英国分舰队驶离比斯开湾和海峡的种种策略。

从中可以看出，法国舰队驶往西印度群岛的行动其实已经有了效果。这恰好与上一章所提到的法国舰队驶向科孚岛对地中海局势所能产生效果相似。英国舰队被引至西印度群岛，远离了拿破仑设定的战略中心。多佛尔海峡恰如远离亚历山大港和该港通往法国的交通线的科孚岛一样。假如纳尔逊只是一名普通指挥官,他定会留在西印度群岛直到获得确实证据证明法国舰队已离开该群岛。这并非我的臆测。当时很多人要求他留下来,国内舆论也对他施加压力,但纳尔逊拥有无限远见,尽管缺乏确切证据,但他通过权衡得出了正确结论。假如在得到可靠的情报前一直停留在西印度群岛,那么结果就是将有20艘军舰在欧洲集中支援拿破仑,而英国则会因为缺少纳尔逊的12艘军舰使双方实力差距扩大到30艘战列舰。

这里我希望大家能注意,在这个事例中,拿破仑的计划显然源自1762年法国首相精心制定的方案,两者极为相似。拿破仑可能从法国档案中获悉,但纳尔逊可能毫不知情。

海军有上述的两种方针可选,可以逐离,可以引离。但我还需再次指出,就总体作战来说,海军是采取守势的,就其本身行动而言,则是采取攻势的。还可进一步指出,拿破仑给马尔蒙的命令正是如此。拿破仑写道:"欧洲的总局势已经发生转折,迫使我不得不放弃今年对葡萄牙的远征。"也就是说,他放弃了一次攻势战役,所以他规定了总的防御态势,保留一处攻势威胁,以此保卫巴达霍斯,以及萨拉曼卡所掩护的从法国至马德里的交通线。但萨拉曼卡在三年前就遭到约翰·穆尔爵士的威胁,严重地影响了拿破仑的计划,以致在关键时刻,他被引开了他的战略中心和战役要害点。

不论是设想的还是实际的征服,这样的形势恰好说明了海军同本土防御的关系。在上述例子中,一个国家一旦实际占有属地,就处于守势。如果由于需要或是策略错误,而把海军限制在港内或者使其紧靠港口,也使其处于守势,并将商业和属地同海外的交通联系拱手相让。美国在1812年,除了贸易破坏舰以外,没有往海外派遣任何海军。这并不意味着毁灭，因为国土较大的国家，可以利用本身资源，或通过与其陆地边境接壤的一些中立国家进行迂回贸易。如果它海岸线够长，那么敌人就无法进行封锁，由中立国货船运载的商业也不会完全遭受损失，虽然会承受一些屈辱和物资损失。一个大国则无须如此。任何本土海岸防御方案达到完备，海军就须达到强大或者能将敌人舰队逐离本土海岸，或是通过威胁敌方权益将其引开。只有这样运用海军，才能使海军成为名副其实的海岸防御者。

我想介绍一个论点，这个论点完全适用于这里。这个论点我将在下一章中详细展开讲，即海岸要塞不应如通常理解地在职能上主要负责防御。海岸作用在于迫使敌人舰船与海岸保持一定距离，虽然它对陆的一侧是暴露的，甚至仅仅是防御的。一个能保证海军安全的设防港口，只有被当成要塞时，才具有防御性质，如同梅斯或美因茨。当要塞驻有一支野战军时，便能迫使敌人派遣一支兵力足够强大的分遣队与其对峙，防备守备部队发起进攻。

1812年的战争虽然不太成功，但是其中也有实例证明可以掩蔽海军舰队的港口具有这种进攻性质。驻泊在纽约港的由约翰·罗杰斯指挥的海军分舰队，就是一支能够进行攻势活动的守备部队，这支分舰队也确实发起过进攻。英国人得知它已经集结出航，但无法得知其意图。因为英国在美国沿岸的海军分舰队很小，只得将军舰集中，避免单舰与美国海军分舰队遭遇。这种无奈的集中，加上还要保护的贸易，英国分舰队只好放松对美国港口的监视，大部分返回美国的商船因此安全抵达。这种预期的防御效果，归功于罗杰斯采取的攻势游弋。这种持续不断的攻势活动的基础则是能够保护舰队的港口。否则，舰队就会像在旅顺口一样被摧毁，或者像在圣地亚哥一样被逐离。

沿此方向，我们来探讨海军究竟应该具备何等规模并得出正确的理解。海军的力量以及动员和维持机动的能力，应能使外国在考虑诉诸武力时，由于这支海军力量对其本土、属地、商业所造成的威胁而深感忧虑。这样的影响可有效地遏制战争，而战争无非是以另一种形式实施牵制。1900年，德国政府在其所通过的海军规划中，简明扼要地宣布官方对海军的期望："德国必须拥有一支具有这样力量的海军，甚至对于最为强大的海军强国来说，同德国交战就会使其陷入危及其自身霸权的冒险之中。"不幸的是，德国这一旨在针对英国的海军规划使美国远远落后于德国。

具有控制能力的据点或据点配系[1]，会成为任何攻势活动的目标，这是一条已经被证明适用于任何战场的战略原理。该战略原理还可以这样论述：向前推进，或作战正面，从始至终都应该尽力往前推进，并在其所有部分之间以交通紧密相连构成完整的配系。这样，这种配系中的一切，即位于作战正面后方的一切，都处于其控制之下，对其更有用，对其敌人则更危险。这会是他的资源，如果媾和时仍为他所有，在随之而来的讨价还价中，他就将处于优势地位。

1793—1815年法国革命和帝国战争期间，英国封锁法国和西班牙的各个港口，正是海战为这种作战正面提供了最重要的案例。部署在布勒斯特、罗什福尔、费罗尔、加的斯和土伦等港外

---

[1] 大家所熟悉的说法就是态势要地。

的英国舰队，通过由巡洋舰编成的小分舰队互相联系，监视较小的港口，并在附近海面上搜索，这实际就是一条连续不断的作战线，而英国本土及殖民地和海上贸易的安全，正是得助于这种海上控制的功效。位于这一作战正面后方的区域，在各方面都能确保安全，其最直接的证明就是，英国商业损失微小（不及船运的3%）和敌人的所有入侵意图均以失败而告终。

舰队在海上保持的这种作战正面，相当于在陆上陆军凭借优势保持的作战正面。显然，如果能掌握附近的设防区域，这种优势就会更加明显。1796年，当拿破仑在向奥地利进军时，发现自己前进路线翼侧的曼图亚要塞的阻挡，就将阿迪杰河一线连同横跨该河的维罗纳要塞变成作战正面。维罗纳以相对较少的兵力便可顶住敌人的围攻，法国人可以在这里妥善地储存补给品，使战士保持高昂的士气。同时，这个要塞还能保证部队顺利从阿迪杰河的一侧转移至另一侧。这些优势增强了法国陆军的实力。在阿科拉之战中，拿破仑以一支很小的守备部队守卫维罗纳，同时派主力乘夜渡过阿迪杰河下游，在挺进维罗纳的奥军的后方发起奇袭。拿破仑的冒险获得了成功，他的成功缘于对要塞的成功运用。同样，一支处在攻势防御当中、敢于出击的舰队也需要一个设防港口的掩蔽。正如拿破仑利用阿迪杰河和维罗纳得以增强力量，借助阿迪杰河旁的加尔达湖向北延伸，从而控制了其后面的波河流域和意大利南部的全部资源；恰如英国沿法国海岸线配置其舰队，从而控制了海洋。

英国的这条海洋线同样可以借助强固港口加强，即朴次茅斯和普利茅斯等本土港口以及直布罗陀、马耳他和马翁等海外港口。这些港口都不像维罗纳那样暴露，所以不易遭到攻击，并且可以就地得到补给、维修、改装等支援。一旦遭到敌人的突然袭击，这些港口可以为舰队提供掩蔽所，单艘军舰和劣势分遣队都可以在港内寻求保护。除了防御作用，这些港口还具备进攻能力。因为它们都靠近交通线，从而可以对敌人翼侧进行威胁。例如，直布罗陀和马耳他可对经过地中海的所有航线，普利茅斯和朴次茅斯可对通过英吉利海峡的所有航线，牙买加可对通过加勒比海的所有航线，进行翼侧威胁。同样，布勒斯特、加的斯以及其他港口可对英国向南航行诸线进行翼侧威胁。除此之外，英国还必须对它们进行遏制，恰如拿破仑必须遏制曼图亚一样。

加勒比海是美国可能有机会控制并运用的一个地区，如果其所有岛屿都为敌人所有，但古巴能在我们手中，我们就能控制一个十分重要的位置。仅仅控制古巴还不能控制整个加勒比海。如果敌人的海军最初与美国相等，美国就没多少机会控制加勒比海。所以，这种情况下美国应该竭尽所能地向前推进。我们可以占领萨马纳湾并控制莫纳海峡，甚至将作战正面向南和向东推进，以便能不断骚扰敌人并保护我国经向风海峡通往巴拿马地峡的航线。这些航线得益于我方作战正面的推进，而位于我国舰队后方。

如果古巴为我们所有，它就能掩护我国舰队通向墨西哥湾的后方，而墨西哥湾则是我国国内作战基地的一个重要部分。我们设想敌人的基地位于小安的列斯群岛，双方兵力相等，那么敌我双方之间的海域就将成为必争之地。敌人的舰队及其基地的位置，将为我们指明下一条作战线的方向。

敌人虽然失去了古巴，但是仍可占领牙买加以及向风群岛的某些港口。英国正是如此，它占领着圣卢西亚和牙买加。在此情况下，战争的焦点应该集中于古巴和牙买加周围区域。英国、圣卢西亚、牙买加、巴拿马地峡这些据点，几乎就是英国、直布罗陀、马耳他、苏伊士运河一线在加勒比海的再现。如果驻泊在牙买加的舰队与驻泊在古巴的舰队相比较处于劣势，则古巴舰队可占据牙买加前方的位置，并切断它与向风群岛的交通线和来自那里的支援，掩护舰队同古巴本土和美国的交通线以及航线。这些行动可以迫使牙买加的舰队出战，以消除这些不利条件。同其他实例一样，本实例表明敌人舰队的位置和海军基地决定了作战方向，就如同旅顺口决定了日本海军在海上的围攻，以及日本陆军在陆地上的艰难作战一样。该实例还如同1898年圣地亚哥决定了美国海军和陆军的行动方向。日本人所采取的行动是迫使俄国人出战，美国人则是迫使西班牙人出战，俄国人和西班牙人都是因为担心舰队受损力求避战。

占据据点后，不应该停止作战，反而必须继续坚持战斗。这一论证也适用于后续作战。为了确保据点，必须追击并歼灭敌人的舰队。作战目标并不只是地理上某个地点，还有敌人的有效兵力，这一目标比在陆地上更为明确。埃及和多瑙河隘口之所以重要，不仅仅是因为那里的地理条件，更重要的是大量训练有素的士兵可以用这种便利，在不同方向上作战，它们比一般的位置更重要。人工设防的据点也是如此，其主要价值在于便于机动部队的运动。所以，占有了这种位置就得到了便利条件，该如何运用这些便利条件呢？军事学家们对此都有着明确的答案，若米尼认为，敌人有组织的、在战场上积极寻找战机并作战的野战军，正是拿破仑偏爱的目标。

如果已经占有了一个这样的战略位置，经过多次战斗将敌人从后方和正面战场驱逐开，这就意味着，本土交通的安全[1]，而该支海军已经建立起了暂时的优势。若敌人舰队仍有组织地继续在该位置之前的战场范围内，则应该是它们还有可靠的支援供应点维持，这就需要对这些供应点进行防御。不然，这种舰船还能在一个有限的水域范围内行动则是非常不可思议的。因为，如加煤和补给一类的活动，虽然可以在海上进行，但是只要有优势舰队在其附近并对其监视，补给行动就无法进行。这些补给点就标示着下一条作战线的方向。

纵观海洋历史，我不得不承认，一向有着很大优势的英国海军对海军战略例证的产生造成了阻碍，不然这类实例可能早就产生了。英国的巨大海军优势长期控制着敌方基地与其目标之间的交通，这种控制阻绝了海军施展战略的所有其他来源。因为，就全部含义而言，交通支配着战争，交通遮盖了其他所有战略要素。这种一方独霸的优势，成了一句法国谚语的源头："海洋只容纳一位霸主。"[2]这从表面上看似乎很合理，但要从这句话引申出"这意味着对海洋的控制从来就是毫无争议的，海上霸主地位从来就未曾认真争夺过"，那就大错特错了。就总体而言，对于海洋的控制，尤其是在特定区域内的海洋控制，都曾短时间和长期地处于不稳定状态，没有势力的绝对平衡，态势总是倾斜着的。双方的海军在水域巡航，互相挑衅。在美国独立战争中，这已经成为一种引人注目的现象。1756—1763年的七年战争时期，也是这样的。

---

[1] 除了突然袭击。

[2] 原文为La Mer ne comporte qu'une seule maitresse。

1759年，英国对魁北克进攻以及攻取加拿大全境，就是以其在1758年夺得位于布雷顿角的路易斯堡这一要塞为起点。英国此举，使得曾以密集队形或大型分遣队往返于法国与加拿大之间的法国舰队，失掉了一个至关重要的、能够影响圣劳伦斯河交通的作战基地。

　　法国革命和拿破仑时期，英国曾一度是海上的唯一霸主，1796年它却被迫撤离地中海。1793—1798年，地中海曾成为一个长期的海战战场，直到尼罗河之战，英国重新确定了海上霸权。这一时期的重要事件，为我们正在研究的海军战略及其必要步骤提供了有力的例证。

　　1793年，英国舰队和西班牙舰队一起进入地中海。趁着法国国内动乱，英国制定了夺取土伦以及歼灭其舰队的计划，这就是盟军的最初目标和作战线。回顾一下，马尔伯勒公爵对土伦的重视，以及1707年尤金亲王对争夺土伦所采取的活动，虽然他最后失败了。一旦盟军占领了土伦，法国海军在地中海的一切活动都将陷入瘫痪，同时在很大程度上依赖于海军活动的意大利北部和利古里亚一带的法国部队也必将陷入瘫痪。土伦的危险之所以能解除，似乎是因为盟军发生内讧。盟军舰队进入港内时，其陆军就占领了该港外围各线。英国舰队司令想要立即摧毁港内的法国海军分舰队，这就要求打击法国的任何有组织的兵力，这一计划遭到了一个西班牙人的强烈反对。这个人参加多次战争，他十分了解英国海军的优势，一旦这支法国舰队被摧毁，则英国海军的实力必将扩大。为了大局，英国舰队司令只得妥协，于是法国海军分舰队得以获救，其中的大部分舰船后来参加了尼罗河之战。如果没有这些舰船，拿破仑的远征就难以成行。

不久，法国发起反击，拿破仑的眼光很精准，只要夺得一个位置便可以重炮攻击锚泊的舰队。盟军果然从土伦撤离，西班牙人撤回到自己的港口，英国人因为失去了位置，不得不攻占一个前进位置，以供改装、修理和储备给养之用。简单地说，就是取得一个当地基地，从那里控制土伦并支援奥军在利古里亚一线的作战。只有重新控制土伦，英国才能摆脱当时的处境。英国人曾在耶尔湾取得一个位置，这里靠近土伦，但因为它太靠近大陆，过于暴露，英国海军很可能被驱逐。之后，英国将前进基地转移到圣菲奥朗佐湾，这是科西嘉岛北部的一处港口。由于岛民对法国的暂时不满，英国人得以占据该岛以及该岛的其他港口。

在这个位置上，英国人只要和岛民站在一起，就能胜任对位置的守卫任务。科西嘉、土伦、热那亚之间的水域已经是必争之地，而英国这时已经占据优势了，但就控制力而言，这还远远不够。它是这块水域的强者，但并非没有对手。这种情况恰如我对美国舰队的设想，一支驻泊于古巴，一支驻泊于圣卢西亚或马提尼克。1795年，英国舰队与法国分舰队两次交战，都为取得决定性战果。英国陆军从圣菲奥朗佐湾基地出发，沿着利古里亚这一作战线以支援奥军对法国的进攻，也未能取得决定性战果。1794—1796年，双方不断发生冲突，法国以土伦为依托，英国则以直布罗陀及其在圣菲奥朗佐湾所夺得的前进基地为依托。纳尔逊在几年之后曾经断言，如果英国舰队得力，法国便无法保持其在前方的位置。如果纳尔逊的断言是正确的，那么拿破仑就会在1796年4月接管在意大利的陆军部队指挥权时，发现奥军已经向前挺进，英国海军也已经控制了从尼斯到热那亚的海岸线，从而改变自己的战役计划。拿破仑的第一步，可能插入奥军及其皮埃蒙特盟军之间将其分开，正是由于英奥军队没有抓住机会，拿破仑才能一开始就立足于萨伏依，远远超过尼斯。然而，尽管如此，拿破仑的交通，包括增援部队以及补给装备等都需要依靠艰难的陆上运输，他们只能沿着条件极差的陆路行进，无法利用法国重炮掩护的便利的沿岸水路。

从中可以看到，英国的最终目标是意大利北部和利古里亚，占领它们就能危及土伦；中间目标是圣菲奥朗佐湾，它对于维持英国海军作战极为重要。这些作战活动，只要领导胜任就能够获得成功。时间极为充裕，共有两年之久。正当此时，拿破仑来了，他通过运用自己手中的有利条件，经过巧妙的部署，只花了两个月时间就赶走了奥军，并进入维罗纳。拿破仑粉碎了维罗纳以西和以南的所有反抗力量。他占领意大利北部的全部海岸线，无数的法国部队通过这一带的各个港口前往科西嘉，强化在那里的控制，而英国的盟友西班牙慑于法国的一系列胜利，转而同法国结盟。随后，法国与西班牙将舰队联合起来，而在土伦的法国分舰队又成了其主要组成部分。英国被迫放弃前进位置，将舰队撤至直布罗陀，从那里再撤往里斯本。

英国海军有组织的后退并未遭到盟国舰队的阻截和骚扰，此后盟国舰队分散，西班牙舰队前往卡塔赫纳，法国舰队返回土伦。西班牙人之后又试图开往加的斯。英国舰队司令率舰出航同西班牙人于圣文森特角外海相遇。英国舰队司令明白，尽管英国舰队在数量上处于劣势，但英国军舰在质量上却处于优势。据说他曾经说过："英国亟需打一次胜仗。"西班牙人为他提供了一次战术"机会"，他率领舰队奋勇战斗并痛击了西班牙人。西班牙人退入加的斯湾，英国人将其封锁在那里，英国派来的支援部队大大强化了封锁兵力,使其能抽出一支分遣队来对付谣传的法国舰队准备的远征。1798年,纳尔逊指挥这支分遣队在埃及海岸与13艘法国军舰相遇,他在尼罗河一战将其一举摧毁。法国和西班牙虽然在地中海北部拥有优势,但它们居然分成了两部,被各个击破,整个地中海的控制权又交到了英国手中。

早在1797年,法国就与奥地利停战媾和,英国舰队抛掉了这个负担,从而使自己的作战正面从直布罗陀推进至梅诺卡岛,这是由英国直布罗陀驻军总司令在获悉尼罗河大捷消息之后而予以占领的。之后,英国舰队又驶往西西里和那不勒斯,取道仍在法国手中的马耳他推至亚历山大和地中海东部,当时拿破仑就在该处。

可以很明显地看出,海上独霸的局面从未有过,即使在英国全盛期也是如此。对于海上霸权的争夺也不一定是采取以盛衰为标志的连续作战的方式。尼罗河之战第二年,一支由25艘战列舰组成的法国舰队又冲入地中海,从而打乱英国的部署。这支法国舰队会同15艘左右的西班牙军舰组成一支庞大舰队,驻泊布勒斯特。如果地中海有一个港口能够容纳这样多的军舰,则它们很有可能驻泊在那里,这样,地中海的形势又会再次发生改变。事实上,布勒斯特无法担负起这支舰队的给养。这一结局说明,拥有适当资源的基地的重要,以及英国对海洋的控制还未达到无可撼动的地步,而那时正是英国海军的全盛时期。美国独立战争时期,有关于在西印度群岛和北美洲的海洋控制权的争夺,以絮弗昂[1]在东印度群岛所进行的战役也最引人注目。

---

〔1〕法国海军军官。

从上述的地中海的实例中可以看出，一支海军兵力在远征或前进中，需要拥有设施适当和位置合适的当地基地。美国独立战争时期，也曾发生过类似的实例。1782年和1783年，法国和英国各自在东印度群岛的海军部分舰队实力大体相当。在印度斯坦东侧的科罗曼德尔海岸成为两支舰队的战场，这里严重受当地海岸条件的限制。自1782年11月至次年3月，东北季风强烈吹向海岸，海军根本无法协同作战。这一期间，英国人只能撤至拥有修船设施的孟买。除毛里求斯之外，法国人再无更接近的类似港口，他们此前所进行的战役均遭失败，正是由于他们在科罗曼德尔海岸或其附近缺少一个前进基地。1781年，荷兰加入反英阵营，英国从荷兰手中夺走了位于锡兰东北海岸的亭可马里港，也就是说已将作战正面从科罗曼德尔海岸向南延伸。遗憾的是，英国未能及时在该港设防，法国舰队司令絮弗昂迅速地一举占领了亭可马里港，从而获得了一个前进基地。当冬季来临时，他便率舰队进入港内，近距离监视战场。这也对法国的盟国荷兰产生了很重要的政治影响。英国舰队前往孟买，其返航所需的时间就要超过四个月甚至更长。如果英国还拥有亭可马里港，则法国舰队就只能开赴毛里求斯，不然就要在避风海岸附近抛锚，这些海岸几乎无法保持任何交通联系。结果，絮弗昂的英明果断使他在下一季节，比英国人早两个月出现在战场上。如果不是和平调停，他可能还会取得决定性的胜利。

这个实例告诉我们，在海上战争中，当双方兵力相当时，可以采取长时间的持续作战，这就为战略结合提供了更广的活动范围。事实上，美国独立战争期间，絮弗昂所采取的行动就是该时期的一个小插曲。在北美洲和西印度群岛海域也曾经出现过海军兵力相当的类似情况，态势的天平不时在两边摆动，不是倾向一方就是倒向另一方，直到1781年约克敦决战为止。1782年，罗德尼的胜利才彻底终结了该地区的战争。

取得最后胜利所依靠的魄力和勇气，必须建立在当地拥有基地的基础上。相信这个大家都已经明白了。日俄战争中，日本对俄国所取得的胜利，其有利条件正是来源于此。当然也会出现敌方基地防守严密难以攻克，或者攻击一方力量过于薄弱而无法迅速攻克的情况，如在旅顺口所发生的一系列交战。

如果当地基地适合设防，那么舰队就很少遭到攻击，除非进攻方在海上建立起优势。1760—1762年，英国从法国手中抢过马提尼克岛和瓜德罗普岛，之后的1794年和1810年，又再一次占领该地。美国独立战争期间，英国并未对这两个岛屿发起占领行动。部分原因是当时英国陆军正在美洲大陆作战，以及英国政府不愿意在这些岛上屯驻大量陆军分遣队，英国担心一旦海军失利，岛上的陆军就只有投降，如同在1779年的格林纳达那样。1778年，由于英国在巴巴多斯的基地趁法国还未完成防御准备就获得了增援，英国人夺取了圣卢西亚。这是一次十分成功的奇袭。在同样的情况下，西班牙人和法国人直到1782年在加勒比海拥有优势兵力前，都未曾试图夺取牙买加。随着罗德尼战役的失败，法国和西班牙在加勒比海的行动已经告吹，同盟被各个击破，法国舰队的失败，使得西班牙人孤木难支。

从最靠前的位置到攻击目标之间的距离是一个非常困难的战略要素。从古巴进攻向风群岛，如进攻马提尼克和圣卢西亚，两岛的特殊位置就像控制着加勒比海的大门。显而易见，这种进攻行动比从古巴进攻牙买加复杂得多。假如波多黎各岛上有一个港口可以防御敌人的大举进攻，那么这个港口作为进攻向风群岛的作战基地就会比古巴任何一个作战基地方便得多。我个人认为，圣托马斯就适于建立这种防御，它的位置也比波多黎各好。

当一支舰队因第一次前进而需要保护它的第一条作战线时，如果它的数量已经受到了损失，而它的敌人依然有很强的战斗力，那么它就不得不考虑第二条漫长的作战线。正如美国港口到古巴是第一条作战线，在敌人依然活跃的情况下，就必须考虑从古巴到向风海峡或者巴拿马地峡的交通线的安全。对第二条作战线的保护可能导致舰队数量降至与敌人相等的情况，而敌人还拥有在自己基地附近作战的优势。此时，舰船无法装载定量以外的补给，就需要补给站的支持，而补给站必须设在第一次装载前往的位置前方某一距离处。萨马纳湾或波多黎各便可成为这样的中间补给站，或称它们为前进补给站。它们相当于圣菲奥朗佐湾，或是美国南北战争期间的罗亚尔港和基韦斯特，或是美国进攻圣地亚哥时的关塔那摩。这样的前进补给站的安全应该很好保证，试想只要密切监视敌人舰队的活动，就可防止其对前进补给站的突袭，而己方舰队已经在敌方舰队及其基地面前。如果有多个可供选择的点，就需要仔细甄别，不但要看到这些点的有利条件，也要考虑它们与舰队的可能运动以及第一作战线、第二作战线的相对关系。因为它们之间的交通需要有舰队加以保卫，而舰队应该尽量避免分散。

巴拿马地峡的防御对加勒比海具有极其重要的战略意义。想要有效地保护和控制地峡，不管是直接在地峡设防，还是仅仅消极防御，或者是派出舰队在地峡附近积极防御，都不如直接攻击敌人的前进基地，如马提尼克或圣卢西亚更为有效。假设这些岛屿是敌人的基地,一旦它们遭到联合远征舰队的进攻,便能将战场转移到地峡以外的地方,而且还能保护战场以西的交通线。这样就构成了一个前进作战正面。哪怕这种进攻失败,也会产生上述战果。如果进攻成功,敌人的基地就会被夺走;如果敌人想要再夺回这个基地,势必发起军事行动,则还是会得到上述的保卫效果。

如果第一次占领的位置与敌人基地之间相隔着一块毫无障碍的水域[1],就该派一批运输船跟随舰队,尤其是运煤船。但是必须是所拥有的优势允许抽调一些军舰来运送煤炭,而不会损减参战的军舰数量时,该行动才是可取的。在特拉法尔加战役之前,纳尔逊就是将每6艘舰只编成一队,轮流前往得土安补充淡水的。因而,纳尔逊在战斗之日只有27艘军舰,如果他能在海上补充淡水,军舰就不会分散,而他也将取得更大的战果。美国战列舰"马萨诸塞"号就因在关塔那摩加煤而失去参战机会。

牢记,运输船队是一个战术弱点,而且它们不可避免地要拖慢战舰的速度。如果敌人所期待的增援部队不能在预计时间内到达,那么速度问题并不会产生多大影响,攻击处于劣势的敌人舰队,运输船队的安全也不用太过担心。所以,在即将交战时,不必顾及运煤船和其他运输船只的安全。因为在这样的战争中,更多的是依靠双方各自舰队的实力。对于运输船而言,最好的防御就是攻击敌人,使其无法应付攻击,无暇攻击己方的运输船队。这是老一套的战术。1782年,法国远征牙买加,德格拉斯发现罗德尼在跟踪追击,就将运输船送到邻近的瓜德罗普岛各港,之后

---

[1] 如古巴同马提尼克之间,假如萨马纳湾不能利用时。

才投入战斗。

从新基地继续往前推进时，大可不必因距离太远而有所顾忌。短程的情况如同从古巴至牙买加，或者是敌人的舰队正在海上，此时，它就是目标。敌人的舰队仍在海上，则可能是正从被夺走的基地向远方基地撤退，或者是自知处于劣势，或者是遭到了决定性失败。这时，另一方迅速行动，切断敌方的退路。确信自己能以优势兵力赶超对方，就应该努力地实现。当然，你必须准确地掌握敌人的退却方向。要知道，敌人正在退往的基地和其舰队就是一支分成两个部分的力量，必须阻止二者会合。这时，各种拖延速度的借口都该抛掉。必须舍弃失去战斗力的战舰，或者令其与运煤船同行。虽然这会对追击的舰队产生不利，因为它正在远离自己的运煤船，而被追击的舰队正在接近自己的基地，这会给追击者造成巨大的压力从而引发忧虑。这种忧虑是对司令官的考验和磨炼。在此情况下，以缺煤作为失败的借口者，都该遭到审判和处理。至于其他方面，则必须确定具有优势，才可进行冒险追击。追击的目的是为了胜利，而胜利通常和优势成正比，不论这种优势是固有的，还是争取而来的。纳尔逊曾说："**国家的需要就是歼灭敌人，而唯有数量才能保证歼灭。**"

如果这样的追击发生在战斗之后，那么逃跑的一方则就会因为失去战斗力而苦恼，要么被迫放弃失去战斗力的舰船，要么继续战斗。因此，战斗之后的追击必须毫不松懈，就如同在战斗中必须勇敢搏杀一样。另外，**巨大的政治成就往往来源于军事行动，对此，任何一个军事指挥官都应该清楚地认识到。**对于那些政治成果，他无须深刻理解，只需知道那些后果就可以了，但如果一个军事指挥官丧失经过努力就能达到的目的，那他就是不可原谅的。1796年，法国将领让战士休息了两个小时，因而未能切断奥军与曼图亚城的通路，奥军正是利用法国将领送来的两个小时，迅速进入该城。对此，拿破仑怒不可遏。1690年，法国舰队司令图维尔在比奇岬战役之后没有乘胜追击战败的荷英舰队，致使这次胜利未能获得决定性战果，反而间接地帮助反法联盟的核心人物荷兰国王威廉三世成为英国国王。胜利之后的松弛，直接影响着整个战争结局。

事实证明，肯定"存在舰队"论是对海军战略有害无益的。阻止对英国入侵的，并非战败和失去战斗力的英荷两国的"存在舰队"，而是图维尔的迟钝和松懈。

1795年，英国地中海舰队司令霍瑟姆拒绝追击惨败的法国舰队，无疑极大地缩小了战果，而他的这次失误，使得拿破仑得以在1796年发动意大利战役。拿破仑对于历史的影响，正是从此战役开始的。正当拿破仑以压倒性优势进攻西班牙、占领其首都马德里，其伟大的计划正成功在望之时，他遭到致命一击。英国陆军中将约翰·穆尔爵士将一支小分遣队派至位于拿破仑的交通线翼侧的萨阿贡。虽然穆尔失败了，被赶入海中，但是西班牙得救了。拿破仑失去了时间和机会，他不能亲自返回马德里，只能将任务交给了几个部属，要知道这些任务只能有着无上天才方可胜任。从军事观点来看，拿破仑的彻底失败就是始于此处。威灵顿通往滑铁卢大捷的全部发迹历史便孕育于穆尔的大胆构想之中。内皮尔写道，不然意大利半岛之战，历史学家根本没什么好写的。

一位海军将领可能预见不到他所能造成的遥远结局，但他却能采用纳尔逊在上述实例中所表达的原理。当纳尔逊听到霍瑟姆谈到他们干得十分出色之后便说："即使敌人的11艘军舰已有10艘被我们俘获，如果我们还未俘获剩下的那一艘，我将永远不说干得出色。"

对马海峡交战之前，东乡平八郎舰队同罗日杰斯特文斯基舰队之间的相互关系，酷似追击舰队同被追击舰队之间的关系。罗日杰斯特文斯基舰队在旅顺口分舰队屈服之前便已出发，旅顺口失陷后，其恰如一支惨遭失败、首先必须尽力逃入自己港口的舰队。当时的局势，许多人都认为应该返回波罗的海，这才是唯一的出路。但罗日杰斯特文斯基认为，日本人此时正忙于修理舰船、清理船底、补充舰员，他们还没有获得截击的最佳条件，在这之前，他必须率舰队迅速驶往海参崴。俄国当局并未下达这样的命令，而是命令他在贝岛[1]停留，等待涅博加托夫率领的增援部队。两种观点都有一定的道理，考虑到增援部队是由各式各样的、质量低劣的不同舰船组成，俄国人的首要目的是逃入海参崴，再加上，日本人急切地渴望俄国舰队所耽误的时间，等待机会对罗日杰斯特文斯基舰队发起截击。从这点上看，他似乎是正确的。他从1月9日起在贝岛直到3月16日，后来又在法属越南的金兰湾从4月14日待到5月9日，此时才同涅博加托夫会合。除去必要的加煤和整修时间来看，他所耽搁的时间长达六七十天，实际上从贝岛赶往对马海峡只需要45天左右。可见，如果不是为了等待涅博加托夫与之会合，罗日杰斯特文斯基舰队本可提前两个月，也就是3月20日左右到达对马海峡。

东乡平八郎不用与俄国人拼速度，因为他已经占据了有利

---

[1] 马达加斯加岛北部。

位置。即使如此，他也需要选择最佳的截击位置，以及制定总体作战方针。尤其是后者，所要考虑的东西很多。例如，是否前进迎敌；是否使用鱼雷艇骚扰敌人以击伤一定数量的俄国舰船，彻底击毁俄国的劣势兵力；侦察船的方向和行动又该如何。他的行动可以视为对这些考虑的答案。东乡平八郎没有前进迎敌，也没有骚扰敌方舰队，他只是将全部作战兵力集中在他预料中的俄国舰队前进航线上。有趣的是，他对敌人的动向一无所知，直到交战当天早晨才得到情报。我们可以说他做得很好，但是他应该能做得更好才对。无论如何，当时他已经占有了决定海战胜利的大部分条件。我们需要注意的是，他在此战中的一些要点，这跟我们的课题有关。日本人首先通过奇袭，严重挫伤敌人的舰队，为自己赢得了充裕的时间和机会，因为这时敌方舰队无法进行有效机动。之后，他们攻陷了俄国的海军基地旅顺口，并消灭了其中的分舰队。这样，日本人就迫使俄国日益接近的增援舰队只能往一处方向前进。

一支快速机动的舰队在视野里消失，已知它只有唯一一个港口可以投奔，不用说，对其追击就该直指这个港口。如果港口不止一个，追击者就要决定应该朝哪个方向追击敌人，并且向不同方向派出通讯船搜寻敌人并即时传递情报。承担这种任务的巡洋舰应该了解对方想要或者可能的行动，必要时需要派出两支舰艇，因为情报的重要性，必须加倍谨慎。这跟重要函件必须一式两份是一个道理。我们当然可以利用无线电波传递消息，但是无线电在截获消息之前是无法发挥作用的，而消息必须是看到目标才能传递的。另外，无线电发出的情报也有被敌人截获的可能，会对情报的传递造成严重的不利后果。所以，派船传递消息加上无线电波传递，二者结合可能更有保障。对于一次至关重要的战役而言，这点要求其实并不过分。

理论上，为了取得圆满的战果，比如说纳尔逊所说的俘获全部的军舰，作战的目的就应该将敌人从其在整个战场上的每个立足点驱逐出去，尤其是摧毁其舰队或者是彻底封锁其舰队。在掌握了决定性位置后，进一步的行动应该是针对敌人据点。此时，绝对不要分散舰队力量，除非拥有压倒性优势，而且不能将交通线延伸至保护能力之外，除非是执行一次突袭。

如果必须在舰队和设防港口之中选择一个为目标，则舰队就应当是真正的目标，但对港口的封锁和攻击，则可以将敌人舰队引入攻击范围以内。美国独立战争时期，英国占领的直布罗陀多次遭围攻，而英国舰队为了输送补给，就不止一次进入敌方封锁舰队作战范围以内。科贝特在其《七年战争》中，公正地评价了宾将军所进行的一次失败的攻击。如果宾将军能转移到附近海湾攻击法国运输舰船，则法国司令就不得不迎战，从而为英国舰队制造机会。这样的行动主要是为了打击敌人的交通，如果在己方交通不会承担过大风险的情况下，这种行动是可取的，而且也是符合战略原理的。对敌人基地实施严密的封锁，则可迫使其舰队迎战，或者放弃这个基地。正如我在前文中指出的那样，絮弗昂于印度洋所进行的战役中，只要英国占领亭可马里，法国就可以施以封锁和威胁便可迫使英国人出战，尽管那不是英国的主要基地。海军一旦放弃战场，基地就会因物资匮乏而不攻自破，如直布罗陀，如果没有英国舰队按期对其提供补给，它的陷落就只是时间问题。不过，这样的战果总比不上直接摧毁敌方海军那样圆满。这样的胜利可以导致同样结果，这种胜利是一箭双雕的胜利，即是对敌方舰队，也是对敌方港口。

如果敌人在战场上有两个或两个以上的补给港口，而且这些港口都满足前文所提的要求，制定对敌海上战略的难度就会更大。美国大西洋海岸的诺福克与纽约，就具备这样的条件。两个港口之间相距250海里，如果一支美国舰队正在退却，则纽约的第二入口，即经由长岛湾的入口，以及纳拉甘西特湾一起就叫为追击者制造麻烦，帮助美国舰队逃脱。如果一个港口拥有两个相隔很远的入口，其优点接近两处港口所具备的条件，这就给敌人造成了巨大麻烦。日俄战争中，东乡平八郎就是面临这样复杂的情况。有三条航道通向海参崴，它们互相远离。在海参崴港的前方有一个位置可以密切监视这三条航道。如果遇上大雾，俄国舰队便可趁着大雾溜走，距离不远处就是海参崴港。另外，如果俄国舰队战败，漏网之鱼也能逃入港口，这样东乡平八郎就无法取得决定性胜利。

在前文中提到过的拿破仑下达给马尔蒙的训令中，他根据马尔蒙的兵力部署，估计各种可能遇到的时机，认为可以在萨拉曼卡附近展开战斗。他写道，但愿能够如愿，一旦英国人在离海如此远的地方被打败，就会全军覆没，葡萄牙也会被我们征服。英军离海的距离就是它距离隐蔽场所的距离。约翰·穆尔在拿破仑的追赶下，还能避开决战，带领部队到达海面，尽管士气低落，尽管士兵疲惫不堪，他们却幸免于难。请记住，在对马海战中，日本人在临战之前失去同敌人的接触，躲开敌人的侦察，而在这之前一个多世纪，罗德尼多次截击马提尼克岛的法舰，均遭失败。因为法国人在向风群岛之间的众多水道中选择了其中一条进入加勒比海，以躲开敌人的侦察，待到罗德尼发觉为时已晚，截击已经不可能。即使他一直在马提尼克岛前方进行游弋也于事无补，因为在瓜德罗普岛，法国人还有多个隐蔽所可用。此外，实施封锁的帆船常处于下风，无法保持其阵位，也是一个重要原因。

在这些情况下，重中之重的指导原理就是，兵力不能分散，除非它强大到在各处对敌人都占有优势，而其目的是将敌方基地削弱成为单独的据点，通过正规作战或在敌人疲惫不堪之时将其逐离该点，或者是迫使敌人在向该点输送补给时，或者是到该点隐蔽时，与己方战斗。1794年和1808—1810年，英国从法国手中抢过马提尼克岛和瓜德罗普岛，使法国无法再在西印度群岛立足，从而保证了英国在加勒比海的商业安全。一般正规作战需要的时间比突袭的多，如果敌人有一个甚至更多的港口，最好强攻防御最弱的那个，最强的那个就使其成为上文所说的单独的据点，通过正规作战攻陷它。1798—1800年，法国在地中海占有马耳他和埃及。马耳他的设防力量是众所周知的，埃及却无法与其相比。经过长期封锁之后，才由一支强大的舰队和一支庞大的陆军联合袭击攻陷埃及。马耳他则因为其交通被切断而最终屈服。旅顺口是被强攻攻克。如果罗日杰斯特文斯基不经战斗而能抵达海参崴，则战争就将持续下去。在此情况下，日本人可能会封锁该港，凭借舰队确保其后的海区，以保证日本在中国东北的陆军的交通安全。

让我们继续深入研究，当一支舰队在某处的力量并未强大到能将敌人驱逐出战场时的应对之策。这就是在明显的进攻行动之后所采取的一种防御性质的态势。面对这种情况，应该设法占据一个同自己交通相连的、尽可能前进的位置。设想，若古巴属于美国，则舰队应该尽力控制莫纳海峡航道，所能依托的、最靠近的基地则应该是古巴东部诸港。抑或是从这个基地出发的舰队可以在加勒比海南部设立一个巡航区域，保护本国的贸易权益。还可以在前进位置上以逸待劳，等待敌人，此时舰队的任务是阻滞、骚扰、攻击敌人。正如前文所说的，当敌人对你采取推进行动时所建议你应采取的方法。

这种前进位置的作用，是掩护其后方的陆地获得海洋，对付和阻滞敌人的前进。因此，必须严格地依据战略而加以选择。只要情况不变，就必须一直向前推进。所选定的位置，既要考虑其后的交通线，又要考虑敌人的交通线，即既要考虑它所能掩护的己方的交通线，又要考虑它所能威胁的那些交通线。1796年，拿破仑将阿迪杰河一线当作防御正面，用来掩护他后方的全部地区，并依靠它对其部队进行补给。1794—1796年，驻泊在科西嘉岛圣菲奥朗佐湾的英国舰队，就以该湾为基地，并由此处将其作战正面推至土伦港前。英国人因而能将强大的法国舰队封锁在土伦港内，从而掩护其通往直布罗陀的交通线，并保护了英国在地中海的贸易。

如果不想过分冒险，则可以将作战正面向前推进至临近的交叉点或狭窄航道并将它们包括在内。辽阔的海面上并无天然的战略据点，但是最佳贸易航线的交叉点以及强烈的逆风和逆流障碍，都能造就一些重要的点和线。强固港口、浅水海域或其他障碍，都会对作战正面产生影响。例如，一支舰队前进到莫纳海峡水道，除了古巴的那些港口外，它无法再找到更近的港口作为依托。然而，它可以大胆地在萨马纳湾建立一个储煤仓库，这样对舰队留驻该地是有利的。即使失去了这个仓库，也不会对舰队造成致命损失,而一旦敌人出现,则一切阻滞和妨害它继续前进的措施都会发挥作用。我不厌其烦地强调,在海战中,舰队是主要的力量,然而拥有以强固据点为依托的舰队比一无所有的舰队更强而有力。

远征舰队从进攻和推进转入停顿的原因很多,可能是已经取得战果,由于战斗或延伸战线需要抽调分遣队从而分散舰队兵力,也可能是在作战正面遇到危险,等等。拿破仑在阿迪杰河的行动也是一样。这种停顿,一是为了确保已经取得的远征战果,强化新基地的补给港口,以便将防御工作交给陆上部队承担,方便海军从中解脱出来;二是为了在这些港口储备足够的补给,使其能长时间脱离本土和第一条交通线而独立存在。当拿破仑在维罗纳和阿迪杰河站稳脚跟时,他不仅有效地控制了曼图亚以南和以西的整个意大利地区,还掩护了交通线使其紧靠法国而免遭截击,从而不用派出分遣队进行防卫,就如同位于法国国内一样安全。

我所说的这些过程的总和便是军事占领被征服位置,其目的是使其在军事上与本土联成一体,以便海军主力从对港口所担负的直接防务中解脱出来。因为有了这样的前进位置,舰队就能减轻对交通线的依赖程度,从而减轻对交通线的防御负担,而分遣队则可以从防御任务中解脱,再次加入舰队,它可与本土派来的其他增援部队一道,充实舰队的力量,使其能再度承担直接进攻的任务。这个完成转入进攻步骤所依据的原理,与前文已经说明的推进所遵循的原理是相同的。

有关防御的原理,我们应该更详细地探讨。关于防御方面的建议,不像关于进攻方面的那些建议那样令人满意,甚至可能说还有些浅显,因为防御是处在逆境时被迫采取的行动,只能尽力而为。

从某种意义上说,防御确实有优势,它的优势可以从这个说法得到证实:"防御乃是较之进攻更为强而有力的战争方式。"虽然我对这一说法并不喜欢,但是它已经被誉为战争准则。在我看来,这句话似乎是对防御特性的一种误解。如果能加以适当限制,也可算得上是勉强行得通吧!该说法意味着,在特定战争中,甚至在总体作战计划中,防御一方暂时不向前运动,就可以强化作战准备,思考更为全面,部署更为周密。进攻者则因为在不断地运动着,容易出现失误,而防御者就有可乘之机,进攻者甚至不得不在对其不利的情况下应战。简单一句话,就是进攻者进军时,防御者在加强准备。这种准备的极端实例就是建立持久的防御阵地,或者是防御者在仔细选定的有利地形上待机而动,并将军舰严格地按照横队排列,展开舷炮等待敌人,而敌人则一定是以纵队接近的,所以无法施展舷炮火力。从这个角度上来说,防御者所采取的方式确实比进攻者当时所采取的方式更有力。

仔细想想便可知道,对马海战中日本舰队处于防御状况,因为它的目的在于阻止、骚扰俄国舰队。实际上,日本人无论采用何种战术,其目的都在于将舷炮在通往海参崴的航道上横向展开等待俄国人。俄国舰队处于进攻状态,虽然我们似乎不太认同这点,俄国人应该正往海参崴冲。他们应该确保正确的航向,冲过日本舰队的拦截。总而言之,俄国人处于进攻状态,他们只能以舰艇朝前的纵队队形战斗。这是一种处于下风的队形,必须在战术上放弃的队形。

美西战争时期，在抵达圣地亚哥港之前，塞韦拉的运动也具有进攻性质，而美国则采取防御姿态。也就是说，塞韦拉正在设法实现其目的，而美国海军却在防止他。当时，西班牙在当地主要拥有三个主要港口，哈瓦那、西恩富戈斯、圣地亚哥。美国海军不能肯定西班牙舰队会奔向哪一个港口，美国人必须将兵力部署于两处港口之前，西班牙舰队企图入港就必须不惜一战。美国舰队拥有足够的力量以完成这样的部署。应该拦截的两个港口则是哈瓦那和西恩富戈斯，为了防御美国北部海岸，可开放西恩富戈斯。如果塞韦拉驶往西恩富戈斯，则他就能先于美国快速舰队到达该港。所以，将快速舰队驻留在汉普顿锚地是可能的，这也说明，海岸防御力量的强弱问题会对国家军事计划产生影响。

科贝特在其《七年战争》一书中引用一流权威之一克劳塞维茨的格言，并为其加上限制条件，科贝特的论述如下：[1]

我们所说的防御是更强更有力的作战方式，所指的是，如果计划得当，它只需一支很小的兵力。前提是，只是仅就一条一定的作战线而言。如果我对敌人将要展开的大型攻击毫不知情，我就无法将兵力集中在该线上，防御就会变得很脆弱，因为我方的兵力分散了，而分散的兵力被用于在敌人可能选择的任何一条作战线上阻击敌人了。

显然，一支强大到可在数条作战线上阻击敌人的兵力，就应该以其所拥有的优势进攻。美西战争中，面对塞韦拉的逼近，美国的集中方针却不得不被分散取代，分兵于西恩富戈斯和哈瓦那。这样不是在一个位置上发挥决定性优势，而是在两个位

---

[1] 该书第1卷第29页。

置上勉强维持着弱势。如果西班牙舰队的技术和战斗力与美国舰队相等,则胜负难料,唯一的安慰是敌人也会因此遭受损失。正如纳尔逊所说,他们无法在今年继续为害了,而另一支美国舰队便能控制海域。1904年8月10日以后,东乡平八郎就是这样做的。从纯军事角度来看,我很遗憾,西班牙人和俄国人的表现太拙劣了。

防御的不利条件尤其明显。它不仅是弱方无可奈何之下的应对之策,当作战线不止一条时[1],防御方还会因为难以确定敌人会在什么地方发起攻击而导致兵力分散。防御的有利条件,我已经在此前介绍过了,主要是可以充分准备,采取多种预防措施。当一方处于防御时,就应该认识到它本身已经没有持续向前推进的可能了,而敌人却能以优势兵力出现在防御方正面,除非防御方能在其行进中途骚扰并造成足够的损失,以缩小兵力悬殊的差距,没有了兵力差距,防御方可立刻进攻。防御方采取防御时,它应该握有一支虽然处于劣势却具有一定规模的战斗舰队,而且还要拥有海上边境,在该边境上占有一定数量的设防的港口,以便武装舰船在这里进行备战并作为基地退入其中进行休整。只有这样,才是真正的防御。

我在这里主要讲述全部或部分为我所控制的海域的防御。除非这块区域仅靠本土,否则我国的利益就不会在这里获得全面的发展和巩固。加勒比海毗邻美国,所以,美国在该处所取得的各个位置,如巴拿马地峡地区、波多黎各、关塔那摩,与其他国家在当地所取得的一切地区相比,它们的价值更加重大。日本在远

---

[1]这是常有之事。

东抢夺而来的位置，使它在维持和巩固势力以及继续作战方面，比任何一个欧美国家在当地所占据的位置更有利。然而位于两个对手之间的海域便成为必争之地，如同从前处于奥地利和法国之间的日耳曼诸邦和多瑙河流域那样。美国独立战争时期的海战，西印度群岛和十三个美洲殖民地在内的这一地区，其情况也是如此。群岛和大陆连同其间的海域，是当时海战的主要战场，实际上，它们距交战的法国、英国和西班牙的距离相等。在陆上，控制如此遥远的区域须满足两个条件：掌握一些据点作为基地，以及拥有一支机动的野战军。然而，采取进攻态势还是防御态势，却要取决于野战军同敌人相比是强还是弱。海军则是海域中的野战军。

在防御中，强固要地的作用很大。当一支陆军以优势兵力向前推进时，它所控制的强固要地位于其后方，便能成为集结补给、辎重、增援部队的安全据点。如果严加守卫并确保它与野战军之间的交通安全，野战军也就可以自由机动。

查理大公在论述作战基地时曾强调指出：

这些据点必须严加守卫，使其能够独立，而不致担心设在那里的弹药仓库会有丢失之虞，也不致被迫抽调分遣队对其进行守卫，从而往往产生削弱野战军的不利影响，这样才能合乎需要。一位总司令首先被迫掩护其弹药仓库并留下部队对其进行警卫，他就绝不会采取迅速而大胆的行动。

查理大公的这段论述也适用于中间据点。

任何海军作战基地如果没有适当的防御，也会出现同样的情况。这些基地对舰队来说相当有用，它们迫切需要设防基地。如果这些基地不设防，那么舰队就有可能暴露，海军的行动也会受阻。

查理大公的论述来自于他的亲身经历，或者可以说是他率领的陆军的经验。或许由于奥地利和日耳曼的血统关系，他们作战所及的各个国家均与其有着血族关系，因此没有像当时法国人那样肆无忌惮地压榨当地国家以求生存。奥地利和日耳曼人在作战时需要大量仓库，但并非总能找到设防城镇安置这些仓库。因而，他们要么留下大量军队对其进行守卫从而削弱主力；要么就试图以主力对其进行掩护从而严重损害主力的行动自由。

值得注意的是，那些极力鼓吹将海军用于海岸防御的人，却大肆诋毁设防，这无疑会将海军推入类似的困境中。

请不要偷换概念，说设防最强固的基地不需要守备部队进行警卫。城垒的威力相当于众多的部队，可以用不适于野战的部队对工事进行警卫。对海上的作战基地也可这样处理，如果这些作战基地未充分设防，那么海军就要承担大部分防务；如果设防充分，海军便不用特意派出分遣队进行防御，可以由不适合海上勤务的陆军部队负责防务。这样的基地是进攻方最有力的依托点，在一国统辖内的区域选择这样的基地，应当考虑其固有的适应性和位置，使每一个要地都发挥最大效力，共同构成一个完备的战略配系。它们的数量不宜太少，也不宜太多，因为基地过多，就需要从野战军中抽调一定数量的兵力对其防卫和警卫。所以，当这样的基地数量超出需要时，野战军就被削弱了。若米尼说："法国的设防要地太多，日耳曼太少且普遍设防脆弱，而位置也不适宜。"在上述条件下，由于各自经验的差异，对于要地的价值，法国军官不以为然，而日耳曼大公则视若珍宝。

设防的支援基地，既是补给站，一旦需要又可充当临时隐蔽所。所以，它对于控制国外的海域具有特殊意义。在此情况下，野战军和海军就更加相似了。陆军部队通常守卫这些基地，也就是采取防御态势，发动进攻则是例外。舰队负责防守这样的基地时，不论基地是位于本土还是海外，它们都会束缚舰队的行动，甚至使舰队处于不利的位置上。目前比较突出的实例，则是英国对德国的忌惮。这似乎因为英国本土的陆军少于德国陆军。英国的守备不足，英国人只能单纯地依靠舰队防御，于是舰队就被束缚在了英国水域。如果英军能在其本土以相同数量和训练水平的兵力对付德军，则英国舰队便能获得自由。它可抽调一支分遣队前往地中海，而在本土只保留一支拥有一定优势的分遣队对付可能的敌人。但是，英国的实际情况是，一切依靠舰队，舰队就必须拥有更为强大的突击力，以保卫国土。这就是说，舰队的行动自由和作战范围大大受限制，因为舰队必须集中在一起以保卫国土。

一支海军因为要掩护两个或两个以上没有适当设防的据点，就会在作战时陷入不利的防御态势中。例如1799年，25艘法国战列舰突然驶入地中海，局势发生巨大变化，英国有太多的据点需要防卫，因为没有适当的守备部队，防务只能由海军承担[1]。英国舰队司令认为梅诺卡岛是个负担，对于当时所面临的困难，他感叹道："情况太严重了，我无法找到这些流浪者[2]，而又被这座毫无防御的海岛捆住手脚。"他的感叹之言值得深思。这位舰队司令的话，表达了他的心境。如果不是需要对这些据点进行护卫，英国舰队本可以集中起来，自由行动，甚至可以大举进攻法国

---

〔1〕这跟现在英国本土所遭遇的困境何其相似。
〔2〕即法国舰队。

舰队。但在那时,英国人对敌人的目的一无所知,舰队被分成了两部分,每一部分的兵力都不能与整支法国舰队相抗衡。这两支英国分舰队,一支为主力,用于掩护梅诺卡并且在巴塞罗那、土伦和梅诺卡所形成的三角地带游弋;另一支由纳尔逊统领,以掩护通往那不勒斯和西西里岛的航线为任务。正当英国人为防守多个据点而苦恼时,法国舰队早已撤走,一大批西班牙军舰成为它的战利品,被留在了布勒斯特,成为法国同西班牙结盟的见面礼。

只有在防御时,强固要塞的价值才能充分体现。防御者第一个目的是赢得时间。所以,需要在重要防御据点的正面尽可能远的地方阻击敌人,这才对防御者有力。拿破仑在1796年的意大利战役中,以灵活大胆的战略战术,仅仅用了两个月就从萨伏依推进至曼图亚,而曼图亚这个牢固的要塞竟坚守了长达九个月之久。波河流域的伦巴第当时属于奥地利,它是奥地利的一块境外海域。奥地利虽然失去了这个地方,但从未放弃对地中海的企图,于是它寻求在巴尔干开辟出一条通往地中海的通路,而这个曼图亚正是它的一个前进哨所,可阻截敌人的推进,不仅可以防护其所在地区,还能掩护背后的国土。在这里的守备部队正如同海上要塞中的一支舰队,除非法国能彻底击溃这支部队,否则它就会趁法国登上阿尔卑斯山向奥地利推进时威胁法国的交通线。在这九个月时间里,奥地利集结并陆续派出不少于三个军团的兵力与法军队对抗,法国人凭借拿破仑独有的才能和魄力才勉强击退奥军。曼图亚失陷之后的两个月,拿破仑长驱直入,挺进维也纳,迫使奥地利求和。曼图亚的战争为我们提供了一个实例,它向我们证明了防御应该如何强而有力,也证明了在本国国土前方尽可能远地阻击逼近的敌人的优越性。这个实例可能过于极端,然而从始至终拿破仑的进攻都来源于他固守在维罗纳和阿迪杰河的位置，这里是他的防御基地。他以这些基地为依托，迅速地进攻，使敌人在他不断的进攻中转为防御，最后不得不一直退却。

进攻具有优越性，也有其危险性。主动进攻的价值在于，目的的单一和集中；而防御方则因为不知敌人的目的，被迫地顺应敌人的部署，从而感到危险的位置不止一处。这样，防御的兵力趋于分散，而进攻兵力则趋于集中。

应该注意到，曼图亚这样的要塞对海上远征军不会产生类似的影响，因为陆军需要交通运输的补给，舰队可以利用运输船。1801年，经哥本哈根战役，丹麦舰队被摧毁之后，纳尔逊曾想立即向波罗的海推进，攻击在塔林驻泊的一支强大的俄国海军分遣队，但其总司令却不想在身后的丹麦尚未彻底屈服的情况下继续向前推进。总司令的顾虑是他对于交通的担忧，这种担忧其实是有些许迂腐，因为英国舰队往返一次并不会耗尽物力，但摧毁俄国海军分遣队却有着极大的政治意义和军事意义。纳尔逊认为这是冒险，但是为了更高层次的国家利益，他极力主张冒险。最后，他的计划未被采纳，而俄国分遣队则顺利逃脱。纳尔逊所期望的是一次快速突袭，这种突袭的特点就是直接忽略交通。如果不是这样的突袭，而是以长期作战为目的，如封锁，如同当年英国在法国港口进行的封锁一样，那么，运送补给的英国船只就要从丹麦炮台射程范围内通过，所以，英国舰队必须攻克丹麦炮台。假如丹麦舰队还存在，那么英国舰队还必须与之抗衡。

一支野战军如果暂时不敌敌人，就应该后退，尽可能地寸土必争，直到退入前进设防战略据点线为止。通过该线时，野战军必须根据这些据点的需要、现有兵力以及可能得到的增援，强化这些据点。如果这支部队龟缩在一个要塞中,就像麦克之于乌尔姆、麦克马洪之于色当和巴赞之于梅斯,就其态势而言,却是一项绝望的下下之策。总体军事态势可能要求采取这样的步骤,但是对这支野战军而言,这是在自取灭亡。追击的敌人追至设防哨所线时,其所面临的问题是:"拿下这一据点再行前进,还是只留足够的兵力以阻止该地的守备部队袭击我方的交通?"

围攻,要耗费时间;继续前进,追击的军队就会被削弱。如果监视每一处据点,追击的军队就会不断被削弱,虽然它的兵力可能会比对方强。如果一支劣势兵力位于要塞外,如果不围攻要塞,则可适当地牵制一支分布于两个或两个要地以上的优势兵力,劣势一方就可拥有中央位置和内线的有利条件。更何况,追击者是具有巨大优势的,当它经过时,它可威胁或切断该地的交通线,据点的失陷只是时间问题。这些考虑都说明了设防据点的价值和局限性。消极防御力量无论多强大,也不能产生一支训练有素的野战军和其机动性所能取得的效果。

海战不会出现类似的局面:一支劣势陆军面对优势敌人而退却的局面,劣势陆军可不断利用有利地形节节阻击敌人,阻止其推进,这也是人们相信更强的战争方式就是防御的来源。海战也曾有过类似的案例,我希望你们能从这些案例中得到启发。1799年,纳尔逊在西西里外海以不足12艘的战列舰,期待着以为19艘实际却拥有25艘战舰的法国舰队的到来,他宁愿拼死战斗,也不愿将要地拱手相让。1805年,纳尔逊率领12艘战列舰从西印度群岛返航欧洲,并期待着同拥有18~20艘战列舰的敌人遭遇。两次战斗,纳尔逊都抱着同一个目的,那就是:"待到他们将我的分舰队击败之时,他们今年就再也不会制造麻烦了。"他的意思是说，在英国海军的活动中，他的任务是牵制并重创敌人，其余英国海军将承担收拾敌人残余舰队的任务。这与1796年查理大公在南路奥军的活动基本一致，该路奥军的任务是在每个防御据点上展开战斗，以退却牵制住莫罗，而查理大公却亲率北路奥军以压倒的数量优势扑向儒尔当。

毫无疑问，第一个实例中，纳尔逊胸中已经有了明确的意图，这个意图在第二个实例中，他曾详细地指出来："不到最后关头，我绝不作战，除非他们给我的时机非常有利，使我不能不动手。"他所指的就是瞬息的有利条件，不论是自己创造的，还是敌人提供的，或者是地形有利，不论哪一种情况，聪明的防御者总是谨慎地抓住敌人的错误，依靠其他有利条件，为自己创造战机。据称，拿破仑在奥斯特利茨战役中，曾经说过："先生们，当敌人犯错误之时，我们切勿过早阻拦他。"纳尔逊时代，英国海军的总体任务是防御，而在漫长战线上却效仿拿破仑的习惯做法，就是一旦机会来临便立即进攻，而当时机成熟之时，便以有利条件展开决战。1805年，纳尔逊离开地中海前往西印度群岛追击法国舰队，就是采用这样的做法。他曾经与一支增援马耳他的护航运输队相会合，这是一项防御措施。尽管时间紧迫，但他却一直等候到这支护航运输队安全抵达的所有安排都已就绪。当他身负进攻任务之时，他仍然不忘照顾他所防御的基地。

与在陆上一样，海上也要有设防哨所。海上设防哨所可能比陆上更重要，因为由于海洋的地表外形，在双方舰队活动的战场上很少能提供一些位置，便于劣势舰队依托它通过战术部署缩小与优势舰队的差距，而海上隐蔽所的需要和资源安全的需要，其程度比陆上更大。风力曾是有利条件，它可使舰船速度更快。舰只数量少的舰队速度可能比舰只数量多的舰队快。一支舰队的舰数越多,就越能发现在它们之中既有最快的军舰也有最慢的军舰这样两种兵力。一支舰队舰只越多,其单只军舰的速度就会有差距,而舰队速度并非平均速度,而是最慢的军舰的速度。所以,舰数越多的舰队,其舰队速度反而很有可能较低。这个情况要求一支退却的舰队可能无法快速驶抵它支援的港口,尤其是在它的追击者是一支护送着装有陆军部队的舰队时。

一直退却的舰队如果处于劣势,就不应该与进攻者保持距离。它应该后退,并且根据追击者的速度做出相应调整,用快速巡洋舰殿后并监视敌人。虽然敌人可能排除轻型舰驱逐它们,但轻型舰不能突入快速巡洋舰中,也不能阻断它们与主力之间的联系。如果双方速度相同,追击的巡洋舰就无法赶上退却的舰队,它们只能与敌人的快速巡洋舰保持一定的距离,由此它们也就暴露了其主力舰队的位置。退却的舰队一般不交战,除非条件极为有利,因为一旦丧失战斗力,它就会直接被逼近的敌人摧毁。所以,在这种情况下,对于采取防御的舰队来说,它应该与敌人保持一定的距离,伺机抓住任何有利条件。如果抓住有利条件就属于战术范畴,实际上,退却行动属于战术范畴。如果双方速度和技能相等,舰数较少的舰队机动速度更快,指挥更容易。舰数较多者应该如何机动,变成什么队形,运输舰队如何护卫;舰数较少者如何退却,如何创造机会进行骚扰,如何发动骚扰,这些问题属于大战术范畴。

退却的舰队到达设防港口外围的第一条防御线时,防御者的两股力量——港口和舰队,就结合在一起。这时候,问题是如何使用舰队。设想,如果逼近的敌人在海上居于优势地位,其在陆地也会居于优势,对于这一特定目标,他至少必须予以首先考虑。如果防御者只有一个港口，则其所面对的局势更为不利，因为单是煤炭补给就靠不住。如果这个港口防御很弱，难以坚守到防守者所希望的时间的到来，这一区域的防御者就会陷入绝境。

我的目的不是讨论限于绝境的情况，而在于讨论那些劣势不大、其技能和能动性可以弥补部分差距的情况。设想，有两个或两个以上在位置上可以互相支援，但根据其距离敌人必须分散舰队方可同时监视的港口，这时，处于弱势的防御舰队目的为集结战列舰；冲破封锁，任何一个港口都不能被封锁；战斗舰队尽量避战，除非条件非常有利。如果敌人第一个目标点尚不明确，防御舰队应该占据最有利的位置，以便能抵达任何一个港口并随机应变。例如，当纳尔逊无法肯定法国土伦舰队消失后的具体航向时，他写道："在我尚未获悉某些真实情况之前，我既不驶往西西里以东，也不驶往撒丁以西。"东乡平八郎也曾在马山浦有过类似的经历，但是世人对其存疑。

一支防御舰队在选择为总体防御所需的集中据点时[1]，防御舰队就是总体防御的主要支柱，所以，除了要考虑其他方面，更需要考虑哪一个港口可能成为敌人的岸上作战目标。确定了这一点，则其附近的某一个据点就是防御舰队合适的位置。例如，俄国人有种种理由可以推断出日本人将在旅顺口登陆，并对该港进行攻击。因此，如果俄国舰队意在避战或推迟交战，则海参崴是其驻泊的上上之选。因为旅顺口可诱使敌人将其舰队和陆军都集中于一点，这一点就成了中央位置，在这个点上日本人无法分散。俄国战斗舰队驻泊的海参崴便不可避免地会将日本的主力舰

---

〔1〕可以看作是战斗基地。

队吸引过来,这就为俄国巡洋舰分队制造了袭击日本陆军交通线的机会。另外,海参崴有两个出口,这也是一个有利条件。

如果敌人的第一目标十分强固,则它必须延长作战时间,集中兵力方可将其攻克,这就牵制了它的兵力。即使是舰队不直接参与攻击,它也要担负掩护陆军到该处的交通,这是陆军与本土联系的最紧要环节。另外,舰队还必须对防御方的交通进行封锁,切断它与加煤或补给港口的联系。只有彻底攻下该地,攻击方的舰队才能彻底解脱出来。它在攻击中的任务有两个:支援陆上攻击;监视防御方海军,预防其可能造成的任何危害。如果防御方既机智又主动,那么攻击方的舰队必须分散才能同时完成以上任务。在这时,防御方的舰队司令享有主动权,尽管其国家处于守势,舰队处于守势,但在其总体防御计划中,舰队的职责就是攻击敌人的交通,牵制、迷惑敌人。为了应付防御方的牵制和骚扰,攻击方不得不采取防御措施。因此,进攻方必须对付两个必要的目标:防御方的舰队和港口。除非防御方自投罗网,使舰队在被包围的港口内被摧毁,如同旅顺口的俄国舰队一样。

如果一支美国舰队以大西洋海岸为其防御线,这支美国舰队拥有诺福克和纽约这两个防御强固的港口,那么美国海军虽居劣势,却依然强大。如果敌人攻击纽约港,则位于诺福克的美国舰队就成了敌人的两个目标,它必须分兵。因为美国海军可以自由活动,它可直接对敌人的贸易、交通、殖民地等进行攻击。如果纽约成为敌人目标,我认为舰队驻泊在纽约就是一个错误,除非纽约拥有两个出口,可以迫使敌人分兵。

我不厌其烦地重复,一个国家的海岸线处于守势时,舰队必须采取进攻才能发挥效用。因而,我一再强调,海岸要塞的性质也是居于攻势的，因为它庇护着采取攻势的海军。1812年，罗杰斯分舰队的行动就是一个明证。当时美国的海军和陆军的质量极差，所以被迫处于劣势，罗杰斯分舰队的巡弋成了攻击英国贸易和海军分遣队总体攻势的一环。结果，英国各分遣队不得不集中，因为它们每一支都弱于罗杰斯分舰队，从而有效地保护美国各港往返的商船。俄国人错误的部署，就是忽视了这个要素。一个国家无论因为何种原因采取守势，这都不重要。一旦退却完成，骚扰前进敌人的任务也就无须再进行了，防御方舰队只要装满煤舱就行了[1]。

　　如果海岸线上每个港口都已经适当设防且它们在一定时间内可以自保，那么防御方舰队司令的主要任务就是攻击敌人的交通，在任何一个可能的方向上骚扰、牵制敌人，利用进攻来支援总体防御计划。舰队司令的指挥水平，集中表现在对攻击目标的选择上，他所发动的攻击必须最大可能地调动敌人。**正确的军事原理往往因为政治考虑和感情用事而遭到践踏，这大多是因指挥官的无能和缺乏勇气所致，这样的实例在历史上举不胜举**。防御的目的在于利用人类本能的弱点，攻击一点，使其分散兵力，就像力图保卫每一个设防据点的冲动。这样的冲动如同其他天生的弱点一样，只有掌握正确的原理方可克服。在与西班牙对抗期间，美国海军部就曾为了众多据点需要保护而犹豫不定。把机动分舰队部署在汉普顿锚地，以及把一支可承担封锁和其他任务的巡逻兵力禁锢在大西洋西岸，都可以看成是对惊恐的妥协。这些部署本身就与正确的军事原理相悖。

　　防御方海军这种牵制敌人兵力的作战所追求的结果，被达夫

---

〔1〕应当承认，这是蒸汽机的一个额外负担。

吕伊贴切地概括成"兵力转移"。在我看来,这个描述是很有启发性的。达夫吕伊的意思是说,如果敌人遵循正确的军事原理部署兵力,防御方就应该刺激、威胁、诱使敌人改变部署,转移其兵力。在诱敌转移中,盲目的自信和谨慎都似乎是有害的。如果敌人军舰适当集中,就可以诱使敌人分散;如果敌人舰队位置部署正确,就可以迫使其转移到较差的位置。英国"军人"号之所以被美国"宪法"号捕获,就是由英国兵力转移造成的。罗杰斯分舰队的巡弋,迫使英国海军集中兵力,罗杰斯的行动还迫使英国海军护送一支重要的西印度群岛舰队向东航行数百海里。待英国人觉得足够安全后,"军人"号驶向哈利法克斯,途中同"宪法"号相遇,因而被俘。

现引用达夫吕伊的著作片段:

无论从何种观点来看,在海上采取守势只会陷于不利。这是不得已而为之,绝不应自愿采用。不论是居于这一方还是居于另一方,我们都要选取攻势,也就是说要主动寻敌求战。但双方进行的方法却不会相同。

较强者急于和敌人的不同分舰队会战,以便在它们还没有时间为害之前将其摧毁。较弱者[1]首先要设法同敌人脱离接触,使敌人无法肯定受其威胁的据点,从而诱使敌人转移兵力,并造成出敌意外的情况发生,之后尽力将敌人引至一处能使自己的较弱兵力得以有力地发挥作用的战场。只要这一阶段持续下去,而且直到决定性战斗使天平发生明确倾斜为止,战争直接目的的达成就要拖延到必须在有利条件下同敌人进行首次交战之

---

[1] 我称其为防御一方。

时。在这一角逐中，更为主动、更为机智、更为坚毅和装备更为精良的一方将赢得胜利。

特别是在战争开始之初，攻击一方会获得决定性的战果。如果通过猛烈攻击得以成功地预先查明敌人的方案，则总体作战便取得预先定下的方向，这就会形成一种态势，它能使敌人所有期待的事物都遭到破坏并使其瘫痪，除非敌人能赢得一次胜利得以扭转其处境。迫使敌人处于意料之外的态势，这一事实本身就使敌人居于劣势地位并阻止其不得恢复，与此同时，你自身的兵力便能得到更好的运用。

日俄战争中，日本海军首次袭击俄国海军取得了成功，获得了惊人的战果。

达夫吕伊还说过：

攻势的特点乃是实施攻击而不接受攻击。历史证明，几乎所有的海军胜利都是在敌方海岸取得的。

如果战斗中，双方任何方面的力量都毫无差别，那也就没有什么结果可言了。如果存在差距，则弱者就只要屈服于强者。战争的艺术的使命就在于：在既定的点上缩短差距，或变劣势为优势。战争艺术多遵循的、我们所确信的出自权威之手的原理，其实不多，而且它们大多很简练，这些原理又被归纳总结成一条重大原理，即不管双方的整体力量对比如何，都必须在决定性的点上造成对敌的优势。我举一个例子说明，日俄战争中俄国海军在总体上比日本海军更具优势，但是它兵力分散，所以在直接战场上与日本海军相比，它处于劣势，而且决定性之点旅顺口，日本海军开展之前的突袭扩大了两军之间的差距。

当在实战中运用正确的原理时，往往会遇到困难，原理屈指可数，实际情况确实数不胜数，尤其是那些小细节更是如此。这里还涉及另一个问题，即经验。我称经验为实验，是一切科学的基础。在和平时期，身为军事专业人士如何取得经验呢？即使经常作战的人，如一名陆军中尉或一名海军舰长如何亲自体验那些数不胜数的可能发生的情况呢？有人敢说自己能吗？没有。如果有人敢断言说他能，那我就引用查理大公的名言来回答他。

查理大公写道：

只有拥有了研究的热情和长期累积的经验，一个人才有可能成为一员名将。仅仅是一个人的见解是完全不够的，因为一个人在一生所经历的事件无论多富有成果，都不足以提供包罗万象的经验。谁又能在出任要职之前，就已经掌握了担任名将所难以掌握的艺术呢？因此，他需要利用他人的知识和经验来扩充自己的经验，对前人所得出的结论进行衡量，将历史为我们提供的那些辉煌的军事成就和巨大的军事事件作为对比的依据，这样才能驾轻就熟。

我们所熟知的军事天才拿破仑也说过类似的话：

要向亚历山大、汉尼拔、恺撒、古斯塔夫·阿道夫、蒂雷纳、尤金亲王、腓特烈大帝那样进行攻势战争，熟读他们的八十三次战役的历史并以他们为榜样。这是成为名将和掌握战争艺术奥妙的唯一方法。只有这样，你才会受到启发，从而抛弃那些与这些伟大人物的准则相对立的想法……将这八十三次战役的历史详细阐述，就是一部完整的关于战争艺术的教材，进攻和防御所必须遵循的任何原理都将从其中显现，这部教材如同一处源源不断的源泉一样。

拿破仑还说过：

战术、机动、工兵和炮兵学科都可在教材中学到，就像学习几何学一样，但大规模作战的学问，却需从经验中，从研究战史和名将的作战中才能获得。

我如此建议大家研究名将们的战役，还有另一层更为深刻的考虑。这不仅是将他们所经历过的战争编成一个简单的表格，遇到特定情况时，从中查阅那些储存了前人经验的资料，以此做出决定。机械式的运用并不是一无是处，还是有优点的，例如撰写论文，向别无他法学习的人传授。但是，我认为更为重要的是，军官们经过拿破仑所告诫的勤奋学习便能同这些历史上的名将息息相通，不只是汲取他们的实战经验，还要汲取他们身上所充满的那种对他们具有引导作用的精神气魄和理解能力。这就是说，我们既要具有伟大名将的精神，又要熟悉他们的准则。身为学生，应该具备与老师气质相同的某种特质，才能激发灵感，即悟性，除了独创性的天才之外，这种悟性必须与现实相碰触，才能激起火花。

毫无疑问，拿破仑所指的那些战争艺术的初级部分，如战术、机动、位置变换等问题，不同于大规模作战的指导。他认为，对大规模作战的指导，只能从经验和历史中才能学会。拿破仑在另一场合曾严厉告诫，反对教条式地对待这类问题：

这类问题，即使请教蒂雷纳、维拉尔或请教尤金亲王、亚历山大、汉尼拔或恺撒，也会使他们难以对答。将你尚未实践过的东西作为教条来推崇，这就是无知，就好像你自以为能用二次方程式来解算超级几何学问题一样，殊不知就连拉格兰奇和拉普拉斯这样的大师也会被其难倒。

若米尼对拿破仑和查理大公关于研究历史的意见完全赞同。他也表达了同样的看法，他认为，成功地指挥战争不是科学，而是一门艺术。科学在未经证实之前虽然是不确信的，但是科学的目的就在于确定绝对的确信,即科学是通过无数的实验,朝着确定学说这个目的迈进的。科学真理一经确定,就是固定不变的、严密精确的、不容歪曲的。科学的因果关系是定律而不是原理,是不可变更的硬性方针。科学是发现真理,而非传播真理,更无法改变真理。意识则是从其所探索的素材中破茧而出,以永无止境的变化创造新形态。艺术并不像无生命的自然物,只要机械式地复制便能得到类似的效果,它是渗入自由的人类思想并扎根于此。艺术承认原理,但这些原理却不能成为强迫艺术正确行动的镣铐,它们只是当它行动有误时给予向导和告诫。从这个意义上来看,指导战争就是一门艺术,人的思想是它的源泉,它依此处理各种情况,承认一定的原理,但是除此之外,随着艺术家的天赋以及他所面对的素材的不同,艺术就具备多种多样的表现形式。对于这种尝试,教条地生搬硬套显然是错误的,即使最好的原理,其运用也应该根据具体情况,自由发挥,这就是原理与纯粹规则的区别。

　　因此,战争准则并不是纯粹的明确的规则,而是寥寥无几的一半原理的发挥和运用。这些战争准则与其说是迫使幼苗无法自由成长的框架,不如说好像是有种子所发出的、形态总在不断变化而本质依然如故的幼芽。我这样说,并不是就承认,这种准则并不存在,或者说它没有多少用处,也没有什么价值。对此,若米尼曾说:

　　当名将们运用一条准则,按此准则进行机动并取得上百次胜利,是否因为其偶然的失利,便有充分理由全盘否定其价值并怀疑研究战争艺术所获得的效果呢?假如一项理论由于只有总数四分之三的成功率,是否就可宣称它是荒谬的呢?

　　当然不能,准则本身源于原理,在一定条件下通常是正确的，但我们必须承认每一种情况都有其特点，这就跟一千个人有一千张面孔一样，这个特点对准则的运用会产生影响，甚至使其完全不适用。战争艺术家的技艺在于根据每种特殊情况而正确地运用原理和准则。

我们只能这样，正视我们所提倡的所有战争原理。如果老师没有经过大量实践活动，就将其作为教条，他的作为就成了被拿破仑谴责的那样。从另一角度，那些故意拖延时间直到战斗打响之时才提出见解的人，那些期望着以瞬息的灵感就能取得只有经过研究和思考才能获得成果的人，那些对于制胜原理毫无所知却想赢得战争的人，他们更加愚蠢，因为他们完全无视人类过去所有的一切经验。

请让我引用查理大公一段贴切的话语作为本章的结束：

一位将领往往直到必须立即采取必要措施之时，才得以熟悉其据以做出决定的情况。继而，他被迫迅速进行判断，做出决定和采取行动，其速度之快要求具有一目了然地便能抓住三者的习惯，要求他能够洞察不同作战方式所能提供的结果，并要求他能同时选出最佳实施方案。然而，这种一目了然、便能洞悉一切的洞察力，只有通过深刻研究已经摸清战争本质的人，只有对规则已经精通的人，即只有已将自己同科学结合在一起的人，方能具备。当机立断和确信无疑的才能，只有根据自己的切身经验对已知准则的真实性做过验证并已掌握其应用方式的人，才能具有。一句话，只有在自己的积极学习中预先确信自己判断的正确性的人，才能具有。巨大的成果只有经过巨大的努力才能获得。

伟大的拿破仑说："在战场上，最为巧妙的灵感往往不过只是回忆而已。"

第十一章

海军战略于墨西哥湾和加勒比海的运用（一）

我现在将加勒比海和墨西哥湾当成一个可能发生海战的战场和大家一起研究。本研究并不考虑任何一方在任何时候向该区域投入武装力量，而是仍遵从我的一贯风格，假定敌对双方海军力量完全相等。

本研究只涉及战略的一个方面，即我一再强调的位置，研究位置在军事和商业两方面的价值。在海上战略中，军事价值和商业价值是密不可分、紧密联系的，因为海上的最大权益就是商业权益。我们不妨回忆下拿破仑曾经为战争所下的定义，他指出，除了其他事情外，战争就是"处理位置"。他的说法，我在前文已经提过，大家还可以在他的其他评论和事迹中找到对应的例证。他联系1799年亲征叙利亚的经历，在谈到沙漠中的军事行动时，拿破仑指出，在一般缺水的国度里，水源的位置就是最具决定性意义的战略要素。

人们开始研究任何一个陆战战场时，第一步是明确地限定战场的范围；第二步是全面有针对性地考察那些对战略计划可能产生决定性影响的自然条件。第一步是硬性规定，为了方便起见，教员和学员都必须清楚地知道他们必须考虑什么；第二步则是实质问题，来源于事物的本质。对于海上战略的研究，也出自这个道理。任何有志于研究的学员，第一步都必须熟悉战场，这是能准确判定，什么同战场直接相关，什么与战场无关的基础，只有这样才能确定作战方所担负任务的范围。因此，我恳请大家与我一道检验为我们现在研究规定范围的那些原理。

大家都很清楚，墨西哥湾和加勒比海每天都有大量的贸易和航运，其中大部分贸易和航运以该区域的各岛屿和海岸分散开来，剩下一小部分继续前进驶向该区域以外的地区。当人们改造自然，尤其是那条中美洲地峡的运河一旦通航，墨西哥湾和加勒比海的决定性影响就会更加突出，它们将成为更多贸易和航运的航道。

世界各国的海上权益几乎全是贸易权益，也就是货运贸易。海产虽然贵重，但在数量上与陆产相比较就显得微不足道了。海洋对人类的巨大价值，在于它为世界各国之间提供了最广阔的交通和运输手段。海洋是人类共有的财富，这点人们已经达成共识，国际法也有相关规定。海洋相当于一块许多公路穿行其间的大平原，这些公路为我们人类共同享有。所有国家对这笔财富的所有方面都享有共同权益，然而，许多公路交汇点的权益当然最为重要，道理不言自明。

在我们提出并要加以研究的这个特定战场上，有两个这样的交汇点，一个是密西西比河河口，一个是中美洲地峡。在我这几次讲座的初稿首次完成时，通过地峡的运河到底是选在巴拿马还是选在尼加拉瓜，人们尚且犹豫不决。最后，人们选定了巴拿马，科隆成为巴拿马运河的终点站，今后它将成为经由加勒比海通往太平洋的贸易航线的唯一汇聚点。

这两个交汇点一直以来都是人类最高利益的所在。在密西西比河河口，密西西比河流域的所有大小河流，均汇聚于此。在另一点上的巴拿马地峡，大西洋和太平洋之间的航道也将集中于此。密西西比河流域的人口日益增长和经济的巨大发展，必定与建成的巴拿马运河相互作用，促进国际权益在未来的增长。在世界各大强国中，没有一个国家能和美国一般对该地发展抱有如此极端的关注，因为这密西西比河河口及其后方的广阔国土属于美国，而美国又与巴拿马地峡相当接近。在地理上靠近，自然而然地形成了一种特殊权益，由于美国大力推行门罗主义，这种特殊权益显得尤为突出。门罗主义所产生的具体效果，很好地为美国解决巴拿马运河地区的控制权、行政管理权和军事保护权提供了依据。美国终于获得并付诸实践了这一特殊职权，它与哥伦比亚签订了有关保证转运安全的条约。根据这些条约，美国于1885年占领了巴拿马铁路所贯穿的领土，一边维持和确保该铁路的运输安全。

在加勒比海这一大部分未被美国或欧洲国家占领、控制的区域，直到现在都还处于政治动荡之中，这已经成为扰乱国际关系的一个重要因素，必然会对未来的军事上和战略上可能发生的事件产生影响。最近，发生的一连串事件就是一个很好的例子，委内瑞拉与英国发生争端，美国强行干预，德国和意大利于委内瑞拉进行武力示威，美国同哥伦比亚之间产生异议，导致巴拿马共和国宣告独立，以及美国同委内瑞拉之间发生争议。美国同英国关于巴拿马地峡及其运河的长期争论，同样与此有关，最终由于签订《海-庞斯福特条约》方告解决。

将这些实例与七十年前的一些实例相对照，毫无疑问，门罗主义的提出，美国在加勒比海国家的势力范围阻断了外国对该地的觊觎，使美国在该地区的权益得到了保证。在北非，法国兼并阿尔及尔和突尼斯；英国控制埃及，摩洛哥也成为各国争夺的对象，正是因为那里没有一个国家像美洲的美国那样提出一个类似门罗主义的政策并被承认。目前，在中国以东北为中心的围绕其铁路开发的争端也是出自这个原因，即身为主权国家的中国政治软弱和列强推行侵略政策所致，其结果如同俄国与日本在当地发生的战争。

世界上有些地区自然资源丰富，在商业和政治上居于重要地位，因为其政治的不稳定，因而引起了其他国家的觊觎和妒忌。政治稳定的国家，其权利就会得到其他国家的承认，如果这些国家行使这些权利，并在某种程度上对其他国家履行义务，这种义务通常会被默认直到通过条约或其他和平解决方式使其减轻为止。当一国政府统治无力，政权难以维持之时，它就可能被其他国家关注，它们关注的是该国的一些可能发生的变动是否会对本国的权益产生影响。1878年，英国帮助奥地利取得了波斯尼亚和黑塞哥维那的行政管理权，奥地利随即以对英国货物收取极低的税率为回报。从此以后，奥地利利用所取得的有利地位吞并了这两个省份，毫不顾忌英国的抗议。这就是将民族权益和由此产生的国家权益混为一谈，趁某些国家的统治者由于政治上无能，从而利用卑劣手段支配这些国家。军事上和战略上的条件可能比经济效果更引人注意，但并不能取得更大的成果。竞争国之间互相竞争，往往使一些国家的政权得以延续其统治，否则就只能屈服于胜利者，曾经的土耳其和摩洛哥就是众所周知的前车之鉴。

让我们再把眼光投向东方，在我上一段讲稿写成，日本吞并了朝鲜，这又是一个明显的例证。日本保证十年之内不改变关税，恰好到期之时，其他贸易国家在当地的权益就由日本取代。1910年3月28日的《邮报》（即《泰晤士报》三周刊）的报道："俄国和日本利用其对在当地铁路的所有权控制了辽阔的中国东北。目前的事态清楚表明，日本势力从铁路沿线不断向日益扩大的活动范围扩张。"报道还提到，由于中国清朝政府的软弱以及其倾向于日本的"经济吸引力"，致使中国东北正缓慢地脱离中国的掌控。

查理·迪尔克爵士说：

有一种声音认为，我们可以在巴尔干倡导一项反俄政策，这对英国具有特殊的吸引力。这其实是一种重利论调。每个已经被俄国兼并的国家，一向对我们的贸易征收保护性的重税实行闭关政策……由于俄国占领了土耳其其余的领土，造成了一种英国人从未甘心容忍的贸易损失。在最近的对土耳其的战争结束时，俄国所占领的亚洲各省，英国一直在这里拥有大量的贸易，现在我们一无所有了，因为它已经被保护性关税扼杀。俄国占领君士坦丁堡，便意味着除来自俄国的小麦贸易之外，我们已被排斥于黑海贸易之外。我们在小亚细亚巨大的商业权益，只要俄国继续前进都会遭到危害。

虽然查理·迪尔克爵士的这些话写于将近三十年前，但从未失去意义，因为从那时起，世界各国的保护政策日渐盛行。现在我们正面临着国际竞争的类似局面，"门户开放"一词已经成为这种局面的所公认的表现形式。商业问题的变化，引发了战略问题的变化，但作为基础的原理一直如故。

墨西哥湾和加勒比海共同构成一个内陆海，其一侧是以佛罗里达半岛、古巴、海地、小安的列斯群岛（或向风群岛）为界线，一侧是以美国至委内瑞拉在内的美洲大陆各国。在这现有的两条界线范围内，人们可以在这里看到与地中海相类似的情况：一方是实力较强的稳定欧洲传统强国，一方是政治的发展状态与北非各国不相上下的国家。

从大西洋进入美洲的这个内陆海，只有北侧和东侧才有入口，其航道有佛罗里达海峡、向风海峡、莫纳海峡等，以及穿行于小安的列斯群岛之间的为数众多的航道。西侧是连绵不断的大陆，不仅如此，这里缺少可以通航的河流和其他适当的内陆交通工具，水运更是不通。这些国家只能从东边靠海的坡地上获得少量的海上补给。从太平洋海岸运往中美洲和墨西哥的货物，必须经由巴拿马地峡转运。在这个内陆海的北岸和南岸，依靠密西西比河、马格达莱纳河和奥里诺科河等，不同程度地消除了西侧的不便。

进入上述内陆海的各条航道都具有其价值，但是每条航道的价值各不相同，我们必须将所有的航道加以考虑。一条航道的价值一般来说必将受到军事和商业两个方面的影响，并且在我们所进行的任何考察中都必须充分衡量这两个因素的价值。现实中常常遇到这样的问题，一条航道的商业价值小，但是军事价值极大，或者相反的情况。一条对一国贸易非常重要的航道，从军事控制观点上出发，固然不能忽视，但是也会遇到控制者能力有所不济的情况，每当遇到这种情况，在战时，商业上的利益就被迫为该国的军事利益让道。从军事观点来看，我们可以这样认为，进入加勒比海的众多入口中，位于其西侧的一些最为重要，而且这些入口的价值从佛罗里达海峡向小安的列斯群岛递减。这些入口不仅仅是因为其与美国的相对距离，而且还因为这些航道本身的位置、性质、周围环境，因而对美国很重要。这些航道在军事上的重要性并未完全取决于它们的地理位置，而且还取决于它们的宽度、长度、通行的难易程度等。一条海峡是一个战略据点，它的价值同其他据点一样，取决于：（1）位置；（2）力量，即在进攻方的途中可能构成障碍，从而为防御方制造有利条件，简而言之，即通行难度；（3）资源或有利条件，例如便于占有者到达某一点，经由一个港口到达另一个港口，以及缩短其航行距离，等等。

在衡量任何一条航道的价值时，还要考虑一个重要因素，即在其附近是否还有另一条航道可以用作同样的目的。如果一条航道的位置能使交战一方无法使用它而且还能迫使对方进行远程迂回，则这条航道的价值就更大；如果这条航道是两块水域或者两个海军场站之间的唯一通道，如达达尼尔或直布罗陀海峡，它的价值也就更大。关于航道的力量，即其通行的难度，则是由多种条件所构成的，如水道条件，水面或水下的障碍物，迫使舰船必须按一定的航线航行，并能为防卫该航道的舰队提供方便的集合处，利于舰队迎击来自任何方向的敌人。显然，这样天然的特点与陆地上哨所因地势而具有的力量是一致的。仔细查看地图就可发现，佛罗里达海峡和向风海峡所具有的狭度、长度和难度已经达到最高程度。同时，位于仅靠北大西洋的古巴右翼的牙买加和金斯敦港，从其对于向风海峡和尤卡坦海峡的位置来看，它们恰好符合一个位置同时护卫两条航道的要求，因为位于后方，防御方可将全部兵力向其中任何一个方向运动。这些航道的狭度比不上东部群岛和小安的列斯群岛两岛之间的任何一条具体航道，而海地至特立尼达这一整块水域有许多地方可以穿越，实际上可以看成是连成一片的水域。

虽然牙买加对尤卡坦海峡的控制力最弱，但由于洪都拉斯沿岸的浅滩和珊瑚礁迫使过往的舰船必须沿东侧航行，使这些舰船深入到牙买加巡洋舰的势力范围以内，从而强化了牙买加对尤卡坦海峡的控制。总之，牙买加的有利位置使得它可以监视经尤卡坦海峡和向风海峡驶往巴拿马地峡的通道。所以，牙买加海峡特殊的位置使它能监视由卡托切角至海地中部长达900海里的前沿，以防御来自大西洋的入侵。在这条战略线上只有两个缺口可通航，它们就是尤卡坦海峡和向风海峡。至于位于东侧的莫纳海峡，由于它距牙买加和另一个设在圣卢西亚岛的英国海军场站为500海里，在此我就不再重点介绍了。

巴哈马群岛从佛罗里达东岸附近起，沿古巴和海地北岸，几乎延伸至海地最东端，它对接近西部的航道影响甚大，因而列入了我的研究范围。除了巴哈马群岛外，似乎没有任何理由将该地区的北部界线推至波多黎各外侧海岸。在东部，界线也不必超越包括巴巴多斯和特立尼达在内的这些较小岛屿。在这一线和佛罗里达半岛内，所有的据点都应该加以考虑，而关于那些显示出有利条件的据点如何使用的问题，也必须达到极尽详细的程度。同时，请注意使用我前文已经讲述过的关于海军战略的一般原理来分析这些据点。

在这里，我还要提出一点，有一块区域可以予以省略。这块区域就是密西西比河河口至卡托切角西部一线所构成的墨西哥湾。因为，从密西西比河河口起向西直至卡托切角为止的墨西哥海岸线，没有一处港口对于警戒加勒比海地区具有战略意义，而且这一条海岸线的位置比那些兼备资源和力量的其他有利港口距离军事和商业权益中心较远。因为墨西哥并不是强国,它对加勒比海地区的军事态势并不会产生多大的影响,从这个角度出发,予以省略反而更加合适。墨西哥的政局也从未使人有干涉的欲望[1]。此外,墨西哥东岸的商业贸易并不会因它成为太平洋海岸贸易的中转地而有所扩大。这就意味着,墨西哥东岸的商业贸易只能依靠其自身的发展,它无法成为一个集散中心并从中获益。一旦巴拿马运河通航,墨西哥的整个西岸都将受到影响,就像现在我们预期的加拿大和美国的太平洋海岸也会一样受到影响。

上述海域略去后,剩下区域外观极不规整,几乎找不到相似的几何图形来形容它。即使从密西西比河河口至卡托切角画一条想象的分界线,其轮廓依然极不规整。我经过仔细研究,得出一个方法,即用几条线将这个区域勾画出一个清晰的整体,这就便于我们在此区域内找到各个据点和主要战略据点。

第一条线,从密西西比河南口经尤卡坦海峡中部直至科隆。将卡托切角和穆赫雷斯岛、洪都拉斯湾和莫斯基托湾、伯利兹和奇里基环礁湖等放在线外。这样除伯利兹之外,其他据点离线都不很远,很容易便可找到。

第二条线,从彭萨科拉起经阿内加达海峡入口处的松布雷罗灯塔,将坦帕湾和巴哈马群岛画在线内,线外别无重要战略据点。

第三条线,从科隆起连接圣卢西亚和马提尼克两岛之间的水道,这条线连接了卡塔赫纳、委内瑞拉湾和荷属库拉索岛。圣

---

[1] 最近的一些事件或多或少地动摇了这种局面,但大体上并未有什么改变。

卢西亚和马提尼克分别属于英国和法国,线外已无重要战略据点,即使巴巴多斯也已经不像过去那样受到重视。我可以很有把握地把圣卢西亚以南的英属诸岛视为正在降为低于二流战略价值的岛屿。

我画出的三条线可以构成一个三角形,需要时,我会这样称呼它。

现在让我来介绍一些数据。

由密西西比河南口至科隆为1500海里。

由彭萨科拉至阿内加达海峡直线计算(墨卡托坐标)为1700海里。

由科隆至马提尼克岛的罗亚尔港为1300海里。

由彭萨科拉至密西西比河南口为150海里。

科隆所在之角略大于90°。

现在我将位置、力量、资源三者兼具的具有重要战略意义的主要据点一一指出。在这里,我并不打算讨论选定它们的理由并详述每一个港口的有利条件。这些据点是密西西比河河口、彭萨科拉、基韦斯特、哈瓦那、西恩富戈斯、圣地亚哥港、金斯敦、奇里基环礁湖、科隆;圣卢西亚岛、马提尼克岛和瓜德罗普岛;萨马纳湾、坦帕。

除了上述据点外,还有一些居于次要地位的据点,它们是尤卡坦航道西侧的穆赫雷斯岛;阿内加达航道的圣托马斯岛、维尔京果尔达岛或库莱布拉岛。可以忽略掉最后一处,因为不管航道如何有利,单就其控制力而言,轻易地利用其他航道就可避开此位置。

我将这些位置选出来,并告诉你们,它们是重要的战略据点,并不意味着此外再无其他据点,也不是说我只对它们全面地评价便忽略掉其周围的一切,即研究那些能够对其发起进攻和可能削弱其影响之点。上述各个战略据点作为小的战略影响范围之内的中心,我把它们一一列出,每个据点同我们现在正在考察的大的战略影响范围具有相应的关系。圣卢西亚代表着其以南和以东的整个岛群——巴巴多斯、格林纳达等;基韦斯特包括德赖托图加斯和坦帕湾;哈瓦那包括马坦萨斯及其以西各港;圣地亚哥包括关塔那摩;而科隆则是地峡的代表港口,包括地峡两侧的奇里基环礁湖和卡塔赫纳。

从我的上述内容写成以来,美国通过美西战争占有了库莱布拉岛,并拥有了对关塔那摩港的使用权。占领这些地方所产生的战略影响,就其位置而言,即一旦需要,美国就可将基地线从以前的墨西哥湾海岸推进至加勒比海北部。美国可以将所取得的库莱布拉岛和关塔那摩港部署成战争所需的海军场站,用以代替新奥尔良和彭萨科拉。我所说的"部署",就是加以适当的设防,配备警卫部队,储备煤炭和其他所需物资,当然肯定少不了的是建立坞修设施。储备充足的煤炭和完备的坞修设施是舰队战时的主要需求。最近十年以来,战列舰体积陡增,其对海军港口建造要求比以往更加严格,其中尤其是对入口水深的要求更甚,它要求潮流和水道障碍应该尽可能地便于舰船机动。就这些要求来看,彭萨科拉和密西西比河河口的价值,已经比不上二十年前了。在简要归纳海上位置的战略价值的要素时,我们可以说,在位置和天然的攻防要素方面,库莱布拉岛和关塔那摩绝对要比美国墨西哥湾海岸各港的任何组合更为有利;在战争所需的人工资源方面,它们也与其他港口相当;在天然资源方面,它们无法与大陆海岸的位置性比，因为后者可以毫无顾忌地依赖本国国土。简单地说，就加勒比海和巴拿马地峡来说，库莱布拉岛和关塔那摩之于美国犹如直布罗陀和马耳他之于英国在地中海和苏伊士的权益那样重要；由于它们距离美国本土各港比直布罗陀和马耳他距离英国更近，所以使用起来也更为便利。

争辩库莱布拉岛同关塔那摩与美国总体战略态势的关系，尚未获得明确的立法承认。因此，我们接下来所进行的讨论仍将按照二十年前美国尚未取得这些地方的界线为准。当我考察上述港口时，我发现，除了牙买加和基韦斯特之外，凡是一流强国在该区域所掌握的位置都在此区域的两端。美国控制着彭萨科拉和密西西比河，英国和法国则在小安的列斯群岛设有海军场站，英国在圣卢西亚和其他小岛设有海军场站，法国在马提尼克和瓜德罗普岛设有海军场站。关于这些位置，各自所具有的力量，根据我们已经确定的海军战略的一般原理，那些远离祖国3000海里的小岛，是肯定无法与那些位于大国海岸、拥有其背后一切资源的位置相比。然而，比起美国墨西哥湾基地的各点，英法两国在小安的列斯群岛的位置到达巴拿马地峡的距离要近一二百海里不等，而潮流也对其有利，所以距离更加缩短，航行时间也就更短。

我们还应注意到，还有两个前进位置被控制着，这两个位置就是牙买加和基韦斯特。牙买加距圣卢西亚930海里，基韦斯特距彭萨科拉仅460海里。从支援难易程度看，基韦斯特的条件更为有利。基韦斯特的弱点在于，这个岛很小，缺乏天然的资源。所以，作为前进哨所，牙买加更优越，它离巨大权益中心巴拿马地峡的距离，仅是基韦斯特至巴拿马地峡距离的一半。而且，牙买加还居于中央位置，可对整个加勒比海实施有效的控制。前文已经提到过,牙买加的位置对于警戒尤卡坦和向风海峡是相当优越的。就目前的情况而言,与其把牙买加作为防御力量,不如将它列入进攻要素,因为那些航道对于美国比它对于英国更有用。基韦斯特的位置既具有攻势价值,又具有守势价值,要控制佛罗里达海峡,必须以基韦斯特为中心。

  接下来,我要对佛罗里达半岛以及将该半岛与古巴和巴哈马浅滩分隔开来的水域进行详细研究,因为它们具有引人注目的军事特点。如果将这条狭长的陆地全部移除,或者假设在其地峡通过一条很深的、可通行的水道而使其成为一个岛屿,这将对美国海上权益的实现产生积极的影响,至少可使航运不再被迫通过一条又长又窄而其一侧又同外国并有可能同敌对的各国的边界相毗连的航道。一旦同英国交战,佛罗里达水道极有可能遭到以巴哈马为基地的敌对巡洋舰的侵扰,这将对商业造成极大的破坏作用。美国必须尽最大努力地保护这条水道上的船只。由于佛罗里达半岛的地理位置,致使大西洋海岸与墨西哥湾海岸之间的航线向南推移了300海里,并且要求对海峡施行绝对控制,情况还会因为没有可用港口而更加严重。美国在最为暴露的大西洋海岸一侧没有一个可用港口,在墨西哥湾一侧,从基韦斯特至坦帕湾的175海里之间没有一个可用港口,因此,坦帕湾因为其独特的位置而受到重视,人们甚至忽略了它是否具有力量和资源。美国对于沟通大西洋海岸和太平洋海岸的巴拿马运河所要求拥有的权益,确实同对于沟通大西洋海岸与墨西哥湾海岸和密西西比河流域的佛罗里达海峡所拥有的权益完全一致。所有这一切都强化了基韦斯特及其属地托图加斯的重要地位,使它成为这条线上唯一的强有力的军事据点,因为基韦斯特很小,缺乏天然资源,所以在该区域部署人工资源就显得尤为重要了。

因而，基韦斯特对于美国的价值是双重的：首先，也是最主要的价值在于，它将大西洋配系和墨西哥湾配系连成一体，保护着内部的交通线；其次，它是一个前进哨所，虽然它具备的军事力量无法成为一流哨所，然而为了确保对墨西哥湾和加勒比海的控制，并进一步控制巴拿马地峡和大西洋与太平洋之间的交通线，而采取任何必要的前进步骤时，基韦斯特的价值就是无法估量的。尽管除其位置外，它在其他方面都不如牙买加，但它之于美国的作用较牙买加之于英国更大。

以上我在1887年的预言，在1898年全部应验了，基韦斯特已成为美国海军作战的前进基地，此外，基韦斯特还掩护着能由铁路抵达的坦帕湾——这一陆军部队的主要集结点。美西战争的重要成就之一，就是美国获得了进一步推向加勒比海最大战略重心即巴拿马运河的位置。即使库莱布拉和关塔那摩得到适当的发展，美国获得了这两个位置，它们也无法取代基韦斯特最接近美国在佛罗里达海峡重要交通枢纽这唯一位置的地位。由于美国的作战正面向前推进，库莱布拉和关塔那摩得到发展后，将会对基韦斯特起到掩护、加强和提高其控制能力的作用。也就是说，在该地少量的军舰便能起到同样的控制效果。

我本想在结束之前对海军战略总体做一个简单的概述，现在我认为把这段概述放在这里更合适一些。我的目的是对海军战略进行全面论述，通过实例，主要是通过历史实例，以及部分地通过假设情况，引出原理。正如我在开篇时所说的，授课者所讲授的都是通过例证而引出应该遵循的一般原理。当然，最佳的战略例证肯定是历史实例，即那些大规模的重大的军事行动所提供的实例。例如，拿破仑远征埃及，雅典人远征叙拉古，这些军事行动在当时规模巨大。这些军事行动十分鲜明地将我们要遵循的原理摆在我们面前，无论是巨大规模的还是小范围内的行动中，这些原理都是一致的。

现在，我们可以把一般原理具体运用在可能发生海战的区域，即我们一直在探讨的加勒比海和墨西哥湾地区。我还要附带说明一下，根据同样原理，太平洋和大西洋也能看到类似的情况，并作为我们的例证。原理是可适用于一切情况的，尽管这些原理都是从我曾详细说明或偶尔提及的历史战例中引证出来的，但它们同时也是经过对地理环境的考察证实的。因为，地理是战略的基础，拿破仑的那句至理名言"战争就是处置位置"就是对地理的运用。在对比美国三条海岸线的地理条件之时，我们可以用另外两条海岸线为例加强对它们之中的任何一条所做出的推论，与此同时，这也可是我们加深对每条海岸线的情况的认识，深化我们对于一般原理的领会。

1.在大西洋，美国有两个可作为主要海上基地的港口，即诺福克和纽约。对于这两个主要基地，我们还需要拥有相应的位置作为前进基地，就如1794—1796年，英国在地中海的海军就以科西嘉为前进基地；1714—1782年，英国海军以梅诺卡为前进基地，而现在，它以马耳他为前进基地。对于纽约而言，类似的前进基地是新伦敦和纳拉甘西特湾；对于诺福克来说，则是罗亚尔港和基韦斯特。而且新伦敦和纳拉甘西特湾可对以其为基地的美国舰队提供可以经常实施威胁的位置，即对设想的由美国的诺福克港延伸至纽约港的敌方一线的翼侧进行威胁。至于新伦敦，它属于大陆位置，在防御和资源方面的条件极为有利。

2.在墨西哥湾，美国拥有的新奥尔良和彭萨科拉可作为海军基地。遗憾的是，它们谁都无法与纽约或诺福克相比。因为它们距离欧洲较远，作为防御欧洲远征军则是很安全的。这种相对的安全，并不单单是距离敌人较远，还因为敌人一旦在这两个港口面前出现，其交通线，不管是通过佛罗里达海峡，还是尤卡坦海峡，都要比其出现在大西洋各港面前更为暴露。这种结果是由基韦斯特和佛罗里达半岛的突出位置所致，因为对美国而言，基韦斯特和佛罗里达半岛具有进攻价值，但是，我在前文也已经提到过，其位置对贸易航运的不利影响。基韦斯特可以作为墨西哥湾各港的前进基地，因其兼顾大西洋和墨西哥湾，所以，它的重要性与价值也就成倍增加。

3.在太平洋，美国拥有旧金山和皮吉特海峡这两个已经建成海军场站的基地。它们可以以夏威夷为前进基地，而夏威夷已经得到国人的重视，其作用已经确定，对它的开发也已经开始进行了。巴拿马运河一旦设防完毕，又可为我国提供一个前进基地，它可兼顾太平洋和大西洋，如同基韦斯特可兼顾大西洋和墨西哥湾一样。

通过对比和观察，我相信你们会发现，如果能在长岛海峡入口适当设防，我们就可将敌人拒于一定距离之外，从而起到类似佛罗里达半岛迫使敌舰迂回的作用。因此，长岛海峡不仅具有防御优势，还能对敌人具有进攻的作用。

一般而言，在对拥有两个以上海上基地的海岸进行防御时，海军的最佳部署是将战列舰集中在最便于其进行进攻的港口，再利用其他海上基地破坏敌人的交通或贸易，导致敌人分散兵力，使其暴露在海军的攻击之下。只有拥有压倒性优势的敌人，才会分散兵力或忽略其某些据点。以美国大西洋海岸为例，美国战斗舰队就可以纽约为集结地。采取这样部署的原因，不但是因为它靠近美国的工业活动中心，拥有大量资源，而且最主要的是可通过长岛湾和新伦敦和纳拉甘西特湾相连，从而在战术上拥有极大便利，既能迷惑敌人又能确保舰队顺利出动。在日俄战争中，俄国拥有海参崴和旅顺口，俄国舰队必须全面分析所有条件后再决定集结点，但俄国人没有任何理由违反基本原理，即交战中较弱一方的装甲舰队必须集中。

现在，让我们回到墨西哥湾和加勒比海这一区域，对其仔细研究。前文中，我们已经对基地，以及一流海上列强的前进哨所进行了说明，现在我们来观察一下西起穆赫雷斯岛至阿内加达海峡的圣托马斯一线上的所有有价值的据点和一些最重要的战略据点。

我已经为你们选出了六个点，其中两个端点，即穆赫雷斯岛和圣托马斯或阿内加达海峡的任何其他港口，它们的价值较低。穆赫雷斯岛的位置优越却缺乏资源，无法进行一流防御，可勉强用作锚地。圣托马斯或阿内加达海峡的任何其他港口，因为小又缺乏资源和力量，不具备战略态势。用我们一贯的位置、资源、力量来衡量该线上的其他四个点，是绝对必要的。尤卡坦海峡对美国的重要性，而使美国必须不惜一切代价地取得穆赫雷斯岛，为其提供可能的力量和资源。穆赫雷斯岛距密西西比河南口500海里，距牙买加600海里，距基韦斯特345海里，距哈瓦那约300海里。穆赫雷斯岛紧靠尤卡坦海峡，该处水道宽100海里。

为了深入地讨论我们的主题：墨西哥湾和加勒比海，我提到了穆赫雷斯岛的作用，但是美国因为已经拥有了关塔那摩和库莱布拉，曾一度对穆赫雷斯岛失去兴趣。处于同样尴尬处境的还有圣托马斯岛，它曾是美国日思夜想的位置。如果数年前同丹麦的谈判，美国能从其手中获得该岛，则它将影响美国海军战略位置的部署，使该岛或库莱布拉岛，成为第二位的从属于关塔那摩的前进基地，或者更为有利。我对此研究尚不详尽，但我依然认为，根据其位置和防御力量而言，圣托马斯岛是可取的。除此之外，圣托马斯岛还具备进攻价值，它附近的水道便于战斗舰队航行。由于美国还没有取得圣托马斯岛，我希望我的这些设想能引起同行的注意，积极地获得该岛[1]。

自古巴西端至海地东端（从圣安东尼奥角至莫纳海峡）长达1100海里的陆线上，有四个重要位置，它们是古巴的哈瓦那、西恩富戈斯和圣地亚哥以及海地的萨马纳湾，位于古巴和海地之间的向风海峡是一个缺口，宽度仅为50多海里。我们将在向风海峡会合的多条通路视为一个整体，称之为向风水道，其宽度比向风海峡还要窄。

由此，我们可以得出这样一个结论，在此三角形中心不远处，有一个横亘长达千余海里的巨大障碍，其间除了一条水道外，舰船无法从其他地方通过。如果这条水道被交战一方牢牢掌握，那么另一方的舰队就将处于劣势，或一支位于这一障碍另一侧的分遣队，想要与位于障碍另一侧的主力舰队会合，只能向两翼中的一翼迂回，而这将给煤船和补给船造成极大的不便。

向风水道和其他类似向风海峡所处位置的水道，就像是一座

---

[1] 直到1917年美国才以2500万美元购得该岛和丹属西印度群岛的其他两个岛屿作为海军基地。

越过江河的桥梁，如果不是很狭窄，只用永久性工事就能固守外，就只能用一支机动兵力对其进行防守，否则是无法封闭的。我举一个简单的例子，如果古巴和海地之间的向风海峡只有2海里宽，且具有锚泊深度，则可以炮台和鱼雷对付普通的攻击。具有这种性质的水道极为罕见，博斯普鲁斯和达达尼尔海峡是其之一，如果被强国掌握，那么能达到封锁的作用。波罗的海入口处也有类似的地理环境，但是因为水道较短，而又不止一个入口，所以，其作用不够明显。人工水道，即运河，也必须在宽度和深度上加以限制才能起到与向风水道类似的作用。所以，我的结论是，这些水道可以进行有力的控制，以阻止敌人通过，它们因其重要作用而容易遭到敌人的攻击，一旦受损就无法使用，从而对其拥有者造成巨大的损失。所以，身为拥有者，必须保护己方利益，剥夺敌人对其的使用，就要以重兵扼守这些水道。

当一条人工水道完全位于一个强国境内时，则可强有力地对其控制。例如，一条通过佛罗里达半岛的运河，定会被美国控制，所有舰船到此都要受到限制，而美国人自己的舰队则在此拥有极大的战略条件，可以在运河处集中，对付位于分散于墨西哥湾和大西洋的敌人分舰队，封锁航道使其无法顺利集中。如果双方兵力相等，则敌人不敢贸然分散，从而被迫放弃一翼。德国的基尔运河就是一个极其重要的战略位置。它可使德国舰队密集而安全地从波罗的海驶入北海，而那些分兵于波罗的海和北海的他国舰队想要合起来，就必须绕航丹麦半岛，方可达成集合。

当一条运河在一个遥远的国度境内时，必须派驻一支兵力确保本国航运的安全，这需要拥有一支强大的海军以保护其同本国的交通。苏伊士运河和建成以后的中美洲运河[1],都可以称之为桥梁,前者是地中海与东方的海洋的桥梁,后者是沟通大西洋与太平洋的桥梁。但它们都有一个弱点,那就是位于遥远的弱国境内,没有一个国家可单独控制,使其不为其他国家所用,除非在当地派驻一支强大的陆军。这支陆军必须在一侧能拥有一条安全的交通线,这就需要一支海军来保护这条交通线。控制住两大洋之间的唯一通道,便可迫使敌人迂回绕道,如绕航好望角或通过麦哲伦海峡,而控制者可通过内线运动,这就是巨大的有利条件。然而,为了维持这种有利条件,必须动用数量巨大的兵力。

如果一个既定战场的入口过宽,以至于它两侧或中央位置的防御工事无法有效防护,这时就需要一支机动兵力凭借附近的强固位置对其进行控制。在海上,类似情况下,这种控制需要海军依托强固的海港来实现。向风海峡类似于查理大公所处的战场,即多瑙河穿过波希米亚山地的这一地区。查理大公曾想在这里设置他的主要要塞,并将整个战场的防御工事与其连接。他也认为,还有另一条通道跨越山地向北可以通达该基地的中央部位布德韦斯[2],他甚至承认在特殊情况下,那是一条对入侵者极为有利的作战线,但他宁愿选择恩斯作为强固的主要据点。他的理由是:其一,这里是通往多瑙河两岸的桥梁,控制者可随意从这一巨大障碍的一侧通往另一侧;其二,它还控制着大部分国家的资源;其三,它位于基地线的一侧,极利于作战。这就是说,恩斯可以为守卫部队提供侧击敌人的位置。现在,我们的新伦敦或纳

---

[1]疑似巴拿马运河。
[2]今捷克布迭约维策。

拉甘西特湾也为美国舰队提供了这些便利条件，以此来对付企图入侵我国诺福克至纽约一线海岸的敌人。

除向风海峡外，加勒比海还有许多入口，但这些入口没有一个能令舰队摆脱绕航，而向风海峡比其他任何一个入口都更接近巴拿马地峡。因此，任何一个拥有一支适当海军的国家，都可以依托附近的强固海港控制巴拿马地峡，它恰好位于敌人兵力的后方，并从侧面威胁着这支兵力的交通线。对美国而言，向风海峡的价值还在于，它是纽约至巴拿马地峡的直接航线，而对于任何一个控制该海峡的欧洲国家而言，它所有的航运都可在这里汇聚，因为从这里可以获得一条通往巴拿马和中美洲的最短、最少暴露、最易防护的通路。任何一个国家一旦控制了向风海峡，它无须分散兵力或者暴露它的分遣队和主力舰队之间的交通，就可延伸至海地东端的萨马纳湾，从而控制住莫纳海峡，这是完全可能做到的。[1]但我要提醒大家，这些交通线如果如此延长，就可遭到海地和圣多明各北侧还有许多港口从侧面的威胁，敌人很有可能派遣巡洋舰前来骚扰其补给船。在当前的政治占有下，使用海地的各港口，对于拥有制海权的国家而言，不过是小事一桩。此外，我再声明一点，这些港口均未设防，即不能为交战国提供当地基地，提供资源。

古巴岛的东端无疑是控制向风海峡最佳的位置，因为它靠近向风海峡的最窄部分，而且可以依托古巴这个大岛，提供资源以支持防御和维持海军场站。在这一地区的圣地亚哥就是可用作战略据点的最佳港口，但是在美国人的部署下，它被关塔那摩代

---

〔1〕因为莫纳海峡毫无障碍，如果未加守卫，则不必绕航波多黎各。

替。我承认,关塔那摩也是一处极为优良的位置和港口。另外,位于古巴北侧的尼佩湾也有质量极为优越的港口,它比圣地亚哥的优越之处在于,它未被人殖民。圣地亚哥和关塔那摩都很靠近巴拿马地峡,它们斜对着牙买加,可以牵制金斯敦港,因而其意义更为重大。

金斯敦和圣地亚哥[1]两个据点,就态势而言,都能控制向风海峡。但我要指出,尽管圣地亚哥靠近向风海峡,最适于阻拦敌人通过,但不要忘了牙买加的位置,它取代了古巴控制向风海峡通往巴拿马地峡的直通航线的地位。从欧洲驶往古巴南侧的船只可以得到圣地亚哥的保护。如果英国与拥有古巴的国家发生战争,双方兵力相等,古巴就可封锁向风水道,自己拥有一条内部交通线,但如果古巴的商船和补给船没有强大的护航舰队,它就不能沿向风水道航行至巴拿马地峡,因为牙买加从侧面威胁着该航线。另一方面,英国的两个主要海军场站百慕大和牙买加的交通线只能沿莫纳海峡或者其东更远的航路,而莫纳海峡比向风海峡长300海里。如果波多黎各被敌人掌握,双方兵力相等,那么通过英国通往牙买加的所有交通线,特别是来自哈利法克斯和百慕大的交通线,都必将受到严重威胁。因此,在拥有牙买加的英国和掌握着古巴和波多黎各的国家之中,位置优势属于圣地亚哥的拥有者。

自从这部分内容成稿以来,当时被西班牙掌握的圣地亚哥和波多黎各这一联合位置,已经转入到美国手中,而关塔那摩也已被美国纳入囊中。如果驻泊牙买加的强大舰队同占有古巴的敌人

---

[1]记住,在我这一讨论概念中,关塔那摩包括在圣地亚哥之内。

兵力相等，那么敌人就可通过古巴同美国大西洋和墨西哥湾海岸保持交通，它的交通线只会受到一些得不到港口支援的巡洋舰的威胁。在此情况下，只要花一点点时间就能想明白，这支驻泊牙买加的舰队的焦虑以及舰队的运煤船所受到的威胁。我想，如果我再提交通，也就没有人能说我又在空谈了吧？"交通"一词在现代海战中的意义不言而喻。

接下来，让我们就美国目前和未来要面对的情况，讨论一下美国控制向风海峡的有利条件。我相信大家已经注意到佛罗里达半岛对大西洋和墨西哥湾之间的交通所起到的巨大作用，也都意识到美国必须对佛罗里达海域进行控制。现在，我要为你们介绍古巴岛对墨西哥湾入口的封锁作用。这里留下了两个宽度几近相等的入口，即佛罗里达海峡和尤卡坦海峡，哈瓦那则以其优于基韦斯特的天然力量赢得了控制权。古巴岛自墨西哥湾向东延伸500海里，自哈瓦那至近西角，形成比佛罗里达半岛稍长稍窄之势，将大西洋同加勒比海隔离开来，如同佛罗里达半岛将大西洋同墨西哥湾隔开一样。同时，古巴以哈瓦那为中央位置，监视着佛罗里达海峡和尤卡坦海峡。

从军事上看，古巴和海地是佛罗里达半岛的延伸，我认为可以把向风海峡和莫纳海峡看作是佛罗里达海峡的一部分来考虑。它们的情况是一模一样的。在向风海峡一侧，政治局面的变化，就会对军事造成影响。古巴的情况却足以保证一个稳定的政体的存在，美国因其需要，更加重视古巴政体的稳固。从海地的政治情况来看，我们似乎不用期望那里会有任何实力稍强的陆军或海军兴起，而且门罗主义又禁止外国在那里攫取海军场站，除非一些国家愿意以同美国发生冲突为代价获取海地。然而，一旦其他国家与美国交战，海地也会不可避免地被占领。

在一个文明不发达、政治半开化的国家的领土上设置军港，其弱点在于，这里没有富足繁荣的资源可提供，军港必须经由水路从本土获取资源，这跟在很小的岛屿上设置军港没什么两样。

尽管我们发现，向风海峡就相当于佛罗里达海峡，古巴的圣地亚哥或关塔那摩相当于基韦斯特，我们却无法在佛罗里达海岸上找到一个相当于哈瓦那的位置，而在向风海峡牙买加岛上找到一个相当于哈瓦那的金斯敦。从圣安东尼奥角来看，情况也是如此，穆赫雷斯岛的价值对于哈瓦那的拥有者来说，可能是微不足道的，但对方肯定不愿看到它被另一强国占有。

古巴以其优越的位置控制着进入墨西哥湾的两条水道，进而控制了墨西哥湾的全部入口。古巴的控制以哈瓦那为中心，使哈瓦那成为通往墨西哥湾的入口，尽管它的位置容易遭到基韦斯特的挑战。古巴岛的伸展，使得哈瓦那的力量向东延伸，古巴岛将大西洋同加勒比海分隔开来，就古巴岛的位置而言，它又控制向风海峡。如果古巴被一个强国占领，其海军力量就能通过一支依托于圣地亚哥的舰队跨越其间的水域延伸至海地，以阻止敌方通过海峡。海地迫使敌人只好通过莫纳海峡保持交通。总而言之，占领古巴便可在一侧控制墨西哥湾，还可在另一侧控制海地水域以及其毗连的海峡和水道。

为了说明古巴的控制能力，我们不妨假设位于古巴两个入口的最适宜的港口，即基韦斯特和穆赫雷斯岛被一个强国占有，哈瓦那属于敌人，双方兵力相等。占领这两个据点的国家必须将舰船分散在两地，这就使其留在每个据点的兵力都少于居于哈瓦那的敌人，或者将舰队保持在一个据点，就必须放弃对另一个据点或者海峡的控制。简单地说,哈瓦那具有中央位置通常所具有的有利条件,能集中兵力向任何一个方向运动的优势,并随之达到对任何一方的控制。假想的敌人必须或者选择哈瓦那这一侧,或者选择另一侧,不然便要冒分散兵力的危险。

在分散兵力的问题上,无线电报有助于同一支舰队内各部分之间的情报交流,从而有助于它们的会合。然而,无线电报尽管会对会合造成有利影响,却不能使会合实现。它不能阻拦敌人的搜索,敌人同样也能使用无线电,尽管敌人不能破译密码内容,但可以侦察到无线电信号的传递,并向主力舰队报告,主力舰队便会寻找机会插入两支分舰队之间。无线电可能会加大搜索力度,保持警惕,因为消息必须通过目睹予以查实才能发出。然而,分兵不应该超出能互相支援的范围,这个原理必须坚持且毫不动摇。

自从这几次讲座的讲稿写成以来,由于政治局势的变化,一旦美国同古巴的占领者发生战争,哈瓦那以及整个古巴对美国同巴拿马地峡的交通的影响,我们已无须像当时那样考虑。当时有人指出,一旦发生这样的战争,从美国最近的天然基地彭萨科拉和密西西比河河口出发的交通,必须经过毗连哈瓦那的尤卡坦海峡。这恰如来自大西洋海岸的船只必须经过圣地亚哥所及范围一样,除非它们放弃最短的航线,即向风海峡。如果双方在陆海军力量相等,古巴和波多黎各被一国掌握,则美国在战时想要抵达巴拿马地峡,就要进行最远的绕航,至少要绕过阿内加达海峡,而此后驶往巴拿马地峡的剩余航线或多或少会受到侧面威胁。简而言之,一个拥有和美国同等海军实力的敌人,一旦占有了古巴或是波多黎各,甚至只占有了古巴,都将对美国在巴拿马的利益形成绝对的障碍。

情况是如此明显,而巴拿马地峡对于美国乃至世界的重要性又如此之大,因此,除了英国,美国不能容许任何国家的海军力量在当地的实力超过自己。因为要想有效地控制古巴和波多黎各,不仅需要依靠位置,还需要海军实力。英国的军事和经济情况,以及它与美国的贸易往来,它的国际关系部署和随之而来的海军政策的制定,都明显表现在其舰队部署的变动上,从中我们也可看出,英国同美国之间将保持持久和平,不管发生什么情况,英美两国之间的和平比美国同世界上任何一个海军强国之间的和平更可信赖。因此,对美国而言,我们没有必要在海军力量上与英国竞争,将英国推入疲惫不堪的境地的政策是错误的。我们只需认识到,英国对海军力量的巨大依赖就可以了。

假若美国同一个欧洲国家为了争夺巴拿马地峡的控制权而发生战争,占有基韦斯特、关塔那摩和波多黎各及其所属的库莱布拉,就能够成为一条难以逾越的控制线,可以为从大西洋至巴拿马地峡和运河的航线提供强大的支援和牢固的防护,并确保对来自墨西哥湾的航线的安全。如果,古巴采取中立,美国甚至可以享受从陆地上向关塔那摩输送物资的便利。

总而言之,现在的国际关系下,美国在巴拿马地峡的权益还是安全无虞的,它在加勒比海的地位也不会受到威胁,最重要的是,我们的军事人员必须突出地、全面地、详尽地关注和考虑,自阿内加达海峡至尤卡坦海峡长长的一系列位置同加勒比海和墨西哥湾的控制问题的战略关系。这位置在美洲的地位相当于欧洲的多瑙河。

我们已经讨论过古巴同圣地亚哥的位置,对于靠近它们的诸多水道而言，它们所具有的便利条件如同哈瓦那的位置所带来的优势。对于向风海峡以及牙买加同古巴之间的水道而言，圣地亚哥占据中央位置，居于可能被敌人占领的任何两个港口之间，而向风海峡本身就极具重要性。然而，尽管圣地亚哥在其所控制的区域地位堪比哈瓦那，但它有两个方面不及哈瓦那。第一，还有多条水道进入加勒比海通往巴拿马地峡，而进入墨西哥湾却只有两个入口，而且这两个入口都受到哈瓦那的监视。而向风海峡和圣地亚哥却可以避开其监视，当然这要冒一定的风险。第二，墨西哥湾的商业利益很重大，是向风海峡无法比拟的，密西西比河流域的丰富物产如果无法通过哈瓦那所防卫的大门，就不能畅通无阻地运往外洋。

我经过上述的所有推论得出，美国仍然应当把圣地亚哥（或关塔那摩）以及哈瓦那视为头等重要的战略据点，从而加以部署。假如拥有这两个港口的国家在军事力量上与敌人相等，这两个港口就具备了海军战略据点所必需的有利条件，即拥有两条交通线，它们可从陆上和海上相互联系。两个港口之间的陆地距离为410海里，从海上绕航古巴西侧的距离通过尤卡坦海峡的距离为720海里，绕航古巴东侧和旧巴哈马水道的距离为645海里。长距离的航线，致使其间必须设有港口，这些港口不必用重兵设防。之所以需要这些港口，不仅仅是为了支援担负海岸巡航的巡洋舰，也是为了防御海岸的需要。古巴岛狭长，有可能突然遭遇登陆，铁路系统也有被切断的危险，然而，古巴南北两岸附近的广阔浅滩，对登陆起了一定的阻碍作用。

任何一个国家如果想要充分获得古巴所具有的有利条件，就必须提高它所具备的进攻和防御两方面的天然力量，并充分开发古巴的资源。只要做到这一步，则古巴就具备了位置、力量、资源三大战略要素。要想彻底发挥古巴的控制能力，就必须在圣地亚哥和哈瓦那两处适当地设防，使陆军和海军的力量能够在此坚守，而且应在圣地亚哥和哈瓦那中间选定港口，使它们得以连接。这些中间港口必须对海设防，构成完整的海岸防御和海上进攻配系。至于配系的细节，需要长篇幅的专题研究，此处不做论述。

请允许我在这里适当地插入一段我在别处的评论：在考虑特定战区的数个港口之间的相互关系，以及它们同共同战场的关系之时，必须涉及战役性质的一般作战行动。所以，这个考虑便具有战略性质，而特定港口的设防和开发，也必须充分考虑到当地的条件能否适用于一支舰队从港口外出活动或防御对港口的攻击，这属于战术范围。我的这个评论在讨论圣文森特勋爵1800年为封锁布勒斯特港的部署时，曾经稍微详细地论述过。[1]为了更好地说明，我再引用一位俄国海军将领的论述，俄国政府曾执意要在海参崴和旅顺口这两处俄帝国最为重要的军港都部署一支具有相应实力的舰队。如果这只是和平时期的部署，那就并没有太大的问题，就像法国政府声称，将地中海舰队一部分部署于土伦，一部分部署于比塞大一样。若在平时，这种部署可能不会引起评论，但如果在战时，这就是我们所说的战略部署，俄国政府的部署的实质就是将舰队分散在两个港口进行作战，而不是将两个港口适当设防用作基地使每个港口在需要时能为集结舰队服务。舰队的集结和分散，舰队为港口服务，港口为舰队服务，这

---

[1] 见《海权对法国革命及帝国的影响》第十一章。

些观念都属于战略范畴。旨在保证舰队能顺利进攻或防御，以及顺利出港、入港的每一港口的设施，属于战术范畴。从俄国传统的策略和它在日俄战争中的指挥中，我们可以推断出俄国分兵来源于"要塞舰队"论的影响。

古巴海岸线漫长，港口数目甚多，而我们也能找到各方面都适用于用作中间港口、隐蔽所、供小型巡洋舰使用的位置。在古巴岛南侧的良港西恩富戈斯海距圣地亚哥335海里，距哈瓦那450海里，但陆上到圣地亚哥的距离却比到哈瓦那的远一倍。西恩富戈斯同圣地亚哥一道为古巴提供了位于同一海岸线上的两个战略据点，可备向南作战之用。西恩富戈斯虽然是具备一流军港的有力要塞，但其位置远远不及圣地亚哥和哈瓦那，因为它不能像圣地亚哥和哈瓦那一样直接控制任何狭隘水道或海上航道交叉点，尽管在某种程度上，它从侧面威胁着通过尤卡坦海峡或古巴以南的航道，但因为距离太远，以至于它所发挥的作用不能同其本身所固有的力量成正比。也就是说，西恩富戈斯所处的位置缺乏进攻力量。从另一方面看，它处于圣安东尼奥角和圣地亚哥之间，因而便成为巡洋舰的天然作战中心，既可向牙买加方向又可向尤卡坦海峡方向施加压力，它到这两个地方的距离几近相等。在西恩富戈斯两侧，还有广阔的暗礁浅滩，这可作为各种轻型舰艇、鱼雷艇、潜艇的隐蔽所，重型军舰和对当地情况不熟悉的舰只无法在这里追逐轻型舰艇。从我的这些介绍便可看出，西恩富戈斯这些天然特征更适合作为战术便利条件，一支以西恩富戈斯为基地的轻型舰艇编队，会是逼近海岸之敌的巨大威胁。类似于西恩富戈斯附近的浅滩和古巴海岸的许多其他浅滩，如小型舰船可以航行，则就无须设防。

有趣的是，一个自然条件与西恩富戈斯迥异的岛屿赫耳果兰岛，在德国海岸防御计划中有着同样的效用和功能。赫耳果兰岛是一座陡峭岛屿，附近没有浅滩，岸上峭壁高达100～175英尺[1]，岛屿向外伸延的一些礁脉形成锚地。德国在赫耳果兰岛上部署了重炮和臼炮，构成永久性的鱼雷艇和潜艇基地。该岛同流入北海的埃姆斯河、威悉河和易北河这三条德国大河的河口，距离均为50海里。早在1890年，德国海军竞争加剧之前，德国从英国手中得到了赫耳果兰岛。德国人坚信，取得了赫耳果兰岛之后，要想封锁德国海岸就极端困难。我们可以从德国人的想法中看出，赫耳果兰岛关系到德国整体海岸防御计划，关系到德国海军的整体作战计划，这属于战略范畴。德国对赫耳果兰岛的防御部署，如炮台部署，则属于战术范畴。

西恩富戈斯附近的复杂地形，向东一直延伸至克鲁斯角，这里恰好处于圣地亚哥的势力半径边缘；向西延伸至圣安东尼奥角的松树岛为中心的60海里范围之内。这一地带独特而广阔的复杂地形，以及处于偏僻之处，致使古巴南侧一度成为海盗聚集之所。西恩富戈斯所拥有的这种防御属性及其中间位置和固有价值，使它居于二等军港的前列，却未必能成为古巴岛上的一流进攻作战基地。仅凭借海上有利条件，似乎还不足以吸引一国利用海军力量占领西恩富戈斯，因此不用对它重点设防。在陆地上，西恩富戈斯与哈瓦那以及该岛狭窄处的铁路网接近，这一条件利于远征军对其登陆实施征服，尽管铁路也便于古巴陆军加速集中。1898年，西恩富戈斯曾被西班牙人自然地预想为塞韦拉的目

---

[1] 1英尺=0.3048米

的港，因为它既便于接收和输入补给，又便于同西班牙的陆军主力配合。我想这不是我的误闻，因为据传，美国军事会议也曾设想在西恩富戈斯登陆，进而进攻哈瓦那。

古巴北侧的一群以尼佩湾为中心的良港中，以尼佩湾为最佳。哈瓦那以西也有一些良港。古巴南侧，靠近圣地亚哥的关塔那摩湾的重要性，我相信你们也都已经有了一定的了解。关于这些港口的运用，我只大胆地提出一个方案：当数个港口紧紧靠在一起时，它们应当归于统一的防御体系之内，如同我们在纽约、新伦敦、纳拉甘西特湾所形成的部署。然而，我们也无须等同看待它们，例如，关塔那摩湾对于圣地亚哥的占有者并无价值，但敌人却可能利用它，就如1740年英国曾经一度将其用为作战基地以进攻圣地亚哥一样。因此，必须注意防止敌人进占关塔那摩湾。哈瓦那及其附近地区也是如此。

古巴北侧旧巴哈马水道的狭隘部分，一旦敌人露出要对其利用的任何迹象，就应尽可能对其加以控制。控制了这里，敌人就只能绕航巴哈马浅滩，或者是通过古巴岛南侧。例如，1898年，美国运输船队通过这段狭窄水道时，如果有一支强大的鱼雷艇舰队占据着毗连巴哈马水道古巴一侧的复杂浅水海域，则将直接威胁着美国运输船队。当运输舰船数量众多之时，这种威胁常常致使其产生混乱和惊慌，当时桑普森的参谋长查德威克海军少将曾经证实，当运输舰船到达目的港外之时，许多船长精神极度紧张并做出错误行动。在这种情况下，一旦发生惊慌失措，便后果不堪设想，须加倍小心。

1762年，在英国远征军对哈瓦那的成功攻击中，英国舰队司令认为季节已晚，不愿浪费时间向南绕航，从而通过该水道。在此期间，他并未遇到敌人的抵抗，而只是遇到了水道的麻烦，但这也丝毫无损一支巨大的风帆运输舰队毫无损失地完成了这一任务的巨大功绩。巴哈马浅滩水系错综复杂，致使想经此靠近古巴的重型舰船无法通过，而轻型舰船却可隐蔽其间，这就必然拥有战略价值，尽管其价值如何一时尚难断定。巴哈马浅滩水系恰似陆上的险阻，某类部队无法对其使用，而另一类部队却可对其利用，以它为依托将正面或者侧翼隐蔽起来。巴哈马水道位于古巴一侧的一连串暗礁和浅滩以及该岛西端附近的科罗拉多暗礁，都已一一提到。这样，该地区主要水道的特点我已经介绍完毕。该海域有利于展开游击战。它们的战略价值与美国墨西哥湾海岸善德卢尔和密西西比海湾，或与大西洋海岸南部各州的海上岛屿水道类似。

有关古巴岛的强弱因素的讨论，到此已经完成，古巴岛与加勒比海和墨西哥湾的其他部分的战略关系，我将在下一章为大家介绍。

第十二章

海军战略于墨西哥湾和加勒比海的运用(二)

我们只讨论了古巴岛的优劣条件。现在，我要介绍借助海军实力可以将影响向周围水域延伸多远。为此，我将以加勒比海区域的三处主要基地为对照物。这三处基地是，安的列斯群岛、古巴和牙买加。

前文说过，古巴应该占领萨马纳湾或波多黎各并以此控制莫纳海峡。而依靠充足的海军力量，仅占领古巴就可以控制尤卡坦海峡和向风海峡，通过海地又可控制通向加勒比海的所有北部入口。但莫纳海峡的情况不同，必须在其附近建立一处稳固的要塞，敌人出现时，该要塞能掩护在该海峡活动的巡洋舰，并提供足够的煤炭供它们使用。我所说的控制是，封闭水道，用巡洋舰阻止敌方的交通和贸易，并保证己方的航运能够安全使用这一航道。因为，从古巴派出战列舰太不值得，除非敌人在莫纳海峡出现。封锁莫纳海峡只能将航运向东推至阿内加达海峡，如使用波多黎各和圣托马斯之间的可以通航的航道，这个距离还可缩短。迫使舰船绕航的好处并不能与分散战斗舰队或将整个舰队从古巴和更为重要的中央位置调开。向风海峡距莫纳海峡350海里，敌人可以趁向风海峡未加掩护时偷渡。如果主力部队这样前进，就会牺牲圣地亚哥的中央位置，并削弱其对牙买加和尤卡坦海峡的作用。

1898年美西战争中，美国舰队的一些行动就是一个很好的例证。桑普森指挥的美国舰队于5月12日炮击圣胡安港，如果美国舰队在向风海峡守候，而不是在莫纳海峡之外，就能在5月13日上午发出塞韦拉舰队出现于马提尼克岛附近的情报。而且双方舰队的相对位置所构成的态势应该为，塞韦拉需航行1000海里而桑普森只需航行100海里便能抵达圣地亚哥；或者他须航行1200海里而后者只需航行400海里便能抵达西恩富戈斯。在双方实力和速度相当的情况下，这种态势对于塞韦拉驶往古巴港口是极为不利的。

如果美国机动分舰队能紧靠桑普森或者在其附近，而不是驻泊汉普顿锚地，桑普森就能拥有足够的军舰，可以在有足够的兵力在圣地亚哥或西恩富戈斯的前方迎击敌人的前提下，派一支分舰队驶往哈瓦那。这种部署，能在西恩富戈斯和圣地亚哥之间占据一个位置，搜寻情报，从而在敌人选定的港口外截击它。没有机动分舰队，桑普森不可能分兵，而且他也不在向风海峡驻泊。如果他能在向风海峡驻泊，美国舰队就能干扰敌人靠近古巴北侧的行动。

反对者们认为，如果封闭古巴各港通路，那么美国就会失去对波多黎各的掌控。然而，对美国和西班牙来说，西班牙到达任何一个古巴港口对双方的意义都不大。反而一支舰队在波多黎各锚泊就会暴露在敌人的攻击中。因为这里被美国监视着，美国舰队可以在西班牙舰队还未离开前赶到。从圣胡安港到向风海峡只有500海里。

事实正是如此，西班牙舰队到达马提尼克岛时，美国舰队已经在波多黎各圣胡安港的前方了。如果西班牙人够果断，就有机会到达古巴南岸的任何一个港口或是向风海峡，也就更靠近哈瓦那了。

无线电给情报传递帮了个大忙。如今巡洋舰已经不用离开哨位就可发出情报。这就为舰队节省了大量时间。对于重要的位置，现在只需要部署一艘监视船，就可利用无线电发送消息。当然，在一些情况下，部署两艘监视船可能更方便。这常常被忽略了，一名成熟的军官已经时刻保持头脑的清醒。在非常事件中，需要非常规的手段，这在以往的实例里是很难找到参照的。

萨马纳湾、圣胡安港、库莱布拉港，都是可以控制莫纳海峡的要塞。如果古巴由一个拥有发达海军、陆军的国家掌握，它就可以轻易地占据它们。这些要塞同古巴的关系为，它们是出于本土以外的前进哨所。如果不能拥有古巴，美国就无法掌握这些哨所，除非它拥有一支强大到极点的海军。我始终坚持，在海洋战场中，海军的无比重要性。然而，我也同意，同陆军一样，它不能将交通线从基地延伸过远。为了确保基地的交通安全，要么依赖海洋的天然优势，要么依赖距离本土有一定距离的相互连结的一些据点所形成的据点线。

讲稿初成时，美国已经拥有了基韦斯特和大西洋海岸诸港。这些港口还不足以掌握萨马纳湾。但倘若美国占有哈瓦那、圣地亚哥等，则情况就不一样了。美国已经得到了波多黎各及其邻近的一些小岛，如著名的库莱布拉，之后又得到关塔那摩，影响美国对萨马纳湾、圣托马斯、波多黎各的圣胡安岛的占领。美国现在已经拥有一些位置支援海军作战，想要确保对这些位置的控制，除了占领已有的位置（态势）外，还要具备防御力量和资源。

同欧洲相比，美国在西印度群岛拥有永久的优势，它在这里拥有了一条由哨所形成的哨所线，欧洲国家只能横渡重洋才能到达其在加勒比海的港口。在远距离战场上，确保一些遥远的据点，遇到机会再填补其间的空隙，这是一项在和平时期明智的海军战略。但对欧洲国家来说，这样漫长的交通线意味着港口会面对巨大危险，不然就要拥有一支具有决定性优势的海军以确保其安全。当年英国海军的部署表明，英国同各国的关系已经影响到它对哈利法克斯、百慕大和西印度群岛的利害关系。历史证明，直布罗陀曾经数次成为英国的负担，旅顺口对俄国也产生了同样的作用；那么菲律宾对我们而言又会是什么情况呢？

前文已经说过，靠近莫纳海峡的萨马纳湾必须依靠自身力量和仅有的海上支援。它的政治条件注定它不能得到周围国家的援助，而它又缺乏资源。美国在这个海峡的强势态度已经表明，它绝不容许其他国家占领这里。

我们可以把古巴的作用概括为：位置上对墨西哥湾和向风海峡构成控制力量；自身具备的幅员和良港构成的力量；靠近美国的潜在资源；可有效地达到莫纳海峡和波多黎各的能力。位置、力量、资源的组合，使古巴成为美国在海上战场上独一无二的重要存在。另外，控制古巴的另一个重要原因是，古巴或任何一个在古巴拥有巨大权益的国家肯定都会主张海地中立，并且反对外国掌握其任何港口[1]。我们已经控制了波多黎各，更不能容忍外

---

〔1〕类似于我们掌握的关塔那摩。

国在关塔那摩和波多黎各占有基地。

接着我要问，以古巴为代表的由墨西哥湾至波多黎各的整个区域，是否能掌控墨西哥湾和加勒比海的海上权益区域呢？假定敌对双方的海军实力相等，古巴的影响延伸如此之远、如此之大，如果充分发挥它的作用，它就能控制这些域的全部或大部，甚至包括巴拿马地峡在内，难道不是吗？

对墨西哥湾而言，如果敌对双方实力相等，如果古巴被敌人掌握，我们就不得不用陆路运输密西西比河流域的物产。古巴是通往墨西哥湾的关键，正如地中海的直布罗陀海峡一样。

关于加勒比海，答案尚待仔细考虑。

古巴的作用，可以成为控制加勒比海的作战基地。其作用如同前文所论述过的多瑙河隘路和埃及。这类地点的重要性不仅是来自其力量和位置的优越，更重要的是，由于军事力量可以在这里得到发挥，战胜拥有同样兵力而没有优势位置的敌人。那么，在加勒比海，还需要控制哪些据点呢？除了古巴，还有哪些基地有这种控制能力呢？同古巴相比，这些基地的效用如何呢？

还是从战略据点的三个要素来分析，即位置、力量和资源。

在加勒比海需要控制的据点有以下三类：

一、各条水道进入加勒比海的入口。

二、位于加勒比海之内的主要商业中心，现在最为引人注目的是以科隆为中心的巴拿马地峡。

三、入口与这些中心之间的交通线。

1.由阿内加达海峡向南经小安的列斯群岛东部有许多入口，但是，想掌握一个能控制其中任何一个或两个入口的位置便阻断通往加勒比海的通路，是根本不可能的。一支拥有巨大优势的海军，经过适当部署能有效地控制这些海峡的大部分[1]，然而，我所设定的前提是，双方海军实力相等。然而，古巴可以控制莫纳海峡和向风海峡，这里是最方便的路线，来自北美洲所有大西洋海岸各港的航运都会选择通过这些海峡。古巴还影响着尤卡坦海峡，这是由密西西比河流域至巴拿马地峡唯一的直达航线。所以，对于入口而言，古巴的控制能力独一无二。

2.在加勒比海，主要商业中心位于巴拿马地峡周围。虽然沿海岸地区，或多或少有一些贸易，但是这些分散贸易背后的国家近期内难有贸易需求，建立贸易中心。所以，将巴拿马地峡作为商业权益的中心，是不为过的。它不仅是加勒比海的最大商业中心，也将成为世界上第一流商业中心之一。

加勒比海范围内的军事目标有三处最为重要：牙买加、奇里基环礁湖和科隆，还有一些价值较低的据点。荷属库拉索岛有一良港，位于巴拿马地峡和小安的列斯群岛之间，距离巴拿马地峡通往东部诸岛的轮船航线的一侧不到100海里，可从翼侧威胁它们的交通线。任何一国占有该岛，恐怕都要遭到其他强国的反对。卡塔赫纳市比库拉索岛更具优势，它拥有拉丁美洲大陆的最佳港口，距科隆只有300海里，而距轮船航线只有100海里，来自加勒比海每处入口的航线均汇聚于此；从翼侧威胁着由阿内加达海峡向南通往巴拿马地峡的航线。这两个地方都比关塔那摩都更靠近科隆。

英国在尤卡坦半岛上的属地伯利兹港条件优越，可作为锚地

---

〔1〕或者全部。

和加煤站,如果没有引水员就难以靠近,从而具有绝佳的天然防御力量,其进攻只能指向墨西哥湾和经尤卡坦海峡通往巴拿马地峡这条贸易航线。因为牙买加所处位置攻守皆宜,所以伯利兹未必能成为一流的海军场站,该地目前尚无白人居民,也没有海军所需的资源。一支以牙买加为基地的战斗舰队定会沿该岛至伯利兹一线配置快速巡洋舰和监视舰;而位于该线远方一端的舰船则可依伯利兹补充煤炭和某些补给品。再者,当这支舰队经过尤卡坦海峡或进入墨西哥湾时,伯利兹则会受其保护,舰队靠近伯利兹时,可将其煤炭基地转至该地。除了这两种情况,以及对中美洲或尤卡坦进攻之外,伯利兹对于占有牙买加的强国,并不具有重大的军事价值。

也可以说,洪都拉斯和尼加拉瓜两国的加勒比海海岸,对于占有古巴或牙买加的强国而言,没有一个据点有战略价值。两国拥有的港口,以及洪都拉斯湾内及其以南的一些小岛,既无军事力量,又缺乏资源。对于在这一海域拥有决定性优势的国家而言,这些小岛可以作为临时的不设防加煤站,只要经常有武装舰队巡逻,就能保护它们的安全。既然有武装舰船在场,就要分成小分遣队,这支舰队就必须兵力强大到派出分遣队而不致损害主力的安全。这种论调是基于双方海军兵力等同的情况下。

对任何军事区域的讨论,必然会有兵力不等或同等兵力的假设然而实际上,军事问题包括诸多变量,所以在任何讨论中,一定要将某些变量定为常数,才能展开讨论。由于这里讨论的是位置问题,所以假定双方兵力固定等同。

我可以很有根据地说,中美洲海岸,从卡托切角或穆赫雷斯岛到奇里基环礁湖止,连一个二流的战略据点都没有;在巴拿马地峡以东，南部加勒比海的许多港口，卡塔赫纳和库拉索岛则可作为绝佳的战略据点。这两个地方相距不到500海里，库拉索岛距离巴拿马地峡较远，其重要性不如卡塔赫纳。从卡塔赫纳的位置、所拥有的良好港口、接纳资源能力来看，即使资源不能自给，它的重要性也和牙买加、科隆相差无几。卡塔赫纳尤其适合作为攻击巴拿马地峡的前进作战基地。实际上，它位于巴拿马地峡战略范围内，并居于重要地位。奇里基环礁湖更靠近科隆，而更显优越。

这样，加勒比海范围内的军事和商业目标就减少到两处，仅为牙买加和巴拿马地峡[1]，它们与加勒比海外缘的一些据点。

3.在加勒比海必须控制的还有位于该海域之内的通道，即海域边缘一侧的入口和牙买加以及巴拿马地峡的交通线。后者包括卡塔赫纳还有其周围地区，它虽然位于拉丁美洲大陆，但在战略上却属于巴拿马地峡内。伯利兹可以勉强归入牙买加范围内。

接着讨论通路。在海上，两点间的通路很多。即使是地中海和加勒比海这种有限的海域内，情况也是如此。例如，一艘舰船从阿内加达海峡驶往巴拿马地峡，舰长可按其判断，或沿直线航行，或沿北侧或沿南侧航行一定距离，再向其港口前进。

如果目的地和出发点都已经为人所知，所有航线都汇聚这两点，进攻方就可以依照力量和位置，在目的地或出发地的前方占据一个位置，确保敌人一定会进入该位置所及范围内。在其他条件等同的情况下，在目的地之前截击敌人交通更为合适，因为进入一个被封锁的港口比从港口中出来困难得多。要截击或"制

---

〔1〕如前所述，其所包括的范围在这里已经延伸扩大。

止"一支远征军,如果不知其目的地,总是选择其出发地。

再举一例,如果现在已知一支远征军正在古巴、牙买加和安的列斯群岛之中的一处装备,其对方就应以充足的兵力在其附近设立前哨。这样既可对付武装的远征军,也可对付大型护航船队。如果这支远征军已经开始进攻目标,并拥有源源不断的补给,则截击者就该努力集中并靠近该点。如果出发地有多处,而到目的地仅一处或极少几处,这种做法就极为合适。例如一支舰队从美国的大西洋海岸和墨西哥湾海岸诸港出发驶往巴拿马地峡,或者驶往古巴的某一港口。一支截击兵力位于地方补给到达处附近,在该位置上不仅能切断远征军交通,还能在有利时机对其海军发起攻击。这支兵力当然应有一处最佳位置作为自己的设防港口,如卡塔赫纳、库拉索岛或者牙买加。

尽管帆船海战的一些条件已经过时,但是,英国和法国曾在辽阔海面上所进行的多次战争,仍可作为我们的实例。这些实例也证明了认真研究史例的益处。英国在海上拥有很大的优势,因为它权益分布得很广,但在很多地方暴露在外。对法国屡次装备齐全的远征,英国常常无法预测其目的地,所以就想出在法国所有海军兵工厂外面配置重型舰队,阻止法军出航。1798年,英国得知法国在土伦装备了一支大规模的远征军,英国当局于是派纳尔逊从加的斯进入地中海,在法军出发的港口外面监视。然而,纳尔逊赶到的时候,法国远征军已经离去了。纳尔逊便根据所能搜集到的情报,推断出最为可能的目的地,并朝那个地方航行。结果证明,他的预料并不确切,他应该在预料之中的敌方出发点附近占据适当位置,假如这一出发点能够确定的话。尽管东乡平八郎拥有纳尔逊所不具备的无线电报,但在相当长的一段时间内,他仍然失去了罗日杰斯特文斯基的行踪。在西蒙诺夫海军上校所著《对马之战》一书中,有一段记载很有趣,说俄国舰队的电台曾经截获日本侦察舰相互传递的电讯,但他们并不懂其密码。从其舰队的定时通讯中,俄国人推断,这只是它们之间的例行公事,互相通讯以保持接触,并不能说明它们已经侦察到了俄国舰队。俄国舰队仍希望能在浓雾中悄悄溜走。

用风帆船靠近危险的海岸很困难,常常导致舰船的使用强度和人员精力消耗都达到极限。最有力的例证就是拿破仑精心制定的进攻英国计划,最终因为布勒斯特被封锁而取消。分舰队已经起航,预计在安的列斯群岛会合,但20余艘战列舰却被封锁在布勒斯特港内,无法前往会合。如果英国的权益只集中在西印度群岛一带,则它除了留一部分舰队防御本土外,将大型舰队部署在西印度群岛,把它部署在既能截击驶往法属诸岛的舰船又能保护英国舰船的最佳位置。一艘通讯舰艇总是能先于敌方舰队到达,因为单舰的速度比舰队更快。因此,如果一支法国舰队起航的目的地已经被锁定,则英国通讯舰能先于它到达该地。拿破仑能利用英国的据点过于暴露的弱点,使其陷入分散,英国则清醒地反制,监视法国舰队的出发点剥夺其主动性。

有可能出现这样的情况,所选定的某些航线必须要在距敌方港口一定范围内通过,那么这个港口就如同前文所说的位于航线上的狭长水道一样,具有特殊的战略价值。这时,这个港口就对航线构成翼侧威胁。纳尔逊时期,如果英国在地中海并无权益,那么纳尔逊就可在直布罗陀严密监视法国土伦舰队。牙买加对所有通过巴拿马地峡的航线以及古巴就具备了这种优势。舰队从牙买加出发,在其视界之内,也不必超出其基地的支援之外,便可对由古巴至巴拿马地峡的两侧航线进行巡弋。除了威胁两侧的航线外，牙买加靠近南美洲北岸[1]，比关塔那摩与南美洲北岸的距离更近，采用该航线还能节省煤炭。可见，在控制加勒比海边缘包括巴拿马地峡在内的目的地交通线中，牙买加确实比古巴更优越。虽然古巴和牙买加一样从侧面威胁着来自安的列斯群岛的航线，但牙买加更靠近。

虽然牙买加距离巴拿马地峡更接近，但牙买加距离库拉索岛却比小安的列斯群岛稍远一些。如果一支大规模的远征军正在小安的列斯群岛进行装备，牙买加虽然具备监视的能力，但是却不如小安的列斯群岛之中的另一岛屿。如果一支远征军以牙买加为基地，那么就难以从安的列斯群岛对其进行截击。由此看来，各有利弊，得失相当。

在控制交通方面，在能安全地进入加勒比海时，小安的列斯群岛可对其东半部进行控制；牙买加可以控制西半部。相比较而言，西半部更重要，因为敌人的目标就在西半部。此外，来自欧洲通往巴拿马地峡的每条交通线，必定要从牙买加附近通过，却未必经过东部群岛的任何一座岛屿。

同小安的列斯群岛相比，如果牙买加中立，古巴的控制作用更大。如果没有牙买加，古巴就可以凭借它优越的地理位置，对来自向风海峡驶向巴拿马地峡的交通线进行控制，并对加勒比海西半部采取进攻态势，而在那些小岛上，只能对通往巴拿马地峡东半部的航线进行控制。另一方面，如果古巴中立，牙买加同小安的列斯群岛敌对，那么牙买加便可对该群岛拥有类似古巴的优

---

[1] 即南美北东部加勒比海沿岸一带。

势。三者相比，在其他条件相同的情况下，仅就位置对航线的控制作用而言，牙买加居首位，古巴次之，小安的列斯群岛第三。

让我们再回到最主要的问题，与这个问题相比，其他的一些探讨都不及它重要。这个问题是，小安的列斯群岛之一，和古巴这两个加勒比海的作战基地中，哪个基地对加勒比海的各主要目标据点进行军事控制最有力？这些主要目标据点便是牙买加和巴拿马地峡。就其重要性而言，巴拿马地峡涉及范围更广，而牙买加控制着通往巴拿马地峡的所有航线。从军事意义来看，牙买加对加勒比海的控制优势是独一无二的，它是我一直推崇的中央位置，拥有内线，可以在其所属的战场范围内向任何方向发起战斗。

军事控制取决于两个要素：位置和机动军事力量。我假定军事力量始终相等，那么现在只需对战场上其他国家所掌握的位置与古巴所拥有的位置进行对照和探讨。这种探讨限于这些目标据点的攻击能力，或者是这些目标据点的防御能力，如果这些据点都为自己以及盟国掌握，其通路问题就如同我前文的结论。

借助位置控制国土外的据点，取决于在固定时间内对该据点的接近程度，取决于是否存在会延迟或阻碍你向据点的接近行动。

圣地亚哥（或关塔那摩）和西恩富戈斯与其他位于加勒比海边缘的一流据点相比，它们更靠近巴拿马地峡。它们比英属圣卢西亚岛和法属马提尼克岛至巴拿马地峡的距离稍远。在加勒比海范围内，牙买加到巴拿马地峡的距离比关塔那摩到巴拿马地峡的距离近，比西恩富戈斯近得多。

仅从态势考虑，牙买加是控制加勒比海的极佳位置。它距科隆、尤卡坦海峡和莫纳海峡的距离均相等。牙买加同关塔那摩和圣地亚哥共同控制着向风海峡和古巴的南部海岸；只要向外稍加伸展，其控制范围便可到达由墨西哥湾至巴拿马地峡的各条航线。最重要的是，它阻塞了古巴通往巴拿马地峡的通道，致使古巴任何针对巴拿马地峡的企图都必须对牙买加的陆、海军力量有所顾忌。

但是，牙买加的力量会受到一定程度的削弱，古巴则不会受此影响。不去讨论大英帝国因其殖民体系的庞大而分散，常常被迫采取守势，从而造成舰队的分散，使英国大批据点暴露。单单就我们严加注意的战场来看，在大英帝国的作战计划中，牙买加是它的一个前进哨所，而且是一个位置非常好的前进哨所，但是它的交通线却漫长而困难。牙买加与可能的英国舰队中间补给基地安提瓜岛的距离超过900海里，与英国在小安的列斯群岛的主要海军场站圣卢西亚岛的距离超过1000海里，即使是最快的航行速度，至少也需要航行三天才能驶达。如果英国同古巴的占领者开战，则向风海峡就会被关塔那摩封锁，墨西哥湾则会被哈瓦那封锁，英国舰队将被阻挡在向风海峡和墨西哥湾之外。莫纳海峡虽然勉强能通行，但是因为这里过于危险，从而无法依赖。根据以上原因，为了保持与牙买加的交通联系，英国迫切需要一个像圣卢西亚这样的中间位置和补给场站。这样，来自百慕大、哈利法克斯或英国的补给，就可先聚集在这里或安提瓜岛，然后从这里比较安全地抵达金斯敦港。再提醒下，我的推断前提是古巴和海地北部海岸已经被古巴控制者的舰队掌握，而向风海峡也被其以优越的位置控制。

相反，古巴的控制者却能以自己所处的优越位置，与墨西哥湾保持畅通的交通。也就是说，它可以通过密西西比河流域，得到美国的可能提供的一切资源。来自牙买加的巡洋舰如果想要切断其交通，与以哈瓦那为依托的敌人相比，它就处于极为不利的情况。这些情况之中，尤为突出的是煤炭消耗的问题，来自哈瓦那的巡洋舰可以用极小的消耗到达其警戒区域，因而在煤炭量相等的情况下，它能再次停留更长的时间，这相当于增加了军舰的数量。来自圣地亚哥的巡洋舰，则可以毫无阻碍地在海地的北侧至莫纳海峡这一范围内活动，即使超出该范围，只要是不遇到超过其等级的战斗舰船，它就没有任何危险。如果这些巡洋舰推进至阿内加达海峡，则它们所经受的不利条件就会大于从圣卢西亚推进至该地的巡洋舰，这就和牙买加巡洋舰在墨西哥湾同哈瓦那巡洋舰相比的不利情况一样。如果它们将航向稍微偏北，来到一个使它们在该处能同关塔那摩和圣卢西亚的距离相等的点上，这个点的地位就与圣卢西亚处于同等地位，在该处的舰队就居于一个可以严重威胁来自北美洲任何据点的补给的位置上。假如有人认为，可以用百慕大对付位于这个点上的巡洋舰，那就想得太简单了，因为在交战双方兵力相等的情况下，要对付这支兵力就必须削弱圣卢西亚的兵力。简而言之，在同百慕大、哈利法克斯和圣卢西亚的战略相对关系方面，同牙买加相比，古巴拥有中央位置、内线交通这样的巨大优势，从而可以达到集中兵力的效果。

面对这些问题，如果在这个战场上双方兵力相等，在牙买加位置不如古巴优越的情况下，我很难想象英国海军要如何做才能避免分散。确实，古巴不但拥有位置优势，而且对于英国人所拥有的位置而言，它还处于中央位置，更为重大的优势在于，古巴与各基地之间拥有安全的内陆交通保证补给，它又能掩护其后方的墨西哥湾的海上交通线。哈瓦那还可以通过铁路与关塔那摩和圣地亚哥保持交通，而哈瓦那又能掩护从当地至墨西哥湾的交通线；牙买加完全依赖海上交通，而其海上交通线几乎暴露无遗。

我已经不止一次地提过，牙买加与古巴相比，可能只是一个逼近敌人的强固前进哨所，它的面积和资源与敌人相比明显处于劣势，它只能依靠自身的防御能力来维持生存，而顾不上保护海上交通。它的情况就与梅诺卡、马耳他和直布罗陀相似，一旦海上交通被切断，则其陷落便计日可待。然而，我们所面对的问题，并不是单纯的防御，因为这样必将陷落。如果古巴能迫使牙买加处于被动防御的态势，那么牙买加对加勒比海和巴拿马地峡的控制力量将消失，古巴便可顺利地利用它靠近巴拿马地峡的优势。如果古巴能造成金斯敦港缺煤的局面，则它就取得了战略优势。因为一旦发生煤荒，敌人的战斗舰队就只能撤走，很有可能撤到小安的列斯群岛。

所以，同古巴相比，牙买加的条件适用于加勒比海东、南、西、北各边缘上的所有战略据点。牙买加几乎位于边缘上，它在距离、位置、资源、面积方面，比海地或较小海岛的任何一个港口都更具决定性优势。正如与古巴相比，牙买加处于劣势，边缘上的其他据点，哪怕是全合在一起同古巴相比也处于劣势。例如，圣卢西亚对牙买加来说是不可缺少的，因为有了它，来自英国的舰船从未直驶牙买加对其进行补给，而是启用了圣卢西亚这个中间补给站，驻泊牙买加的舰队必须确保安全供煤的距离，否则一旦舰队缺煤，就无法在牙买加坚守。假设双方海军实力相等，则圣卢西亚和牙买加无法配合，一支远征军在这样远隔的据点上是无法联合的，它必须集中在两点之一，之后才能起航执行任务。假定法属瓜德罗普岛和马提尼克岛符合要求，便可在两处各准备一半兵力，并在战斗之前将其合而为一，而牙买加却必须独自准备。从圣卢西亚出发驶往牙买加的战斗舰队必须集结成整体，其补给则要依赖于对海洋的控制。圣卢西亚只能充当中转站和补给站的角色。

假设来自牙买加和圣卢西亚的两支兵力试图在海上联合，并攻击巴拿马地峡，与古巴交战，交战双方总兵力相等，那么这两支兵力必定会被各个击破。1796年日耳曼战役就曾发生过类似的战例，意大利战役中奥军的部署也提供了例证，拿破仑利用了奥军分散兵力的弱点（无法互相支援）而一战成名。在日俄战争中，俄国海军的作战部署再一次为我们提供了教训，俄国海军最终不得不在敌人攻击范围之内会合。

由此恰好可以看出，古巴岛的战略位置具有多么大的优势。如果美国允许通往该岛的贸易船只通过，那么古巴不必冒很大危险就能获得各种补给甚至军火，这样，古巴就可成为一个强固的作战基地。一支任何规模的远征军就可在古巴得到掩护，它可在这个位置上发挥其效能而不用担心交通，一条从彭萨科拉或基韦斯特至哈瓦那再由此经铁路至西恩富戈斯或圣地亚哥的交通线，可以说是非常安全的。

正如我在海军战略总论的大部分的讨论一样，我在讨论古巴和牙买加时，也是假设双方海军兵力相等为前提。只要这个前提不变，英国和古巴占领者之间各自的有利条件和不利条件，也将如前所述保持不变。现在[1]欧洲政治局势错综复杂，与我们课题

---

〔1〕即1911年。

相关的是，德国海军将长久威胁英国，反之亦然。显然，这两支欧洲主要海军都暂时无法抽出一支超越美国海军实力的远征军远渡重洋进行作战。在我设定的前提条件下，对于牙买加，英国只有两条路可选：一是分散舰队，抽调一支足够的兵力保持同牙买加的交通畅通；一是放弃牙买加，任由该岛的常备警卫部队利用岛上资源、主要港口的设防工事自行坚守，直到英国海军成功地在当地海域建立起优势，能在有足够的力量保护其补给线的前提下，以足够的战舰于牙买加驻防。

二选一，即分散舰队或是放弃牙买加。这意味着用一支以古巴为基地的力量相当的海军，就可以令牙买加所拥有的一些位置优势丧失。虽然牙买加的位置更能控制巴拿马地峡，但古巴却能控制牙买加，使其进攻力量无处发挥效用，因为它直接威胁者牙买加的交通。

对于位置的讨论，我不想就此结束，我还想举例说明港口的价值，如果牙买加适当的设防就能依靠自身资源坚守一定时间，乃至于只要该地所储备的物资足够支持，战斗舰队便可在此集中进行攻势活动。当牙买加所储备的物资几欲耗尽时，战斗舰队应该适时离开。无法补充补给的牙买加，就只会和直布罗陀一样坚持固守，这样的情况还曾发生在旅顺口和圣地亚哥。这是牙买加不仅不能加以使用，甚至还有陷落的可能。一旦陷落，古巴就可直接取代它而控制加勒比海，而先前依托牙买加的舰队只能从更远的基地作战。

对于牙买加价值的公正评价，可以说明美国对欧洲国际关系的关注程度。如果德国在海战中击败英国，它就有可能向英国要求人转让牙买加作为媾和的条件，而西印度洋也就会失去其对于英国的重要性，因为日不落帝国已经被迫承认了门罗主义，帝国海军也因为欧洲局势而集中于本土海域。如同英国已经失去的赫耳果兰岛一样，牙买加无论在军事上还是在商业上都不再能为大英帝国所用。1910年，英国皇家委员会在调查大英帝国同西印度群岛，尤其是与加拿大的贸易后，在调查报告中透露，牙买加的贸易权益倾向于美国和加拿大。于英国而言，出让牙买加除了颜面问题外，别无其他遗憾。因此，在战败的情况下，英国和德国在进行交易时，决定性要素反而不是英国的反对，而是美国的不满。一旦发生对抗，对抗的强度就要看美国的海军实力。在当时条件下，英国与德国对立，所以支持门罗主义。无论英德两国哪一方胜利，都将使门罗主义宣告崩溃，而美国唯一的支撑就是美国海军实力。

在讨论小安的列斯群岛时，当我们将它视为控制加勒比海其他目标的作战基地时，我们可姑且抛开这些岛屿所属问题。小安的列斯群岛的大部分属于英国，其中最有价值的马提尼克岛却属于法国。我们将从整个群岛出发，从它的位置、力量和资源来评价小安的列斯群岛任何一点的战略价值。

就位置而言，小安的列斯群岛控制东部阿内加达海峡在内的所有入海口。也可以这样认为，小安的列斯群岛控制着来自欧洲的航道，古巴岛控制着来自北美的航道。北美以及其资源与古巴较为接近，受到古巴的掩护，而欧洲距离较远，无法从向风群岛获得多少掩蔽，从这一点上看，古巴具有优势。我们可以将莫纳海峡视为欧洲和美国势力圈的接触点。但就控制古巴的巴拿马地峡而论，莫纳海峡周围的岛屿与巴拿马地峡的距离是古巴的两倍，这就意味着交通线之长，保护交通线安全之困难，保护交通线舰队需要的煤炭之多。

从力量看,小安的列斯群岛拥有多个优越的战略港口。最好的港口是位于小安的列斯群岛中央的马提尼克岛,这里是法国属地。因为法国占据了马提尼克岛,而多米尼加又缺乏隐蔽港口,英国舰队只好以圣卢西亚为基地。罗德尼在他著名的大捷之前,曾从圣卢西亚监视法国舰队。在以往的帆船时代,风向的原因令巴巴多斯一度占据战略优势,但它的这种优势在蒸汽时代已经荡然无存。对于英国,安提瓜岛的重要性仅次于圣卢西亚。对法国而言,在瓜德罗普岛及其属地的位置比安提瓜岛更好。需要注意的是,法国的基地是互相连接的,并且从中将英国两个最好的岛屿隔开了。

为了切合我们本章所讨论的主题,我先假定这些岛屿为一国拥有,虽然这与现实不符。敌人为了发挥进攻优势,如果不直接攻击这些岛屿,那么就只能将兵力分散在不同港口进行准备,这样就不会出现一旦受挫,舰队安全毫无保障的情况,因为这些港口之间的交通是极其方便而安全的。从这一方面来看,主要港口之间的距离令古巴的优势黯然失色。但是,不要忘了,一旦敌人发动攻击,小安的列斯群岛的舰队如遭到决定性失败,便势必退入一处港口,由于敌人掌握了制海权,这支舰队便会陷于孤立。如果这支舰队分散在数个港口,情况将变得更加严重。小岛同大岛相比,其弱点便立即暴露出来。然而,这时的古巴却是一个极佳的位置,退入古巴其中一个港口,其余港口仍能保证交通的畅通,更何况这些港口多数都拥有陆路交通。如果敌人舰队封锁古巴其余港口,则必定会分散其舰队。经过仔细对比,古巴比一些较小岛屿的组合拥有明显的优势。

再从资源考虑，西印度群岛所有岛屿的资源都主要依赖于当地的政策和储备。除古巴外，其余岛屿都缺乏开发适当的自然资源。除了政府所能采取的直接措施外，古巴的人口也能为军队和守备部队提供一定的补给。另外，我也在前文提到过，得益于其优越的位置，它也可以从美国得到一定的资源。

对于想要控制加勒比海区域的人来说，古巴、牙买加、小安的列斯群岛三个可能的基地之中，无疑是古巴力量居首，牙买加次之，小安的列斯群岛最差。但是，除非古巴的舰队拥有了该区域的制海权，否则牙买加的位置还是能使古巴舰队无法攻击巴拿马地峡，致使它无法发挥破坏加勒比海交通线的作用。在假定的双方兵力相等的情况下，如果古巴舰队进攻巴拿马地峡或者进入加勒比海，它的交通线就处于危险之中，为了保护交通线，舰队必须分散兵力。牙买加恰好符合第九章中的假设："在向自己所渴望的目标行进时，如果你经过了一个敌人控制的能掩护其战舰的战略据点，敌人可以此截击你的补给，那么这个据点便应引起你的注意并将削弱你的兵力。"

在此情况下，如果不将舰队减弱到劣于敌人舰队的程度便无法监视该港，那么就不应该分散舰队，可以先夺取中间据点，或者如果认为舰载的补给能达成特定目的，那么可以试着放弃与基地的联系，即放弃交通线。毫无疑问，如果牙买加舰队不顾古巴舰队仍在圣地亚哥或关塔那摩而离开母港，它将会遇到困难。但是，牙买加拥有内线的优势。如果单以小安的列斯群岛为基地，剑指巴拿马地峡或加勒比海西部任一位置而同古巴为敌，那么情况便不会如此，在这种情况下，交通线便会拉长到极为不利的程度。

综上所述，牙买加虽然不及古巴有价值，但它仍堪称"加勒比海大门之钥匙"。古巴只有控制牙买加，才能有效地控制加勒比海区域。但是，如果说牙买加是"加勒比海大门之锁"，古巴则是能将这把锁钥拧开的钳子。古巴的交通线位于其后方的墨西哥湾，因而可以保障其安全，而古巴自己则可以利用敌人交通线漫长而又容易遭破坏的弱点，对其进行骚扰。通过骚扰其交通线，可以使敌人陷入缺煤、挨饿的境地，最后迫使牙买加的舰队撤至补给可以达到的加煤站。这便是地理条件的作用，而我相信依靠地理条件，即依靠位置是可以解决加勒比海军事问题的。关于位置，我又要再次重申拿破仑的至理名言："战争就是处置位置。"当古巴舰队面对牙买加舰队而占据决定性优势时，它就能够掩护通往古巴的诸航道和向风海峡。向风海峡的作用我已经在前文中不止一次提到过，相信你们不会陌生。同时，古巴的舰队还可凭借位置切断敌人的增援和补给。反之，当牙买加的舰队占据优势时，情况却并不会有多大改变，因为古巴南部的港口可以从墨西哥湾经哈瓦那通过陆地运输获得补给。

关于墨西哥湾和加勒比海战略特点的讨论就到此结束。我对主题的论述尚未完成，还需要联系我已经下的结论，就美国海军在我们当前所探讨的区域之内进行作战活动所需的各种设施，做进一步的探讨。

美国具体的海军战略，绝对不是本书无关紧要的部分，它是本书立题的根本动机。针对美国海军战略的具体运用，我已经在前文中提出令人满意的答案：一是重申1887年我所写的那些结论，并对当时所犯的错误进行纠正；二是指明这二十年间的变化和它对美国总体战略态势的影响。

我将两个政治时代加以对照，还有进一步的缘由，它有助于促进对国际关系的连贯性研究，因为国际关系与海军战略紧密相关，已经成为海军战略的主要组成部分。我们必须引起海军军官对国际关系的注意，他们应该密切关注和考虑国际关系。从这一点看，我将二十四年前这部讲稿初次成稿之时的国际形势与现在的国际形势加以对照，是有极大教益的。

1887—1897年，美国对于自己在巴拿马地峡的利益的关注与日俱增，对于其与英国在1850年所签订的《克莱顿-布尔瓦条约》[1]所带来的束缚更是日益不满。然而，除了1846年，美国同哥伦比亚签订的条约许诺，美国为了确保通行安全可以进行干预之外，美国在巴拿马地峡别无确切的权利。这一许诺是完全必要的。当1885年巴拿马周围发生革命运动危及铁路时，美国正是根据这些条款，从大西洋各港派出一支海军陆战队在巴拿马地峡登陆，为了保护铁路和保障铁路畅通所需区域的安全。

我是这次事件的亲历者，我还清楚地记得两件具有重要政治意义的事情。当时，在巴拿马并没有美国舰船，科隆也没有，而英国海军军官已经派遣一支分遣队登陆并占领了巴拿马铁路的终点，恰好我所指挥的军舰刚刚要到达那里。我还可以清楚地回忆起当时我从英国海军军官手中接过任务时他那种如释重负的表情，因为他不确定在那种情况下英国政府到底能给他多大的干预权力。另一件事则是法国太平洋海岸舰队司令晚一些时候到达巴拿马，以法国的运河开凿工程仍在施工之中为理由，表示自己要协助维持秩序，但遭到了美国舰队司令朱厄特的拒绝。我看到他

---

[1] 美国国务卿克莱顿与英国驻美公使布尔瓦于1850年签署此条约。

遭到拒绝时的不满表情。这两件事情之所以具有政治意义，在于其表明美国对于欧洲干预巴拿马地峡的态度，已经引起了欧洲各国政府的重视。

除了应付巴拿马铁路周围发生地区出现紧急情况的干预权力之外，在1887年，美国于加勒比海并无立足的据点。它也没有海军。那时候，美国三艘装甲巡洋舰组成的"白色中队"刚刚开始服役。英国和法国仍然是主要的海军强国，而且两国在加勒比海拥有属地，这些属地现在仍为它们所拥有。西班牙依然占据着传统的属地古巴和波多黎各。和美国海军一样，德意志海军那时候实质上并不存在，它才刚刚开始组建，不论从实际上还是意图上，当时的德意志海军都称不上巨大。1888年，威廉一世去世，他在位期间俾斯麦的权力并未动摇，这两位政治家都倾向于把注意力放在欧洲，视欧洲为德国的外交舞台，将德意志陆军看成是扬国威的工具，而不是海军。我们现在所看到的德国海军的飞速发展，犹如日本的异军突起，在当时没有显现丝毫的迹象。从那时起，俄国就像现在一样在国际上陷入停顿，使德国从对法俄联盟的顾忌中解脱，促使庞大的德国海军军费达到现在的程度。1887年，俄国尚未瘫痪，尽管它已经衰落了，但俄国内部不稳定，由于俄国的位置，俄国的军事力量一直是德国军事计划的一个巨大的传统因素。因为俄国被日本击败，革命在俄国内部扩大，致使俄国自顾不暇，德国得以扩充其海军甚至超过了美国。我要再重申，国际形势的变化，无论其远近，海军战略家都必须予以强烈关注。

1887年的美国被它于1850年与英国签订的共同分享巴拿马地峡运河的控制权的《克莱顿-布尔瓦条约》束缚着。为了保证运河的中立，美国和英国在1850年签订了该合约，当时的迹象似乎表明运河一旦要建造，就该由美国公司承建。自我这部讲稿于1887年完成以来，《海-庞斯福特条约》已经取代了《克莱顿-布尔瓦条约》，它使运河的建造和保证其中立全由美国独力承担。如今，在加勒比海无属地的美国拥有了运河地区的政治权力。此外，美国已取得关塔那摩和波多黎各及其邻近的库莱布拉港。现在，美国已经拥有了仅次于英国、居于世界第二位的海军，而英国依据其在美洲的实力，完全放弃了与美国在加勒比海的优先权和控制权。

1910年10月19日的《邮报》上，刊登了倡导海权和帝国开发运动的英国统一派的宣言："依靠和日本的联盟，依靠印度帝国，依靠对埃及的占领，依靠对门罗主义的支持，英国的海权在最近数年之内一再地使兰开夏的工业收益获得保障。"其中我着重关注的是"依靠对门罗主义的支持"一语，这表明，门罗主义同所列的其他三项居于同等地位已经得到了普遍承认。

英国政策的改变大部分原因是德国的崛起，因此如果我的分析正确的话，更深层次的原因则是由于俄国被日本击败。正因为远东战争中俄国海军的失败，导致了德国海军的充分发展。如今德国海军已经具有强大的实力，它甚至公开宣称它的目的是超越美国海军。就美国政府的意图而言，从美国海军的计划和经费来看，显然是对德国现有的领先地位持默认态度的，而自1887年以来，法国在海军列强中的排位已经逐渐降低，从第二位跌至第四或者第五位。

海军力量演变的主要特征是，它与国家实力的增长成正比，而国家实力的增长则代表了该国人口和财富的基本情况。自1879

年，德国工业开始革新，德国的国家实力已获得增长。德国的这次革新，使其一跃成为英国的竞争对手，而且竞争逐渐激烈化。如今的欧洲国家中，德国的海上贸易已经居于第二位，而过去的海军强国法国已经被德国甩在身后了，虽然现在它还拥有着大量的海外属地。德国众多的人口和强大的工业和它所拥有的海外属地严重不符，已经成为今日国际关系中的普遍要素之一。众所周知，这会促成民族争斗，它将同其他力量一样，引发殖民冲突，它的舰队可能出现在世界的任何地方。于是，我们现在面临的问题是，墨西哥湾和加勒比海及世界其他各地，除了英国海军外，德国海军已经超越了其他各国海军。

1887年和1911年的国际形势对比的介绍就到此为止。我们现在将美国在这两个时期内，在墨西哥湾和加勒比海所拥有的位置加以对照。

1887年，美国在墨西哥湾和加勒比海所拥有的位置如下所述。

美国在中美洲巴拿马地峡和运河的权益，已经为人们所承认。关于军事部署的问题，已经远远超过我们讨论的题材范围，因此不再涉及。现在，我将美国战略态势作简要介绍：

美国在墨西哥湾拥有两个一级战略据点，它们就是密西西比河河口和彭萨科拉。这两个据点必须严密设防，使其成为强固的据点。两个据点之间的距离适中，鱼雷艇和潜艇可以利用两地之间海岸线的有利水道作战，两地可以保持有效的交通连接成一个基地。

基韦斯特的位置至关重要，它可在该位置上作为一个前进哨所。基韦斯特虽然必须依赖海上交通，但是对一支居于劣势的舰队而言，它是一个保证供煤和维修的安全的港口。基韦斯特200

海里内有一处铁路终点和良港,它就是坦帕湾。通向基韦斯特的航道虽然不适合巨舰航行,但它却拥有两条截然分开的补给线:一条来自大西洋,一条来自墨西哥湾。佛罗里达群岛向西突出30海里,迫使敌人不得不在一定程度上分散其舰船监视这两条补给线。基韦斯特东部有一段海底起伏不平,有助于轻型舰船活动和熟知当地水道情况的守方输送补给。

基韦斯特之所以不能成为一级军港,是因为它缺乏天然的力量和自然资源,锚地又暴露在敌人海上炮火之下。它在佛罗里达海峡独一无二的位置,决定了它对美国的重要性,它处于狭长突出部的端头,没有安全的水陆交通线。作为一个如此暴露的前进哨所,它又不具备直布罗陀那样天然的力量。当美国舰队在与力量相等、拥有较好基地的敌人在佛罗里达海峡作战时,是绝对不会忽视基韦斯特的,这就牵制住了舰队,使其丧失机动自由。假如美国舰队想要进行一次大胆的为时一周或十天的出击,则不免会担心舰队离开期间敌人可能乘虚而入。

鉴于基韦斯特这些明显的弱点,我认为控制德赖托图加斯是完全合理的。我曾一度认为德赖托图加斯毫无用处。现在我要改变我的观点,因为我们保持两个补给点,就会使敌人难以切断其中一处与大陆之间的交通,也能使美国舰队获得更大的机动自由。对于那些渴望决战的敌人,它只有身处对方舰队及其加煤站之间才能如愿以偿,因为一旦一支舰队的交通处于危险之中,就不得不开始交战,因而在任何作战边界上,都必须拥有一处以上的加煤站。如果我们只有基韦斯特一处加煤站,那么敌人就能迫使美国舰队或交战或撤至彭萨科拉。德赖托图加斯濒临海峡,如果我们能够掌握它,便可在一个以上的方向拥有出口,而且它同基韦斯特的距离足以迷惑敌人。

佛罗里达海峡是美国大西洋海岸与墨西哥湾海岸之间唯一的海上交通通道,如若不然就要绕过古巴以南,经向风海峡,通过尤卡坦海峡进入墨西哥湾,就像荷兰舰队要绕道英国诸岛以北那样。如果一支拥有12艘军舰的舰队以哈瓦那为基地,就能在有利的位置上对抗一支数量更大的分散于大西洋和墨西哥湾海岸的舰队。这支舰队可以依靠其有利的位置配合侦察,便能阻止从两支彭萨科拉和诺福克出发的美国海军分舰队会合,从中央位置集中兵力分别迎击这两支分舰队,在这种情况下,蒸汽机和无线电报也无能为力。在上述情况下,如果美国在基韦斯特充分设防,一支美国舰队就可以它为依托,防止占优势的敌人将其兵力分散于大西洋和墨西哥湾,迫使敌人集中舰队。因为不管在任何方向上,它们只要分兵,就会被各个击破。敌人的这种被迫集结,大大限制了它的进攻范围,使它的攻击只能指向一处海岸。显然,在这种情况下,敌人无法同时对墨西哥湾和大西洋采取行动。

我的这些考虑表明,基韦斯特因为位置的特殊而在军事上具有不可替代的重要性,而位置则是战略价值的首要要求。在海岸作战中,所有的海角都具有类似的重要作用,只是程度大小不一罢了。突出部之所以重要,是因为它们将一条水道或一个位置向外推向敌人,这也是它们的弱点所在。正是因为这样,它们一方面是非常暴露的据点,需要设防保卫,一方面它们又因此具有非比寻常的控制力。两方面的原因构成了它们的重要性,这种重要性在如佛罗里达半岛和朝鲜半岛等地尤为突出,即使绕航也无法避开它们。从商业角度来看,佛罗里达海峡对美国也具有同样的重要性。新奥尔良城是美国第二大出口城市,第五大进口城市。

新奥尔良城拥有通往加勒比海的出口，由佛罗里达海峡予以控制。如果说新奥尔良城经由铁路尚可通达大西洋，尽管有所损失和不便，但无法利用陆路通往巴拿马地峡。

这些考虑中，一些是我在1887年所做概况的延伸，可见就其位置而言，基韦斯特当时曾是而且现在仍是不可替代的极为重要的要地，然而它缺乏军港所需的自然资源和天然防御力量，而这对于因突出而如此暴露的军港极为重要。

关于基韦斯特，我在1887年得出的结论为：

显然，因为美国在墨西哥湾的基地过于脆弱，又在加勒比海没有强固的属地，所以从军事观点上来看，这对维护美国在巴拿马地峡的利益是很不利的。仅是从维护美国现在的本土权益而言，美国也严重地暴露在威胁之下，因为美国的权益有赖于经由佛罗里达和尤卡坦海峡自由进入大西洋和加勒比海。

对于这些缺陷，我们唯一的方法就是不予追究，这属于政治家的活动范畴。采取方法弥补首先是一个政治问题，而如何弥补的实质则是在弥补军事缺陷，因而必须根据军事上的考虑再行决定。

也就是说，陆军和海军专业人员需要依靠自己的学识和职能成为美国的政治家们最为有力的顾问，向他们指出哪些位置是可以通过外交手段获取的，如赫耳果兰、塞浦路斯、香港、夏威夷、胶州湾以及其他等地；哪些需要通过战争手段来获取，如马耳他、直布罗陀、关塔那摩、库莱布拉和菲律宾。只有经过周密知识储备，熟知历史案例，并向我们这样进行深刻研究，才能根据原理提出建议。进一步说，就是要做到我前文所说的那样，要持久地熟悉当代的国际关系，熟知过去三个世纪以来的政治历史,这些都是担任此项职务的军官所必需的修养。

我在1887年总的结论是,与其他国家所掌握的加勒比海和巴拿马地峡的诸多位置相比,美国由密西西比河河口、彭萨科拉和前进哨所基韦斯特所构成的墨西哥湾基地是比较脆弱的。此外,我还曾慎重而明确地指出过,古巴和波多黎各这样的一些位置[1],对建立美国迫切需要的位置优势是必不可少的。美国想要加强对向风海峡和莫纳海峡的控制,必须将重点放在古巴和海地所构成的天然障碍上,而且美国还必须建立起一支足以胜任任何需要的海军,没有海军力量,空有位置是无济于事的。基韦斯特虽然具有强而有力的进攻态势,但其防御弱点却极为突出,故需对其他位置予以加强。极为明显地,尽管我们的传统观念特别偏爱彭萨科拉和密西西比河河口,但它们同牙买加和古巴南岸相比,由于距离巴拿马地峡遥远而无法与这两个位置相比。墨西哥湾诸港同马提尼克和圣卢西亚至巴拿马地峡的距离实际相等,但它与大洋相隔更远,墨西哥湾诸港通往巴拿马地峡的航道更靠近古巴势力范围。我再多说一点,由于战列舰体积日益增大,同大西洋诸港和关塔那摩相比,彭萨科拉和密西西比河河口的有利条件几乎为零,因为这里水道复杂困难,已经不适合大舰航行了。

自1887年以来,美国逐渐取得了足以控制向风海峡和莫纳海峡的港口。从此,古巴、海地、波多黎各和其周边所构成的巨大屏障已经掌握在美国手中,现在我们唯一缺乏的就是一支巨大的能确保控制的舰队。曾经我们关于控制古巴及周边范围的所有设

---

[1] 即指对于控制向风海峡和莫纳海峡能够给予支援的一些港口。

想，除了该岛本身资源和铁路的运用外，我们都已经实现了。以前有人曾断言，只要占有萨马纳湾便能控制莫纳海峡，现在我们已经更进一步地占有了库莱布拉。我们已经控制了古巴的影响范围，在现有条件下，我们所掌握的基韦斯特对佛罗里达海峡的控制力可与哈瓦那相比拟。在此期间，基韦斯特的交通和人工资源得到了补充和发展，其远景更为可观。有关情况，你们可以从1908年6月的《海军学会会刊》上的一篇比勒海军准将所撰写的文章中找到详细论述，他对这些情况的了解既是第一手的，又是极为准确的[1]。关于设防问题，没有中间基地提高掩蔽场所而致使锚地暴露的问题，以及高地炮台的修筑问题，至今尚未得到充分的重视和解决。

为了制定墨西哥湾和加勒比海的总体防御计划，并通过设防掩护当地所储备的物资，尤其是对于舰队战时最重要的资源——船坞的掩护，都需要经过综合关塔那摩和基韦斯特的位置、力量和资源方面的因素，最终决定哪一处更能胜任美国舰队战时活动的支点，以控制加勒比海，从而确保对巴拿马地峡的控制。制定这种计划有助于防止战争。

这些问题因为两个位置各自条件不同而变得极为复杂，依照一些条件某一个港口比较合适，而按照另外一些条件另一个港口更加适合。首先，基韦斯特位于美国本土，一旦铁路建成，它便可与美国内地建起水、陆交通。以比勒的文章为证，要想使铁路避免遭受海上袭击，可以使用小型舰船在接近铁路的浅水区域活

---

[1] 比勒海军准将后来还为《海军学会会刊》投稿，进一步讨论基韦斯特的价值。

动,在这样的水域航行,防御方比进攻方更具优势。相反,关塔那摩同美国的水上距离很远,就像是直布罗陀之于英国,它必须为防守兵力储备充足的资源,因而对海上交通的依赖极大,必须不间断地派出护航舰队保护海上交通,没有补给,美国海军在当地也无法长时间地坚守。

从另一方面来看,在地中海,英国没有一个海军场站可与直布罗陀相比。大量的历史实例告诉我们,如果英国在地中海没有永久性位置,它就无法在当地停留,于是它占领了直布罗陀,还占领了梅诺卡岛和马耳他。在苏伊士运河开凿之前,纳尔逊就曾说过,"马耳他对于控制印度具有重要意义"。以往战争中,英国地中海舰队正是依赖在地中海的位置和当地资源发挥其效能。没有当地基地,舰队便无法活动,而本土只是川流不息地为这些基地提供补给和资源而已。

在远离本土的海域作战,必须在当地拥有基地,而要确定关塔那摩和基韦斯特孰优孰劣,则必须依据谁最有助于达成目的的作战战场和作战性质而定,必须依据谁最适于进行攻防的作战战场和作战性质而定。如果无法兼具攻防价值,就应主要考察其进攻力量。最后,我们所考虑的不只是基韦斯特和关塔那摩各自的单独适合性,还要考虑它们之间的相互支持关系。甲港对乙港所起的防御作用是否超过乙港对甲港所起的防御作用?当甲港这样防御时,是否能为乙港实施进攻活动提供较好的机会?

如果一场战争将墨西哥湾和加勒比海同时卷入其中,美国拥有防御侧面,即由于商业需要,将控制密西西比河流域的出入口佛罗里达海峡。战争的进攻侧面则是对巴拿马地峡采取控制活动。虽然我们现在对巴拿马地峡的控制已经具有了这样的防御优势，但是巴拿马地峡的作用已经远远超过佛罗里达海峡，因此，我们必须保持进攻优势。所以，关塔那摩所具有的影响巴拿马地峡的价值更为巨大。进一步说，就是针对防御墨西哥湾及其诸航道而言，关塔那摩代表由古巴、海地和波多黎各所构成的前进作战线的中心，基韦斯特和库莱布拉分别居于该作战线的两翼。正如我们在历史案例中所看到的那样，当一支舰队控制了前进作战线时，它就能掩护居于作战线后方的一切，包括基韦斯特和整个墨西哥湾，因为它们不会受到奇袭以外的骚扰。我们无法彻底消除奇袭，而且奇袭虽然能起到骚扰作用，但很少造成致命危害。我所知道的引人注目的奇袭发生在1781年12月，英国舰队司令肯彭费尔特俘获了12艘驶往西印度群岛的法国运输船，当时这些运输船还有护航舰队的保护。虽然这次奇袭战绩颇丰，却也阻止不了1782年4月法国远征牙买加，肯彭费尔特俘获的这12艘运输船只是这次远征补给的一部分。法国这次远征失败的原因并非奇袭所致，而是因为法国舰队输给了罗德所率领的舰队。

我认为，美国对巴拿马地峡的进攻力量和对墨西哥湾的防御力量将在关塔那摩会合。我已经在刚才的讨论中指出，关塔那摩其实可以代表古巴，虽然占有一个港口远不及占领古巴岛那样有效。反过来说，牙买加可以控制关塔那摩，就通往巴拿马地峡而言，它可以控制古巴全岛。牙买加从翼侧威胁着所有的交通线，同时也威胁着基韦斯特通往巴拿马地峡的所有交通线，因为这些交通线必须沿由古巴诸港出发的同一航线。基于这一点，基韦斯特无法与关塔那摩相比，而关塔那摩的巨大优越性还体现在，该港的舰队可以控制通往牙买加的航线。我曾经讲过，在兵力相等的情况下，圣地亚哥可使牙买加陷入瘫痪。在现在，条件已经改变，我们必须用关塔那摩取代圣地亚哥。据我的观察，关塔那摩的资源（特别是船坞设施）、力量尤其适于修筑防御工事。在这里，我们必须储备足够资源，以应付可能发生的战争。

这二十余年来，战争和外交都发生了巨大的变迁，美国因而可以趁机控制那些经过研究的、对陆海军在加勒比海作战最有效的前进作战线。

我的讲稿是按照这样一个信念所写成的：一方面，我确信蒸汽机可以提高舰队机动的准确性和速度；另一方面，我也看到了舰船因为对燃料的依赖而被束缚着，海军失去了以往的敢于长驱直入的精神，它们遵循着陆军所遵从的法则和条件作战。在陆地上，战争是渐进式的，部队行进至一定距离，便根据变化不定的条件力求稳固，之后再采取新的步骤或行动，整条前进战线紧密相接。在海上却并非总是如此。帆船虽然已经被人抛弃，但是它能进行长时间远距离的作战。我甚至相信，只要是必须达成的目标，无论有多远，帆船也能到达。哪怕是缺水缺粮，船员也可以忍受。但是，使用煤炭为动力，便出现了交通难题，交通则意味着依赖，不管部队行进多远，它必须同本国相连。

加勒比海和巴拿马地峡为海军战略研究人员提供了一个极为有力的例证，它说明各军事位置之间，以及这些位置和海军之间，必须能密切支援和配合。因此，对于这些海军战略研究人员来说，这是一项他们必须掌握的课题。这个课题需要一系列讲座才能详细地说明，我们需要详尽论述，我们更应该提出自己的见解。对于一名美国海军军官而言，他必须密切关注巴拿马地峡及其未来的巴拿马运河对于大西洋和太平洋两岸相互支援的密切关系。这种关注还应该进一步加强，因为巴拿马运河像其他运河一样对商业具有重要的意义，这里的利益可能成为引起国际争端和交涉的根源，这种争端往往导致某种意义上的战争，即需要依靠军事力量为后盾来解决争端。除了商业外，还有一些其他有赖于巴拿马地峡才能解决的问题，我在这里就不再详述了。如果想要充分了解这些问题，需要时刻关注当前的时事并加以思考。

事实就是这样，加勒比海通往大西洋和太平洋，即为通往美国主要海上边境的战略锁钥所在。

第十三章

关于日俄战争的研讨(一)

日俄战争距我如此之近，希望我所提及的一些海上和路上的时间能让我的读者记忆犹新。一些人[1]可能会认为我有点自以为是。但是，我将竭尽全力地阐释这个课题并揭示该课题所涉及的方方面面。

本课题对海军战略论述的发展有显著的价值，使我深感必须通过各种叙述和评论，尽可能充分地讲述这场战争给我们留下的教训。我个人对在讲授海军战略的连续讲座时将其作为实例很感兴趣。所谓实例，不仅可以肯定我早期提出的结论，也可以对我的不足和错误予以修正。

在一个与海军战略无关的场合中，我深刻领悟到，以失误和缺点为例比以成功为例更能阐明原理。从失败一方身上，我们才能更准确地得出教训。战败的陆、海军将领必须在军事法庭上申辩，这就为阐述历史提供了丰富的资料。战败者大声疾呼，为自己辩护，而成功者则往往掩饰其失误。我们都认为马伦戈一战的胜利者是拿破仑，而不是德塞，然而法军冒险延伸战线导致首

---

[1] 或者那些早就论述过这些事件的人。

战受挫一事,却被大多数人遗忘了。失败者为了摆脱责难,总是将实情毫无保留地说出,而胜利者则很少受到质询,哪怕他有失误,也都秘而不宣。我们可以发现,对库罗帕特金和罗日杰斯特文斯基的批评总是比对他们的困难和功绩承认得多。恐怕很少有人曾注意到,日本战列舰"初濑"号和"八岛"号被俄国水雷炸沉的前一天,日本并未派出侦察舰,以致未能发觉布放水雷的俄舰,从而造成惨重损失,而在这次活动之后,俄军位于旅顺口的监视哨也未看到日本舰船。

基于这些理由,我将首先以俄国海军的行动为实例,不去讨论其指挥是正确还是错误,只是将其作为说明原理的例证。我首先举出俄国人一直遵循的两个基本理论,虽然在我看来,它们基本上都是错误的。这两个理论,一条支配着俄国人的计划并影响着俄国人的军事思想,另一条也对俄国人产生过很大的影响。第一条为"要塞舰队"论,这是纯俄国观念,即只见于俄国的理论和实践,在其他国家的军事思想中并无体现。第二条为"存在舰队"论,其起源于英国,但在其他国家的海军界也有体现。现在为"存在舰队"论下定义还为时尚早。后文我将对其表现方式进行阐释。

不妨说,"要塞舰队"论和"存在舰队"论的这两大理论,是相互对立的。它们代表着两种极端的海军思想(或军事思想)。前者将全部重点放在要塞上,令舰队成为要塞的附庸,其作用只是为了协助要塞;后者完全令要塞为舰队服务,如加煤、修理和为人员提供休整的临时庇护所。前者是单独依靠设防工事防御,后者则独自依靠舰队防御。我认为在任何情况下,要塞和舰队必须紧密合作,但这种说法几乎没人提起过。

在讨论这两大理论对日俄战争中的俄国海军和俄国战争命运的影响之前,我请大家思考,如何在做决定时适应两种相反的现实情况。

面对这种情况,我不认为找出一条折中的道路就能解决问题。正确的解决方法只有通过掌握两种思想才能获得。我所谓的掌握,是指掌握它们所表达的全部确切意义,它们的极端实质和最终效果。只有对它们的影响烂熟于心,海军指挥官才能在战时合理分配海岸要塞和舰队。当然,他肯定不会接受一方而排斥另一方,他所得出的结论必定是两者之中的某一点,但未必是其中点。有人认为我的结论也不过是折中,我却更希望称其为协调,因为它含有正确的意味。在规定二者的分量时,我们必须摸清任何一方的全部分量,在考虑一方的重要性时,往往要适当地兼顾另一方。只有通过这样的思考,才能制定出精确的作战计划。而早就想折中的人,总会不由自主地偏向一方,这种倾向性往往使他无法节制。

折中和协调虽然都是就同一条件进行考虑,其出发点各不相同,并且以迥异的精神为特征。它们所代表的观念相反,更不可能是同义词。折中的标志是让步,意味着在若干目的之间分散,而非将所有目的归为一个中心之下的真正的集中。折中不是武断地放弃一些符合需要的、并不是完全不可调和的事物。它的目的是,囊括全部事物,形成一个具体的混合体。这个混合体可能是战舰,也可能是一场战役,是一种处处让步而形成的事物。

建造战舰、指挥战役,都是一个观念的形成过程。对于一艘战舰,我们称之为设计;对于一次战役,我们称之为计划。设计或计划必须指明所有这些合乎需要的、难以调和的特性。要想收到效果，就要分清主次，拿破仑称其为"目的专一"。这就与折中相反，因而我认为"协调"更为合适，运用在海军词汇里也会更为准确。如果能达到拿破仑所推崇的这种精神，不管是建造战舰还是指挥战役，都能确定一个专一的目的，果断地取舍。虽然这种取舍还是有可能出现失误，但是，对其发展却是有利的。目的专一和折中都是人类思想和心理状态在行动中的表现。"要塞舰队"论和"存在舰队"论也是贯彻于行动之中的心理特征。

我认为，目的专一就是自始至终承认对立物，如果一个人想要兼而有之，就不能各方均有所得、各方均有所舍，因为这只能一无所获。战略上与此相对应的案例就是，在拥有数条通路的山地边境或拥有数处渡口的河流设防，任何一处都有可能遭到进攻，然而防御兵力的数量是有限的。在这里，固定兵力相当于一艘战舰的吨位，通路的数量相当于战舰所具备的数种性能，如攻击能力、防御能力、速度、煤炭续航能力等。边境防御分为警戒线配系和集中防御配系。

警戒线配系，即将兵力分布全线，保护任何一条通路，结果将有限的兵力分散于所有各处。这就是折中，各处都有兵力，却削弱了必须充分防御的地方，所有各处都无法得到充分防御。这样一来，既没能有效防护好一处，其他各处也无法对其支援。

集中防御配系，是当今普遍承认配系，它明显地体现了目的专一。它是将可用的兵力集中部署在一处，当任何一处通路或渡口受到威胁时，全部兵力便能迅速向该处机动。集中防御配系的特征在于组成一支优势的中央兵力，使其能最快抵达最受威胁之处，以获得对其有利的战机。我冒昧地称这种配系为协调。这绝对不是折中，因为它从未有过要放弃业已集中起来的中央兵力。而其余的所有配置则都是着眼于提高其机动能力和为其抵达时创造有利条件，以此来加强这支兵力。例如，派出巡逻队在道路上巡逻，尽早通报敌人逼近。显而易见，假如在任何一条通路上都有这样的巡逻队，其抵抗能力可以大大提高，因为防御方可以提前增加该地的兵力，等待中央兵力的到来。这种配置与编成中央兵力所体现的目的专一是完全一致的。这种协调受一个无比精确的思想所支配，因而实质上则是一种结合。

请注意"结合"一词的含义。研究战争同研究其他课题一样，对措辞的准确性和完整性都应该给予高度重视。仅就我在前文中对折中和协调的反复阐释，就能看出我对措辞准确的重视。一个思路清晰的人是更倾向于用精准的词语来表达思想的。在这里，我请求大家注意结合，并不是将两者或者更多的事物放在一起，而直接忽视这些事物的性质和作用。结合，是指将事物放在一起从而产生一种单一的成果。其区别犹如化学混合物和化学化合物之间的区别，其所产生的力量也不同。将一支兵力大体上等同地布置在数处通路，这不是结合，因为没有产生单一的成果。将同一支兵力配置于中央，以较小的分队如前所述配置于数处通路，这才是结合，其各个部分互相关联，服从于一个单一首领，它们实质上已经形成了一个统一的有机体。

请大家想一想，在你的印象中折中是不是当你开始设计一艘战舰之时，你打算使每种性能都有所舍，以使其余每种性能都兼得。我不会否认，实际上一艘战舰可能会将数种性能打一个折扣才能保证其效能。那么，就会出现前文中所出现的情况，兵力分散于各条道路，最后一无所获。以装甲巡洋舰为例，一艘配备装甲的巡洋舰会是什么样的呢？它会是一艘战列舰吗？是也不是，危急情况下，它所承受的风险超过他的战斗力。它会是一艘巡洋舰吗？是也不是，为了装上装甲和武器装备，它的吨位使它不再具备巡洋舰应有的速度和续航力；为了保证装甲和武器装备，就需要减少其他用途所需的吨位。所以，它既不能提高速度和续航力，又不能装备成巡洋舰，其功效，介于装甲舰和巡洋舰之间。难道这能称为结合吗？这就是折中。因为二者并未融合为一体，只是简单的组合。就吨位而言，它既未得到装甲舰那样的吨位，又未得到巡洋舰的吨位。虽然它并非一无用处，而是它并不是你所期待的那艘有用的军舰。普通人若是这样，倒无关紧要，但是一个指挥官却必须科学地综合考虑这些课题，并以恰当的手段表达。也就是说，他应当运用正确的原理和正确的措辞。

"要塞舰队"论和"存在舰队"论这两个术语，本身便证明了其对俄国人的实践和原理所产生的根本影响。"要塞舰队"论在俄国陆、海军思想中占统治地位。神户《纪事报》[1]，1904年2月25日刊发的一段话，体现了俄国军事思想的理论特点："在离开比塞大港驶往苏伊士运河之前，俄国海军分舰队司令威伦纽斯曾经指出，俄国的计划是使旅顺口和海参崴成为帝国的两处最为重要的军港，每处都配有一支具有相应力量的舰队。"即要"依托要塞作为基地"。俄国的计划着眼于要塞，所以面对居于中央的日军就会分散兵力。俄国的计划并非彻底错误，如果真是这样，就会有人察觉。这个计划所体现的部分真理，危害极大。一支舰队能够发挥其作用，保证海岸要塞的安全，前提是要塞位于外国所辖土地之时。另外，在俄国的军事计划中，我们也能看

---

[1] 日本用英文发行的报纸。

到"存在舰队"论的影子。俄国海军总参谋部曾高喊控制海洋，但从政府的决策中看不出其影响。可能是"要塞舰队"论在俄国早已深入人心，致使控制海洋这一思想从未能彻底影响国家决策的制定。也可能，俄国早就折中了。因为旅顺口没有要塞舰队，除了拆除炮台供要塞使用，舰队未发挥任何保卫作用；也不存在舰队，因为舰队从未被这样使用过。

"要塞舰队"论居然反映出俄罗斯民族的气质。"要塞舰队"论象征着防御，而"存在舰队"论象征着进攻。在何种战争中，俄国人的表现最引人注目、最杰出？是在防御战中。俄国领土辽阔，可以进行长期的防御作战。请恕我直言，在军事上，俄国毫无进取心。俄国人已经掉入了防御的蜜罐里，他们已经忘了进攻才是正道，而深受防御思想桎梏的俄罗斯人，对防御的天生偏爱，在国家和军事政策中从未协调地使用防御和进攻策略。

我们还处于两种旧式战争分类：防御、进攻。我们可以将这两种战争的性质和局限性一一展示。当它们穿上外衣，我们就必须分析其外衣，而不直接探讨进攻和防御本身，而是讨论要塞舰队和存在舰队。首先追溯其对俄国人产生的影响。

战争伊始，俄国人在远东集结兵力的做法就很含混，而且带有一丝尝试意味，这表明了俄国人的目的不专一，而舰队的使用意图也不当。他们的决策过程，我们无从知晓，我们只能从他们的行动中去探寻其动机。俄国人的行动，包括集结、配置、使用舰队，表明他们缺乏进攻意识，而是将舰队用于要塞的防御。首先，如果俄国人想要进攻，就会集结一支优于敌人的兵力，这一点俄国人是可以做到的，他们拥有大量军舰。其次，如果俄国人的目的是为了进攻，也就不会允许两艘军舰中途离开。最后，如果他们的目的是求战，就不会忽视一支优势兵力的作用。而且，从俄国人之后的行动来看，他们其实就是缺乏进攻意识。

法国海军军官奥利维埃上尉的一篇论文，使我深受启迪，他在论文中指出："如果预见必须集中一支常备兵力以备战争之用，那么这种集中在和平还在延续之时，便应予以实施。"他的看法与古老的战争原理并无差别，集中就是一些兵力配置在能相互进行支援、敌人兵力无法击破的位置上。也就是说，我们的海军在和平时期的部署并未考虑战时的需要。若米尼对两个军团分头运动、在接近敌人之前会合的计划评论道："为实现最后会合所做的努力，在开始时便应精确地付诸实施并在整个运动中贯彻始终。"俄国人由于拥有两处要塞，在"要塞舰队"论的影响之下，他们将战斗舰队一分为二[1]。两部联合，造成了1904年8月10日和14日的两次失败。面对前车之鉴，现在还有人主张将美国舰队分开部署于大西洋和太平洋。在这场战争中，错误的理论使强大的俄国败给了日本。俄国人的低指挥水平源自他们未能掌握原理。

我发现，有俄国人曾经预见需要在旅顺口水域停驻一支舰队。早在1896年[2]，亚历山大·米哈依罗维奇大公就这一问题提请俄国海军部注意。1901年5月份的《双周评论》第819页刊登了一篇《俄国为何同日本交战》的文章，其中写道：

亚历山大·米哈依罗维奇大公曾呈递一份长篇备忘录，指出

---

〔1〕若米尼称之为一支大的分遣队并认为最好也不过是（即必定要造成的）一场不可避免的灾难。

〔2〕即俄国占据旅顺口（1898年3月27日）两年之前。

亟需在太平洋水域创建一支强大的海军。其理由是，除非俄国保持对海洋的控制，否则俄国便无法期望继续持久地保持西伯利亚铁路通达海洋。这一文献指出，按拟定的计划，日本海军应于1906年完成准备，日本正在备战，而俄国则应于1903年之前便具备应付各种紧急情况的条件。他的陈述并未在海军最高领导层中引起共鸣。

该文章证明海军军官必须熟悉国际文献的重要价值。从这篇政治意味更为浓厚的文章中可以看出，俄国政府对创建一支海军并且能及时将其从国家的一处海岸调至另一处海岸熟视无睹。我的目的在于，除了说明俄国人的错误外，更主要的是，希望全体军人注意，如果你们想要成为得力的顾问，就必须熟悉国际关系、精通军事原理。

"要塞舰队"论，不但使舰队的集结在数量上具有防御的特点，而且会将舰队配置于错误的位置。我曾经认为，海参崴在冬季期间会被冰冻封闭，舰队的运动陷于瘫痪，而旅顺口的舰队可以顺利地活动，而且能进行攻守兼备的活动。但事实是，俄国的破冰船能保证海参崴出口畅通，而且对一支专注于进攻的舰队而言，居于特殊位置、拥有两处出口和导航设置的海参崴更为有利。

为什么独独选择旅顺口呢？因为俄国人认为，日本舰队会在旅顺口发起攻击。俄国人的意图是，用舰队保卫要塞，等待敌人的攻击。也就是说，旅顺口的要塞只能是防御，而非进攻。但是，我想指明一点，海岸要塞就是为了进攻而存在，因为，它掩护和支持舰队使其能够进行攻势活动。俄国人的行动恰恰相反，他们的舰队用于防御活动，这就导致舰队无法完成防御任务。旅顺口分舰队从未进行过进攻活动。有人说："在部署驱逐舰方面，俄国政府似乎并未打算给它们行动自由，或准许它们去寻求任何战机……从未派出鱼雷艇攻击日本军舰或运输船。要是说它们出击过，那是因为它们出去的目的不是攻击，而是掩护陆军侧翼。"俄国人的行动让敌人深感惊诧，因为他们从不侦察日本海军基地，而这里正是日本陆军的登陆点。5月15日，日方两艘战列舰触雷沉没，俄国人本该趁敌人士气沮丧，扩大战果，但他们却什么都没做，尽管俄国在旅顺口泊有21艘驱逐舰，其中16艘已经位于港外。直至最后一刻，这支舰队都在防守，当他们遭到炮击受损时，才仓皇逃出港外。

我所见过的任何记录都表明，旅顺口分舰队对港口的防御，除了将舰炮拆至陆上外别无贡献，直至最后时刻，舰队采用炮火来支援要塞炮火，俄国的失误还用得着任何辩解吗？那些炮火还不如放在岸上。如果舰队的目的在于防御，那么旅顺口分舰队布置在喀琅施塔得岂不是更好？这里更便于罗日杰斯特文斯基形成数量上的集中。如果俄国海军集结于喀琅施塔得，在兵力上占优，就将直接威胁日本海军，这可比放一支舰队在旅顺口强多了。

主力集结旅顺口的俄国舰队，在该地的存在就是为要塞服务，附属于要塞。如果于海参崴集中，即于战场的一侧集中，从翼侧便可威胁敌人的交通线，即要塞附属于舰队。一句话，要塞的价值就是维持一支能够作战并抱有明确目的的有效兵力集团。在对马海战之前，罗日杰斯特文斯基曾经宣称：只要他能集中20艘军舰抵达海参崴，他将严重威胁日方的交通线。这不是大名鼎鼎的理论吗？他的观点其实就是，只要有一支强大的，甚至居于劣势的兵力存在于战场附近,便能对敌人的行动产生严重的影响。"存在舰队"论者甚至认为,这支舰队可以阻止敌人的远征,或者,迫使敌人停止远征。我对这种观点的批判已经持续了数年。我不明白一支居于劣势的舰队,又怎么能威慑敌人呢?难道日本人会被威慑住吗?旅顺口分舰队未能阻止日方的运输,而日方已认识到这支舰队的危险并始终尽其所能采取措施应对。对此,他们坚持不懈,以鱼雷攻击取得部分战果后,又用沉船封锁港口,实施远距离炮击;在港外布雷,围困旅顺口。他们的目的只有一个,消灭港内的敌国舰队。然而,俄国俘获过一艘日本陆军的运输船吗?没有。

　　一方面继续运动作战,一方面设法摧毁港内舰队,日本人视海参崴的俄国舰队为空气。这两种同时进行的活动证明了我所说的协调。这种协调,既看到了来自"存在舰队"论的危险,又意识到了陆上战争一旦延迟所引发的危险。"存在舰队"论者们宣称,只要旅顺口舰队存在,日本便不可能运输部队。日俄战争爆发之前六个星期,《泰晤士报》曾刊登了其陆、海军通讯员关于局势的简要述评,其中一段为:"由于旅顺口炮台后面存在一支敌对舰队,日本人可能不敢冒险将部队派往黄海。"之后,又写道:"除非俄国军舰被击沉、被俘获或被封闭于其港内,则日本远征兵力的交通线便无安全可言。"这些言论正好可以证明"存在舰队"论所固有的夸大性;俄国海军的作战策略也恰好可以证明受"要塞舰队"论之苦的严重后果。

　　如果在和平时期,"存在舰队"论的一些论述还是可以接受的。但要知道,就在日本第一次鱼雷攻击时,日军就已经到达仁川,而且后续增援迅速增加至五六万人之多。日军在中国东北和鸭绿江口以西的登陆确实有过短暂的推迟，其原因目前还不知道。但请注意，日军的登陆行动成功时，旅顺口内有4艘俄国战列舰，而且因鱼雷攻击而受损的俄国军舰已经有6艘修复完毕。

可以说，日本人是在迫不得已的情况下选择了冒险，因为他们已经完全注意到了自己所面对的风险。他们对己方的战列舰十分珍视，因为陆军交通线靠它们护卫。他们已经意识到，俄国旅顺口分舰队和波罗的海分舰队在任何情况下所能造成的威胁，以及对其交通线的危害。然而，他们明知敌对的"存在舰队"的这些危险，还是愿意冒险。

战后六个星期，日本政府接到报告，旅顺口军舰已于3月11日趁大风雪逃走，其部队的运输因而中断了十日。还记得美西战争时期吗？沙夫特的陆军部队面对两份报告，等到报告被完全证实之后，才离开基韦斯特。日本人也一样，同样面对着存在舰队的可能危险。一旦报告被证实，那么交通线就时刻处于危险之中，然而，冒险必须继续。拿破仑的名言，不敢冒险便无法战斗。受到监视的港内敌方舰队和已经出港的舰队，情况完全不同。港内舰队可能出港，但不会直接使日本中断运输，他们会采取预防措施，调整部署以应对可能发生的情况。如果敌军拥有一支实力相等或居于优势的舰队，敌人便可直接开赴海上，而交通线就可能时时被骚扰，甚至被阻断。但"存在舰队"论者却坚称一支劣势舰队就可产生这些作用。

"存在舰队"论夸大的作用，完全违背了陆战实践。在陆地，指挥官们总是用一支战斗力强大的分遣队监视威胁其交通的要塞。而且我相信，日本人的行动方针的正确，来源于他们能正视所有的真实条件，并以此协调行动。他们密切监视俄国舰队，限制其发挥效能，保证交通的安全。若米尼说："一支精良的游击队总是给交通制造麻烦，即使是其所处的位置最为有利。" 处于劣势的存在舰队其作战活动不外是游击队的突然袭击而已。

日本人曾经焦虑过一阵子，因为海参崴海军分舰队，虽然只有3艘装甲巡洋舰，但在日本海的一次袭击中曾俘获两三艘日本运输船[1]。他们深恐波罗的海舰队在这期间赶到。1799年，拿破仑在阿克城时也因同样的原因而失败，他的全部攻城辎重队被英国巡洋舰俘获，于是只好用野战炮攻城。千万不要就此下结论，认为只要敌方劣势舰队存在，就有中断运输的能力。果真是这样，拿破仑就应该在埃及等到攻城辎重队已运抵阿克城下，而日本人就应该限制运输，因为运输船会被俘获。

"要塞舰队"论对俄国的影响表现在以下两个方面：（1）舰队集结于远东的方式；（2）舰队驻泊位置并非一处。从这两点可以推断出俄国当局的动机和行动原理。尤其是在已经明确地得知曾在俄国盛行的情况下。

俄国集结舰队的方式，军舰集结的数量位置、站场，都清楚地证明了俄国海军深受"要塞舰队"论的影响。更不用说仅从当局对旅顺口分舰队的使用便得知俄国的错误基础观念。

从开战后俄国舰队的一系列表现，可以看出俄国似乎没有明确的决战意图。最后，俄国舰队驶离旅顺口。显而易见，旅顺口分舰队对港外的日本舰队完全没有采取攻势，而存在于这里的日本舰队将决定战局。

舰队无法等待罗日杰斯特文斯基到达之时，就仓促逃往海参

---

[1] 其中一艘载有攻城炮兵。

崴。在我看来，避战并完好无损地到达海参崴，并与那里的舰队会合，之后再投入战斗，是完全正确的。旅顺口分舰队突围成功，海参崴诸舰保存完好，两支舰队胜利会师，这个机会太渺茫了。事实也确是如此，因为两支分舰队被迫各自战斗，而且相距甚远。

旅顺口分舰队转移至海参崴是完全正确的，但是其面临着一个严苛的条件，因为一支占据优势的日本舰队正虎视眈眈。这里就出现我所主张的协调问题。旅顺口分舰队司令官面对非常有吸引力的选择：抵达海参崴，兵力集中，利用该港调整至最佳迎战状态；承担职责，重创占优势的敌舰队，为后继者创造战机。

突围有两种可能性：顺利脱逃和战斗。旅顺口分舰队司令官应明确二者的要求，针对可以预见到的各种情况制定应对方案。假如能毫发无伤地逃脱，则应避免交战。一旦战争无法避免，就必须全力以赴作战，即使战败也要重创对手使其难以再战。

纳尔逊的两句名言恰好用于俄国人的处境。当他遭遇优势舰队时，他常说："如果我能靠近敌舰，当他们将我方舰队彻底击败之时，他们在今年之内便将无法战斗了。"用在俄国人身上可以这样表述："即使日本人击败了旅顺口分舰队，在未来半年时间内他们无法继续与罗日杰斯特文斯基战斗。"纳尔逊的另一句话是："在无法弄清信号的情况下，同敌舰舷舷相靠的舰长是不会犯大错的。"对俄国人而言，这两句话的意思都是：摧毁日本舰队，没有折中，唯一的目的就是摧毁它。由于海参崴分舰队的强大，旅顺口舰队司令官就面临这两个选择，或逃或战。如果战斗之前会合，当然很好；如果不能，就必须有决一死战的勇气投入战斗，而不是又逃又打。这样的结果只有一个，战后逃出来的舰队已经不能再战，而它们没有给罗日杰斯特文斯基创造战机。

如果旅顺口分舰队明白了这个道理，就不会出现旗舰丧失战斗力、司令官阵亡的情况了。如果第二指挥官能够指挥舰队决一死战，我相信结果会不一样。假如俄国舰队司令活着，旗舰仍有战斗力，则其结果就会不一样。一位头脑清晰、意志坚定的司令官，其精神会持续影响他的部下。如果每一个俄国士兵，每一艘俄国舰艇，都抱着这样的决心为了目标而战斗，即使全军覆没，东北失守，日本舰队也将暂时无法继续作战，而俄国海军的士气也会高涨。

我认为，海参崴的3艘装甲巡洋舰应该在该港停留，等待会合。这3艘装甲巡洋舰也不可能为了会合承担巨大的风险，因为它们的实力明显比上村彦之丞[1]所率的舰队弱，不太可能逃出上村的监视。即使它们侥幸逃脱了上村的监视，也有可能与友军错过。也就是说，它们可能与上村遭遇，也可能和友军错过，而导致会合失败。假设，两国在旅顺口的兵力相当，均为6艘战舰，海参崴分舰队单独同上村相遇，事实便是如此，其比数为3∶4[2]，俄国占下风；若在海参崴会合，则总兵力比数为10∶9，近乎相等。两支兵力会合后，双方主力数目越大，差距就越小。这一切都表明，海参崴是最适合的会合地点，对于两支相互隔离的舰队来说，在敌人的作战线之内寻求会合点是不明智的。

---

〔1〕上村彦之丞（1849—1916），海军大将，在日俄战争中指挥巡洋舰队，击败了俄国海参崴分舰队，并在对马海战中，拦住了俄国舰队的退路。

〔2〕上村拥有4艘巡洋舰。

第十四章

关于日俄战争的研讨（二）

当罗日杰斯特文斯基指挥分舰队赶赴最后的战场时，对于他的指挥和活动，同样应当依据曾对旅顺口舰队行动所用的目的专一性来对待。这就要求观念和目的的专一，它是衡量罗日杰斯特文斯基在这次战役最后阶段的部署的标准。在自嵊泗列岛至海参崴这段航程，他随时可能遭遇日军。

当罗日杰斯特文斯基所率各舰锚泊于嵊泗列岛之时，该舰队便已进入交战的战略区域之内。其实，在此之前，日军本可能有所行动，他们也确实采取过一些措施，如派出观察中队甚至远达新加坡，并在台湾海峡的澎湖列岛周围布设水雷。然而，东乡平八郎却将其装甲舰集中到朝鲜海峡，并不去骚扰行进中的俄国舰队，而是将眼光放在了其在嵊泗列岛的航程之内，嵊泗列岛恰好在海参崴蒸汽舰船航行易达范围之内。可以说，嵊泗列岛和海参崴正好分列于战场的两侧。

随着时间的流逝，人们可能会更为宽容地看待罗日杰斯特文斯基的表现，既不否认他在最后四天的指挥失误，又肯定他在此之前尽力完成的艰巨任务，更要大胆地执行俄国思想使他形成的偏见，随着长途奔袭的紧张，这种偏见愈发严重。我们还要承认，他所面对的国际形势，他没有任何国家的超出国际义务的支援，除了海参崴的两艘残存装甲巡洋舰之外，他别无增援，而他所率舰队的实力并不强。

这些是公正评价他所要求的。如果我们对他指挥的评价是正确的，那么他所犯的错误也是可以理解的，在衡量这些错误时，也要公正地指出当时这支舰队所面对的困境和俄国海军的传统。

此外，我还要引用俄国海军上校在其所著的《惩罚》[1]一书中的陈述。

首先，运输舰船伴随舰队同行，于是也同敌人遭遇了，这种情况必然在战术上造成困难，西蒙诺夫写道：

因为接到了（在驶离越南金兰湾之前）海军总司令部发来的警告，导致了一些值得考虑的困难，我们不能做海参崴港的负担，更不能奢求从西伯利亚铁路运来的补给。我们一方面要重视战术准则，尽可能减少拖累，不让妨碍我们自由活动的补给舰队随行，一方面，我们又要考虑这些电文。

不得已，司令官命令，战舰尽可能地装载各种必需品。三艘最大、性能最佳辅助轮船应最大可能地装载最需要的物品。这三艘轮船和"堪察加"号随行并在前往海参崴这一航程中同舰队共命运。

关于战舰装载煤炭的数量，西蒙诺夫说：

1905年5月23日上午5时30分，停机开始装煤。各舰接到通知，这可能是最后一次装煤。为此我们必须尽力使煤舱直到5月26

---

[1] 原文Rasplata。

日上午仍能保有正常储量。[1]

上述陈述,无非是为罗日杰斯特文斯基携载最大可能数量的必需品驶往海参崴开脱。其实,圣彼得堡并未强令他携带运输舰船。政府的要求,由司令官制订方法来达成。事实上,罗日杰斯特文斯基所动用的运输舰船数量以及在驶往海参崴途中与敌人遭遇时这些运输舰船的位置,都是由他确定的。

按西蒙诺夫的陈述,虽然战舰装载煤炭但并未超载,这同其他记述恰好相反,因此我曾询问海军情报部。该部的回复中引用了涅博加托夫司令在军事法庭接受审判的辩护词中的两段话,其中一句为:"按我们的估计,在战斗开始之时,我们所拥有的煤量足供3000海里航程之需,而经对马海峡至海参崴的距离尚不足900海里。"可见,西蒙诺夫的陈述确实有问题,他已经去世,我们所在意的是他的见证是否可信,而非他本人是否诚实。

对于罗日杰斯特文斯基的指责,无疑同他所担负的职责相称,而且也对他的人品有一定的损伤。而且针对这次作战的某些指责,与其说是针对罗日杰斯特文斯基,更不如说是在针对俄国。我们必须尤其注意任何国防规划(或计划)中的各个方面之间的密切联系。当罗日杰斯特文斯基率领舰队、运输舰船千辛万苦地绕航好望角之时[2],西伯利亚铁路的发展却并不能与之相当,为旅顺口分舰队的错误部署又使他在嵊泗列岛所面临着进退维谷的境地。作为指挥官,在任何地点,哪怕是只指挥着一支极

---

〔1〕对此,他附有如下注释:"那些指责战斗期间各舰装煤过载的人,真是谎言连篇,厚颜无耻。"

〔2〕这比我们的战斗舰队绕航麦哲伦海峡还要早三年。

小的水兵分遣队，都要记住，对总体态势的忽视以及行动不力都将造成致命的危害。

美西战争期间，就有一次美国海军军部因为无法确定一艘迫切需要的巡洋舰的位置而烦恼不已，而其舰长却沉迷于单舰活动，置总体作战行动所要求的预防措施于不顾。

对于投降，我们也应该同样考虑，除了绝对的无法抵抗外，任何事情都不能成为投降的理由，除非其他权益遭到毁灭性损害，但这种情况从未发生。8月10日，罗日杰斯特文斯基在旅顺口港外因旅顺口分舰队作战不力被击败，但是真正的失败是在对马海峡。

我们继续点评罗日杰斯特文斯基的一系列行动，从战争伊始到抵达嵊泗列岛，决定战争的因素并未改变，虽然运用这些因素上曾有一些小变动。胜利仍取决于制海权，制海权必须靠毁灭敌方舰队取得，而摧毁必须经过战争，即在求战一方的舰队在最有利的情况下发起战斗。对于罗日杰斯特文斯基和他所指挥的俄国舰队来说，这种有利情况意味着拥有一个海军船坞，便于每艘军舰的性能、速度、机动能力，以及决定这些性能的硬件设施能尽可能地恢复。可惜的是，日本人拥有时间，得以迅速恢复，因为旅顺口海军分舰队的失误未能重创日本人，也未使其丧失战斗力。毫无疑问，罗日杰斯特文斯基的首要目标是安全驶抵海参崴，以便准备之后的战斗。而且，他还可在这里与幸存的两艘装甲巡洋舰会合，对于他那些仓促集合而成的军舰来说，这是一支不同忽视的增援力量。

所以，罗日杰斯特文斯基所面对的情况，与8月10日旅顺口海军分舰队所面临的一样。旅顺口海军分舰队的教训，又可为他提供一个借鉴的案例。要么趁机逃脱,要么积极应战,绝对不可在二者中间摇摆不定——这正是犹豫不决的旅顺口分舰队的失误之处。旅顺口分舰队应做好准备:战或逃。如果战斗,就要重创敌舰队,为罗日杰斯特文斯基所率领后援舰队扫清战场。同样,罗日杰斯特文斯基也应如此。如果不得不战斗,就必须在抵达海参崴之前战斗,因为这时他的军舰在战术上处于最佳条件。他必须做到,而且应该严格保密。然后,他没有了后援,俄国的命运掌握在了他的手中。

当不得不战斗时,他选定在战术上对己方最有利的时间和条件下与之战斗,并以此作为战略目的。身为司令官,置这样的真理于不顾,而是拼命装煤,这样无异于自掘坟墓,因为舰队的速度和机动都受到严重影响,从而影响了舰队的战斗力,甚至会增加舰船所面临的风险。因为这会使装甲带深入水中,而甲板上易燃物品加大了发生火灾的危险。一位法国著作家就断言,这次失败原因就在于日军中等口径火炮击中煤炭而引发了火灾。我对此表示怀疑,但是这种叙述也并非没有道理。

身为司令官,应该以最小的损失获取战果,不能左右摇摆,妄想战果和损失都令人满意。如果消耗不值得,便不能去消耗;如果消耗是值得的,而且能以较小的消耗取得战果,就可设法节省;如果无法达到战果,否则就将致使失败,或者是为了取得战果,就要不惜任何代价。在我看来,罗日杰斯特文斯基所制订的对敌准备都是极其错误的。我认为他从未对战略问题进行过思考,就想当然地做出决定。前文储煤的问题足以证明他在作战中主次不分,为了节省资源而错失战机,而忽略了他的首要目的是获取胜利。补给和驶抵海参崴让他迷失了心智,他根本没有思考过到底是逃脱还是战斗。确切地说,在这二者中间的摇摆,让他心事重重,直到最后逃脱已经成为泡影的那一刻仍是如此。

我认为,这种分歧出自于两方面原因,一方面是受到"要塞舰队"论的影响,一方面则是受"存在舰队"论的影响。假如舰队的一部分能逃抵海参崴,便会大有所获,因为这样就在这里拥有了一支舰队。这样就与拼死一战以求胜利的思想相抵触。这就又是受节约思想的影响,保存数艘舰艇本该是受到称赞的,但这与承担重大任务和获得巨大胜利所需要的专一性相违背,其结果就变成了舍本求末的折中。在战斗前数日,罗日杰斯特文斯基公布的一份报告中,他提到,只要自己的一部分舰艇到达海参崴,便可扼住日本的交通线,进而影响战局。显而易见的是,这一支舰队完全无法扭转战局,最多促使敌人加强戒备。除非整支舰队都逃至海参崴,并在日后选择有利的时机战斗,否则想要扭转战局只能是空谈。如果俄国人意识到必须一战,就不会舍本逐末地追求储备物资和逃跑,从而错失了战机。虽然当时获胜的机会已经微乎其微,但是如果不决一死战,专注于摧毁敌军,那么又谈何获胜呢?

这些评论是从其行动推断出意图的例证,结合罗日杰斯特文斯基的指挥表现,毫无疑问,他的想象力完全被夸大的"存在舰队"的作用左右了。除了过度装煤外,他还携带了一批运输船只,这些船只在战斗中只会制造战术困难。当然,如果这些船只能到达海参崴,它们就会成为舰队休整的资源。

目前还没有任何记录和资料表明,罗日杰斯特文斯基曾经派出过人员和船只侦察敌情,而这时日本侦察舰已经在他周围出现,所以,日军几乎掌握了他的全部部署。直到遭遇日军主力时,他都还对日军的部署一无所知。

可以说,这些失误来自于低劣的战术,而低劣的战术来自战略的错误,而战略的错误来自于缺乏目的的专一性,而这才是战略的精髓。其他一切因素和考量必须服从于它,并且为之协调成一个专一的目的。在我写到这些内容时,偶然读到了伟大的《十七世纪的英国》[1],其中的几句话,说的是政略,其实也能联想到它的孪生兄弟战略:

为何威廉三世在爱尔兰的成就大于詹姆斯二世?因为他能在错综复杂的情况下,抓住一个远大的目标。任何时候,任何地点,他的决策都基于这个唯一的目标。这个目标则是根据事物的规律所制订的。

我们用这个观点来分析罗日杰斯特文斯基。按理他应该摧毁日本舰队,日本人为了此役尽其所能地搜集装甲舰组成了一支舰队。东乡平八郎在战斗之前发出的信号体现了他的目的,然而他的对手却并未明确自己的目的。抵达海参崴,只能看作是实现目的的手段,如果能抵达该地,俄国人就能在最有利的条件下作战。但摧毁日本舰队才是最终的目的。如何作战则是必须考虑和准备的事情。即使逃脱日军的围堵抵达海参崴,但并无十分把握获胜。所以,在面对所有条件下,如果只能采取脱逃之计,就应该果断地决定,因为一旦被迫迎战,俄国人就必须重创日军舰队。而这时,俄国舰队应该做好充分的战斗准备,除掉一切妨碍设施,轻装迎战。一边关心其他事务,一边

---

[1] 德国著名哲学历史学家兰克的作品。

战斗,这样的舰队已经无法取胜了。

如果罗日杰斯特文斯基对这些事实有一定认识,明确战斗乃是他的一个目的,那么他就能确信不能将战斗推延至抵达海参崴以后。我猜他会根据已知的航行距离和舰艇消耗推断出,舰队必须装载的足够抵达海参崴所需的煤量,以及适当的安全限度[1]。为了可能的逃脱机会,他的舰队必须依照这个总量装载。另外,他还要参考根据每艘舰艇活动的最佳吃水。因为日军有可能在狭窄的海域或者海军船厂处伺机而动,朝鲜海峡的一处港口又符合这两个需求,那么自己就极有可能会在此战斗。因而舰队装载的煤量更需要准确,到达该处时能消耗至舰艇最佳战术吃水。至此,他的计算终于臻于完美符合战斗的要求了。

还有运输舰。在决定命运的最后一段航程,运输舰无关紧要。俄国人应该调整这些运输舰,使其远离战场。如果战败,这些运输舰对俄国来说微不足道;如果胜利了,则可将它们召回再将其护送至目的地。一位奥地利军官曾主张,俄国舰队可在夜间分散,补给舰取道日本以东,便可能逃脱。哪怕是被东乡平八郎发现,也会迷惑他。对该评论,我不发表评价,也不失为一种处理补给舰的方法。

当时,俄国人已经将日本的全部兵力集中到朝鲜海峡,这是罗日杰斯特文斯基必须考虑的一个因素。西蒙诺夫称,补给轮船"捷列克"号和"库班"号被特意派往日本东海岸,以吸引对方的注意,但一无所获,日本人并不知道它们的行迹。

---

[1] 或许还要增加在战斗中足以维持的数量,以补战斗中烟囱被击破之后的消耗,这是可能发生的意外事故。

不可否认，如果俄国分舰队避开东乡平八郎，分开行驶的补给舰遭到截击，这就会对俄国分舰队在海参崴的整修造成困难。我也不会怀疑，如果逃脱了，俄国舰队甲板上的煤会对他们未来作战产生很大的价值。这些令人分心的考虑，正如威廉三世在爱尔兰所遇到的情况一样，越真实，越重要，就越应该摆脱它。因为这些考虑必须服从那个专一的目标，即尽力做好战斗准备。这说明，军事部署没有折中一说，处处让步，就会误入歧途，既要逃又要战。

罗日杰斯特文斯基的方针就是折中，既想战又想逃。他一开始就在战略上犯了个大错，不将注意力集中在专一目标上，就不可避免地造成一系列大错误，这些错误可以综合成战术上的巨大失误。超载装煤，增大火灾隐患，造成装甲带下沉，致使速度和作战性能下降；忽略侦察；携带运输舰。每一项错误都没有遵守原理，即在战争中，战略上唯一需要考虑的就是利用最有利的条件进行战斗。罗日杰斯特文斯基的错误，其实是旅顺口分舰队悲剧的重演。条件虽然发生变化，但是原理的运用却并未改变。抵达海参崴之后，依照原理，俄国人要求船厂必须在最短的时间内做好最充分的准备，使舰艇处于最佳作战状态。在嵊泗列岛，俄国政府却要求俄国人忘掉海参崴以及在那里进行补给，因为这些想法可能影响到为可能发生的战斗所进行的备战活动。从罗日杰斯特文斯基的行动中可以推断出，他的想法欠妥，因为他全身心地关注着补给问题，其精神和信念也已经偏移，并且无法扭转。

让我们以评论家朗弗雷对拿破仑在埃斯灵惨败和瓦格拉姆大捷期间的指挥所做的赞语作为结束语："在拿破仑的众多军事案

例中,舍末求本这一准则多次出现,而拿破仑对其运用则是出神入化,他较为担心的是一些复杂情况[1],于他而言,并非出现过,任何旁枝末节休想将他从既定任务调离。"

简单地说,就是指挥上目的必须集中,行动上数量必须集中。

日俄战争中,日本海军的战略特点是,判断准确,目的集中,指挥坚定,而俄国人正好缺乏这些特征。我想评价这些较为显著的特征,着重指出日本海军所处的复杂环境,而在这种不利的环境中,日本海军能准确地行动,毫不动摇。必须说明他们所面临的困难,人们往往将其成功归结于日本人具备了超人般的意志,而忽略了至关重要的原理。近五年来的众多评论中,将日本人的成功归功于日本军人的基础素质,而抹杀了其将领的功绩。在近几次讲座中,我曾玩笑地提起《圣经》中的一些话:"如今埃及人也是人,而不是神;他们的马也是动物,而不是精灵。"

一位战争开始便在现场的观察者的评论引起了我的注意,他说:"日本人对其战列舰的安全关心到了极点。"在这句话刊登的两个月前,"初濑"号和"八岛"号触雷沉没。连失两艘军舰,又没有同类型的军舰补充,两艘从意大利买来的装甲巡洋舰的作用不大,日本人的忧虑我们可想而知。幸亏日本已经与英国结盟,使得日本可以专心对付俄国,不用担心欧洲国家的威胁。在美西战争中,一些事件则可能引发意外事件。

开战之初,日本就意识到自己的物质实力远不如俄国。为了实现作战目的,日本人必须渡海进攻,为了夺取胜利,他们必须

---

〔1〕这些就是威廉三世所遇到的困惑局面和罗日杰斯特文斯基所关心的补给问题。

自始至终地控制海洋。日本人始终未受"要塞舰队"论的影响,而且从未受到任何偏见的阻挠,这点与俄国人完全不同。相反,他们充分掌握了海军必须控制海洋这一原理,根据此原理,日本海军锁定了俄国海军为其主要目标。日本人对该原理的运用,可从两个方面进行理解:任由俄国人在远东集结舰队,直到其一分为二;猛攻暴露于眼前的一半舰队。日本人对俄国舰艇实施鱼雷攻击以挑起战端,用炮击、布雷、以沉船封闭水道等手段连续两个月不断地打击港内和港外的残存俄舰。这些努力所遵循的原理都一样:摧毁或压制敌方舰队。

俄国要塞改进重炮时,日本人就该更加爱护自己的装甲舰。他们逐渐增加炮弹射程,也更加注意选择死角。日本人对安全的重视超过了摧毁敌舰,因为还要靠这些装甲舰控制海洋,而且他们的海军兵力处于劣势,在这个时候炮击港口很有可能得不偿失。保护军舰和摧毁敌舰都是出自一个原理,就是控制海洋。最后,炮击迫使俄国人将船厂的机器设备撤走。

当日本人的手段并未起到其所期待的作用时,他们将主力舰队撤至鱼雷攻击范围以外的位置——距离旅顺口60海里的长山列岛。在这里,日本海军设置了防护水栅,以掩护通往该岛的通道,保证安全。日本海军的做法,既可以防护运输舰船的锚地,又能掩护担负攻击要塞的陆军部队在半岛上的登陆地点。该方法堪称旅顺口的日本海军作战的防御基础,其目的是强化对海洋的控制,保护己方舰船和补给不受损害。长山列岛附近的人工防护水域已成为日军作战的前进基地。在此情况之下,陆、海军便可集中于一点作战。它堪称伊比利亚半岛战争期间威灵顿的陆、海军的军事基地里斯本。

日本人的围攻发生作用，旅顺口内的俄国舰队不得不出海作战，而日本海军在长山列岛的精心部署也钳制了俄国舰队的行动，俄国舰队不可能轻易地逃脱。这些部署更倾向于战术范畴，我之所以提出来，是因为建立一个次要基地并依此作战，在原理上属于战略范畴，而究其细节则是战术的问题。另一方面，日本人的行动表明，俄国人毫无统一的战略观念：摧毁敌方舰队或者使其无法运动。

东乡平八郎的一个幕僚称日本人的部署为"栅栏"部署。围绕旅顺口入港处按同心圆布设的数列水雷，以及在辽东半岛高地上的瞭望塔为第一道栅栏；由紧靠这些水雷外层的鱼雷艇和驱逐舰组成第二道栅栏；由二、三级巡洋舰组成第三道栅栏，并支援第二道栅栏；长山列岛的主力舰队组成第四道栅栏。这些接近中心的栅栏线相当于陆军的前哨、前卫、中卫，其共同任务就是防止敌人突袭，而布置的水雷可以让敌舰沉没，其主要的战术价值在于延缓敌人速度。当敌人扫雷时，接到警报的日本舰队便可从容赶到，如1904年6月23日和8月10日两次紧急时刻。建议你们对照1800—1801年英国封锁布勒斯特的部署，对照战术，定会加倍受益。两者时间相距甚远，而且物质条件迥异，帆船同蒸汽舰和鱼雷迥然不同。我在《海权对法国革命和帝国的影响》一书中已经介绍了英国封锁布勒斯特的部署。

东乡平八郎可能预料到俄国旅顺口分舰队的运动目的在于抵达海参崴，所以采取这些部署以应对。已过冬季，冰冻已不复存在，一旦俄国旅顺口分舰队抵达该港，必将成为日本海军的大患。出于战略考虑，日本必须阻止俄国舰队取得有利位置。8月10日俄国舰队退回旅顺口，当然成了日本战略上的成就。一位日本军官向报界撰稿写道：

8月10日，如果俄国人突围成功，其数艘战列舰和巡洋舰得以抵达海参崴，日本海军将会在接下来的时间，即波罗的海舰队到来之后，在战略上处于困境。

上村彦之丞所率的装甲巡洋舰从海参崴港外转移到对马海峡，其部分原因便是出于此目的。在这里，他们可以截击旅顺口分舰队，或是增援日本战列舰。简单地说，他完全可以随时成为第五道栅栏。上村和东乡所率舰队的位置，相对于旅顺口和海参崴两地，都居于内线位置，便于互相支援以对付任何一支分舰队，甚至联合起来的两支舰队。8月10日俄国舰队突围时，上村曾行驶至黄海南部，在该处他能扼守俄国舰队的逃路，因为俄国人不可能南下而不绕行朝鲜半岛。得知大部分俄舰再次退回旅顺口之后，上村彦之丞返回对马海峡，结果同海参崴的军舰相遇，击毁俄国装甲巡洋舰"留里克"号。

还要指出，除了占据内线位置外，当时海参崴一带正值浓雾季节，限制了日本海军对港内分舰队所进行的活动。海参崴港内的舰队主要危害是威胁日军至日本本土至长山列岛的交通线。这条交通线最为暴露的地方就在对马海峡。在浓雾的掩盖下，港内军队可以悄无声息地离开。7月间，海参崴的军舰就匆匆闯出，致使日军重要攻城辎重损失，从而延长了旅顺口的坚守时间。

日本人的成功在于顽强地坚守原理，在错综复杂的情况下，这种坚守更难能可贵。在这场战争中，日本海军对于海军最大的贡献在于，以一连串引人注目的胜利证明了"存在舰队"论的夸大性。然而，俄国舰队的拙劣表现，使这一证明失色不少。

就基本观念而言，存在舰队学派和绿水学派并无两样，都认为海军的重要作用与其他条件无关，在我看来，这是夸大了海军的能力。例如，要塞在国防和海战的作用就被它们忽视了。已故英国海军将领科洛姆，过高估计了一支处于劣势的海军兵力对敌方渡海所起的威慑作用，他是该思想在现代的代言人。在其《海战》[1]一书中谈到存在舰队理论的杜撰者——英国海军大臣托林顿子爵，在1690年的指挥行动时指出：

哪怕一支舰队已经丧失了作用，被封闭在未设航标的沙洲后，也仍旧是一支军事力量，可迫使一支明显取得胜利的舰队无法采取任何行动。这就是比奇角海战留给我们的遗产。

1899年，在该书第三版中，科洛姆明确主张上述论点并增写了下面一段话：

任何海战，进一步攻击对方领土前，必须摧毁对方海上守卫舰队。

他的某些拥护者认为，只要手中有一支舰队，即使是处于劣势的舰队，在适当范围内，只要它未被摧毁就可阻止敌军的渡海作战。这个结论曾经在一些历史实例中得到证实。虽然它被人们多次遵循，但是并不意味着它是正确的。正如在日俄战争中，日本人依靠大胆做法获得了胜利，但并不能证明他们的所有行动都是正确的。环境是会改变的，但"存在舰队"论认为，任何环境都无法撼动"存在舰队"论的主张。

与"存在舰队"论所坚持的不同，日本人所遵循的方针，即深思熟虑任何可能性后，选择最有利的战机，哪怕他们附近有一

---

[1] 科洛姆：《海战》，1890年版，第122页。

支强有力的舰队。假如日本人坚持在消灭了旅顺口的舰队才能输送自己的部队，那么，旅顺口的舰队依然会存在至今，因为它们只需停在港内即可。按照"存在舰队"论者的观点，只要这支舰队一直存在，那么敌人就不敢行动，日本也就没有了获胜的机会。我认为，如果日本人也这么想，还谈什么登陆呢？因为他们只能由俄国人来决定是否作战了。

也有人赞成"存在舰队"论，但是他们的结论却较为公正，如大英帝国国防委员会秘书长的乔治·克拉克爵士曾经写道："一支有效的舰队假定是劣势舰队，对于海战尤其是对于渡海输送陆军部队来说，具有强大的威慑作用。"他的论述当然无可争议，对我而言，我要说的是极端的"存在舰队"论观点的危险性，不仔细考虑作战因素而将军事术语公式化的人终将走入极端。

从第一次翻开科洛姆的《海战》，到现在已经十五个年头了。我对它已经记得不太清楚了，为了给大家一个参考，我从当年的笔记中找到这一段话：

依我看来，科洛姆的主张过于武断，他认为仅仅依靠一支海军兵力，而且是不占优势的兵力，甚至相等的或较小的兵力造成威胁，便可迫使敌方放弃进攻。

确实有过这样的案例，但我认为，在一些实例中，如果采取不同的行动，成功是显而易见的。我认为"存在舰队"论与拿破仑所倡导的"不敢冒险便无法进行战争"是相违背的，这句名言与他的另一句名言相对应，即战争按照准确的表达，就是在于取得最为有利的时机。

"存在舰队"论否认了冒险的必要性，而且还认为失败可能比成功更有价值。在其看来，失败可能源自精确的计算和激烈的战斗，而成功则可能源自侥幸或兵力悬殊。在采取冒险计划之时，必须考虑：这个目的是否值得冒险？是否已经有保证成功的措施？纳尔逊在建议进攻里窝那时，曾与拿破仑不谋而合。实际上，纳尔逊的准则早已形成，他并非单纯地冒险，而是在经过对各个细节的仔细研究后，才果断地决定冒险。纳尔逊写道：

必须等待时机。我唯一担心的是，为了国家的荣誉和利益，我们是否值得冒险？如果值得，就以上帝的名义去做吧！

在另一场合他又写道：

不论何时发现了法国护航舰队，只要有可能，就必须冒险俘获或摧毁它，我的舰队的建立就是为了在适当时机冒险行动。

第十五章

海岸设防同海军战略的关系

日俄战争对许多课题都很有教益,结合现实问题,它对我们目前所面对的海岸设防与海军兵力的关系尤有教益。在这个问题上,我不打算再反复讲说细节,即使细节也有它的价值。我要论述的是,产生正确或错误的国际政策的普遍原理。绿水学派是存在舰队学派的第二代传人。这两个学派一脉相承,相继提出实例说明其原理由于发展必能得到相应的结果。这两个学派都特别关注陆上作战同海军舰队的关系。同所有军事计划中的一样,陆海协同的关系最稳妥的方法就是充分认识每一方在合作中所承担的职能,并以此达成协调,从而达到协同的目的。海岸设防与海岸要塞截然不同,分属于海战和陆战的分界线上,海岸要塞恰好是海军和陆军各自活动领域之间的天然分界线上的据点。因此,在海岸要塞上产生争议也就不足为奇了。

一旦战争在两个隔海相对的国家之间,侵略别国的国家必然采取攻势,进攻的武器就是陆军。海军则是承担起维护或确保陆军交通安全的职能。海军虽然可单独行动,但是却难以侵入敌国领土。海军也可单独发动进攻,但它却不能成为进攻的武装力量。即使它自己具有进攻性质,但也未必能在协同中成为主攻力量。协同作战中,海军采取攻势;在防御作战中,如果有机会摧毁敌舰,它也能不断采取进攻,但这并不能改变它的性质。在海军的炮火范围之内,它其实是在以进攻作为防御。这就是日本海军在日俄战争中所担负的职能。

如果发生战争,那么被入侵的国家的海岸要塞又该如何？海岸要塞的职能是什么？大略看来,显然是应该防御。这个回答是否正确呢？恰好相反,在这里的海军应该采取进攻,虽然它的职能是防御,海岸要塞的作战方式是防御,但是它的职能其实是进攻。海岸要塞并不能保卫国家,它也无法阻挡入侵,除非一个国家没有海岸线。敌人可以在要塞以外的海岸线登陆。旅顺口对于远在60英里以外的日军登陆并未产生丝毫影响。在这段时间,旅顺口自己无力自保,谈何包围俄国。

要塞,不管是在海岸边的还是在陆地上的,都仅靠着在其壁垒之后的进攻力量进行防御。海岸要塞主要以依靠它而隐蔽的舰队来保卫它所属的国家。海岸要塞的工事和守卫部队为舰队提供补给、修理舰船、提供隐蔽场所,以此支持舰队。其实,一个国家的海岸要塞就是进攻工具,虽然在面对入侵时,它是在进行防御,但要记住海岸要塞的本职任务是采取攻势,因为只有进攻才能达到防御的作用。这正是海岸要塞与陆地边境的关系。它的防卫职能无法延伸到岸上火炮射程以外。因为它是为了隐蔽守卫部队而设立的。若这支守卫部队力量足够强大,便可威胁其所面对的入侵敌军的交通线。当这支守卫部队位于敌军交通线翼侧,便可威胁敌人的生存,并阻止它向前推进,从而实现防御功能。所以,进攻才是海岸要塞的主要作用。

陆战中,要塞依靠自然或者人工力量确保安全的特性极为明显。在要塞设防的目的，即为依靠人工力量弥补天然防护的缺陷。这点对于海岸要塞而言并不是这么明显。我对海岸要塞的功能是进攻的论断已经被忽视，相反，人们广泛地认为其功能应该是防御。如果按照他们的观点，便就成了日军在旅顺口的行动一样，日军从远距离之外登陆，从而控制了这个重要的海军基地。只怕，敌人夺取美国的海岸基地还要更容易些。因为，美国的任何一处海岸基地都不会像旅顺口那样坚固。

如果真有那么一天，在我看来，这倒不失为一个证明错误原理具有潜移默化作用的例子。有人认为，海岸要塞只能用作防御。进一步推断，海军担负防御比任何要塞防御效果要好得多。最后称，经费应该都交给海军舰队。这就是绿水学派的三段论。设定好前提，于是就得出结论。但是它的前提是错误的。从战略出发，海岸要塞应该为了进攻而非防御，海岸要塞所保护的兵力就是抗击侵略者的进攻力量。这支进攻力量就是海军。可见，海岸要塞必须海陆兼顾发展，既要防止敌人突袭，又要应对长时间的围攻。圣地亚哥就是因为遭遇突袭而陷落的，而旅顺口则因围困被攻陷。这两种情况都导致舰队失去了基地，从而被毁，而这只是失去海岸要塞的附带后果。如果舰队能逃到另一个要塞，那么所逃离的要塞与交战双方而言都无关紧要，因为这里的进攻力量已经前往另一处了。

在海边一侧设防，抗击敌海军的攻击较为容易，因为在这里无法修筑围攻工事，军舰成了唯一的进攻手段。军舰炮击炮台一般被视为错误。但是，日本人却大胆地挑战常规。日本人短暂地暴露在俄国炮台之下，又增大射程保证安全。尽管如此，"朝日"号也差一点惨遭不测。所以，海岸要塞陆地的一侧最需要注意，因为这里的自然条件并未全部满足要塞的建立前提。

这些一般原理，必须随条件变动、协调，才能适应各种情况。即使强大如曾经的大英帝国海军，也需要有海岸要塞的保护。因为还未有任何一个幅员辽阔的国家的海军，单靠自身就能处处阻止敌人入侵。正如桑威奇致函罗德尼所说，海军控制不了所有地方。曾经，英国海军确保了不列颠诸岛的安全，在其他海域，它也需要有直布罗陀和类似的要塞。各海岸要塞位置不同，设防要求也不同。设防要求必须以敌人可使用的任何能抵达这一位置的手段为基础。以不列颠诸岛为例，不管任何时候，即使陆地一侧不设防，想要入侵成功，也必须夺取和摧毁其船坞为第一目标。众所周知，直布罗陀正是靠天然和人工的防御才能保全。1798年的马耳他和埃及也是同样的道理。它们不是英国属地，却关系着英国的利益。假设亚历山大港是英国要塞，那么拿破仑在埃及的行动就会遭到更为严酷的抗击，拿破仑则必须攻克它。因为其后果就如同他未攻克阿克城，迫使他放弃了对叙利亚的计划一样。马耳他如果设防，也会阻止拿破仑一段时间。英国曾花了两年时间才艰难夺回马耳他，以及纳尔逊对马耳他的渴望，都证明了马耳他的重要。

是否要决定为一处海军要塞加强力量，除需要考虑距离、自然条件所造成的攻克难度外，还要考虑海岸上可用港口的数量。以美国的太平洋海岸为例，与大西洋海岸相比，这里可驻泊的商港数量有限。所以，失去一个港口便是一场灾难。如果我们将舰队集中在大西洋，那么战争时期，就需要将舰队转移至太平洋。如果舰队还未到达，就已经失去了一处港口，那么，形势的严重性就不言而喻了，这是因为太平洋可替代的港口少得可怜。

虽然这种灾难对美国舰队而言很严重,但是,我们的敌人不太可能在大西洋和墨西哥湾一举占领所有的可用港口。所以,美国舰队不会出现无处可去、无法补给的情况。而且,敌人也需要集中,因此,其舰队在长达2000英里的海岸线上只能待在一处,而不是像东乡平八郎那样选定位置,他知道俄国人只有海参崴这一处港口可去,于是就将舰队停靠在马山浦。

如果俄国仍拥有两个港口,那么,东乡平八郎所面临的局面将更为复杂。然而,即使如此,他也会依靠朝鲜半岛突出部的地理优势。它与佛罗里达半岛是多么相似啊!基韦斯特与马山浦也惊人地相似,因为两个海峡宽窄度不同,罗日杰斯特文斯基不能比驶往美国东海岸的美国舰队司令更成功。驶向东海岸的舰队如果在这里躲避敌人,比在这里截击敌人容易得多。与马山浦相对应的基韦斯特,我深切地希望,哪怕是过于乐观地希望它能充分设防以抗击敌人的攻击。一旦我们失去了最重要的军港纽约,驶往该处海岸的美国舰队也还能选择波士顿、诺福克、关塔那摩和基韦斯特停靠。

可见,我们迫切需要在太平洋和大西洋两岸建立安全的要塞,在太平洋更为迫切,因为它目前的布置较为薄弱。在所有的关于太平洋海岸的设防规划中,夏威夷都应该作为重点考虑对象。我所期待的舰队,一支除英国外,在数量上和威力上都能与任何现代国家海军一争高下的美国舰队,需要港口来保证它的作战能力。这些港口在陆地一侧需要充分设防,配备守卫部队,其数量、兵力、补给资源需要确保舰队从一处海岸转移至另一处的时间内能抵挡住一次围攻。这样,舰队才可放心大胆地行动,因为它的攻击能得到各种支援。这个众人皆知的事实,将成为国际上媾和的一个因素，它的分量，要比一支舰队到达一段遭受威胁的海岸之时才发现要塞已经落入敌人之手重得多。历史证明，战场上不适合与正规军作战的部队，往往能固守战线。杰克逊于新奥尔良，固守邦克山，便是美国人难以磨灭的记忆。不要奢望国民在短时间内能组成一支在战场上与强大野战部队针锋相对的部队。但他们却有可能在港口组成防御力量，就如同固守旅顺口的民兵一样。如果我们的国民能在爱国之心的感召下，接受短期培训，就能成为正规守备部队的有效支援力量。

总之，日俄战争中，旅顺口的作用实在是发人深省。之所以如此，正是因为它解释了存在舰队学派和绿水学派一直争执的疑问。因为我从未疑惑，所以它对我的理论并未造成任何影响。我从未改变我的主张，而是不断地坚定着。日俄战争的结局在于交战双方所掌握的海岸要塞。如果俄国舰队于战争伊始就在海参崴集中，那么这一问题只是原理的运用方式有所不同而已。每个港口都有有利的条件，但只要拥有破冰船，海参崴便会更加有利。从陆地上围攻海参崴会更为困难，作战规模会更大，时间也会更久——我无法断言，因为这已超出我的研究领域。

如果俄国的远东舰队都在海参崴集中，那么就很有可能像在旅顺口那样被围困于海参崴。如果该港能坚守到罗日杰斯特文斯基赶到之日，那么俄国海军就有两处港口可以选择。只有马山浦这样的位置，东乡平八郎才有机会阻拦两支俄国分舰队。东乡平八郎如果为了阻拦罗日杰斯特文斯基进入旅顺口，而放弃了对于海参崴的监视，俄国舰队就可出动，两支俄国分舰队就可能集结。一旦会合，俄国舰队不仅在数量上占有优势，其斗志也会因为集中而昂扬，增加获胜的机会。如果日本监视港口使得俄国分舰队难以会合，则日本海军需要同两支分舰队作战，每支舰队的实力都几乎与日军相当。对一支实力较弱的舰队而言，相继同两支舰队作战的取胜机会要比同两支舰队会合之后作战大得多。虽然如此，日军的形势依然不容乐观，他们没有全面修整的机会。

再假设俄国远东舰队位于海参崴，而日军需要同时攻克海参崴和旅顺口，否则波罗的海舰队便有两处港口可供停靠，再加上已经存在的远东舰队，日本所面临的局面将更难应付。战争伊始，俄国就有机会制造这种局面，使日本人进退维谷，从而彻底激化了在海参崴的战争。位于海参崴的俄国舰队可威胁到日本的各个要害，迫使日本分散。由于波罗的海舰队的缺席，日本人便有了可乘之机。旅顺口地理位置特殊，它紧靠日本入侵朝鲜和中国东北（满洲）的起点。在这个有限区域内的俄国分舰队面对的是集中力量的日本海军。日本海军完全不用考虑海参崴，因为它已经被俄国人自己排除在外，所以在激战时，俄国分舰队并未得到来自该港的支援。俄国的错误在于过于重视旅顺口，这是出于错误的"要塞舰队"论，俄国把舰队的地位放在了要塞后边。根据一些目击者评论，旅顺口除了设置大量水雷外，旅顺口的舰队从未利用海上战机，而是被束缚在港口，失掉了击毁日本舰船的机会。

依照普通观点看，略居劣势的俄国舰队如果位于海参崴，便可威胁日本的交通线，迫使日本人围攻和封锁海参崴，在旅顺口他们就是这样表现的。根据当时日军的行动来看，不管俄国舰队是在旅顺口还是在海参崴，日军都不可能被迫中断部队运输的。当日军决心一战时，他们已经清醒地看到，波罗的海舰队起航之前这段时间，就是他们夺取决定性胜利的最佳时机，他们绝对会胜利，尽管自己的兵力不占优势。日军曾预计夺取旅顺口的时间会比想象的更短，而且还能俘获一批战舰。攻克旅顺口后，日军更是信心高涨。即使已经攻克了旅顺口，歼灭半数俄国海军，我们仍可从东乡平八郎发出的信号中看到，他对罗日杰斯特文斯基所率舰队的密切关注。当时日本政府十分担忧波罗的海舰队。幸好，罗日杰斯特文斯基的迟缓，为日军换来了宝贵的修整时间。

前文已经假设，俄国舰队曾经位于海参崴，日本人必然会对该港进行围攻和封锁，同时围攻旅顺口和海参崴，就会从侵略满洲的陆军中抽取15万人。此外，还有相应激增的军费，将大大消耗日本的资源。毫无疑问，这会成为导致日本求和的因素。一个日本军官就曾写道："如果旅顺口的俄国分舰队大部分逃回海参崴，我们其后的战争必然困难重重，来自波罗的海分舰队的危险就大大增加了。"可见，如果旅顺口分舰队在战争伊始就位于海参崴，结局就很有可能是我的这个推断。

俄国对于旅顺口分舰队的错误使用富有启发性，其后果来源于"存在舰队"论的错误，虽然俄国人曾经针对暂时较弱的情况制定的总体战役计划是正确的。驻泊于牛庄的一艘美舰的情报官曾经报告，俄国军官一次偶然提到，他们不应该守在辽东半岛，也不应守在中国东北南部，他们应该死守旅顺口，野战军则可边战边退，逐步从辽阳、沈阳退至哈尔滨。在那里，他们便可稳住脚跟，利用聚集在此的部队和物资支援旅顺口。之后他们便以压倒性优势反攻，由哈尔滨来发挥要塞的优势。这种谈论可能来自高级人士的反省，或是来自军方的作战方针。

库罗帕特金所面临的形势与1797年查理大公在法军面前退却完全相同。前一年，查理大公于多瑙河流域获得大捷。关于1797年的形势，拿破仑曾写道：

我将痛击做出要等待我军的敌人，但是他们如果继续退却，与来自莱茵河畔的部队会合对我形成压倒之势，我就困难重重了，意大利陆军的失利也会给共和国带来失败。

库罗帕特金的计划基本上是正确的，当日本表示愿意和谈时，俄军还未退出沈阳。

在俄国人的计划中，旅顺口意义重大。它可诱使日本从先遣部队中抽调出一支超过10万人的部队[1]。日本人被迫抽调人员，并不是出于1895年俄、法、德对日本的干涉所引发的激愤，而是他们必须在波罗的海舰队到来之前击毁旅顺口的俄国海军分舰队。尽管他们赢得了宝贵的喘息时间，但这也是在俄国要塞司令官过早投降的情况下所得到的战果。所以，固守旅顺口并不是为了国家荣誉或是军事战术，而是根据俄国实际情况所进行的布局，它属于作战计划的一环，有助于最后的胜利。俄国陆军由于派出守备部队而兵力削弱，为了战胜守备部队，日本不得不抽调相当于其几倍的兵力，也就相当于削弱了自身实力。

俄国人的部署是为了时间，这是其首要目的。旅顺口的作用，其实与1800年马伦戈战役中的热那亚港一样。对热那亚的围攻拖住了奥军将领梅拉斯，而拿破仑此时却越过了圣伯纳德，在伦巴第集结部队并切断了奥军的交通线。恰如旅顺口及其舰队如果能坚守至罗日杰斯特文斯基赶到，就可威胁日本人的交通。热

---

[1] 大英帝国总参谋长尼尼科尔森爵士在为《旅顺口的围攻与陷落》一书所写的序言中，估计日本用于夺取旅顺口的兵力总计不下15万人（参见《美国历史评论》1911年4月号第521页）。日军在围攻战中的损失估计为5.9万人（参见《皇家炮兵》杂志1905年10月号第322页）。

那亚的守备部队虽战斗至弹尽粮绝也未放弃抵抗，拿破仑因此获得了所需的延缓时间。我们似乎已经无法否定，如果旅顺口坚持到最后，俄国人也会获得同样的结果。只是俄国守备部队将领斯托塞尔难以与法国将领马塞纳相比。在8月10日突围之前，我们似乎应该有机会注意到日本海军极欲迅速攻克旅顺口的迫切心情，以及他们对于波罗的海舰队的担忧。日本人高呼"迅速攻克！"旅顺口的俄国人则回答"延缓固守的时间！"

俄国的计划是，两支部队联合起来，步调一致，紧密配合，各司其职，但斯托塞尔不堪重任。虽然时间得到了延缓，但对于俄国人来说，远远不够。尽管旅顺口的抵抗所得到的时间并未使他们获得最后胜利，但在和谈中对日本的讨价还价产生了不小的影响。这种影响来源于军事的进展以及其总的优势。

从日俄战争中，我还得出了另一个结论，这个结论与前文的总体观念相悖，我还曾持有这个观念。该观念是海军依赖海上贸易存在，这是海军存在的起源和理由。一定程度上，它是正确的，正因为是正确的，所以其结论更加令人误解。因为部分正确，所以，这个结论被当成了真理。俄国的海上贸易很少依赖本国货轮，商船更是罕见。俄国海岸的巨大缺陷，使它无法被称为海洋国家。在这次战役中，俄国海军成为主角，虽然并未获胜，却不是因为海军不够强大，而是因为对海军的运用不当。或许还有一个先天不足的原因，将领和部队的低能。这次海战的结局，不能否定，尽管俄国少有海上航运，它也需要一支强大的海军。

我对海军同贸易的关系很感兴趣，凡是海洋贸易存在的地方，就会促进海军的发展。就具体实例而言，没有航运的地方也需要海军。今日苏联和美国便是这样的实例。不管苏联海军的历史起源如何，人们越发清楚海军的职能具有独特的军事性质和国际性质。以美国海军为例，它的兴起就完全出于保护贸易。但对外权益不等于贸易权益。因为它既是政治性的，也是商业性的。可能由于商业而成为政治性的，例如我们要求中国的"门户开放"；也可能由于军事而成为政治性的，主要是涉及国家防务，如巴拿马运河和夏威夷；可能是由于民族利益而成为政治性的，诸如欧洲的此类情况，或门罗主义。门罗主义最初时，部分是出于商业权益，旨在防止西班牙重新恢复它在殖民制度中的垄断；部分是出于军事，旨在抵制欧洲的侵略；部分是出自政治，同为争取自由而斗争。

以海上贸易和航运为基础，无疑将从物资、人员的储备和补充上利于海军效能的提高。在政府中，如果没有广泛深入的民众权益为后盾，则军事权益也会遭受损害。

要一个重商的代议制国家在和平时期进行作战准备是不可能的。因为民众从不注意军事需要或国际问题，他们从未有那种准备作战的紧迫性。身为海军军官，深切体会贸易航运不外是国家多种对外关系的一种，使其成为自己思想的一部分即可。美国所面临的对外问题：门罗主义，巴拿马运河，夏威夷群岛，中国市场，太平洋海岸，人口稀少，资源尚未充分开发，对待亚洲人的粗暴态度。身为美国人，要维持我国的政策，随时准备为其战斗。尽管人们不愿意准备作战，但是我们仍需要一支数量与效能兼备的海军，哪怕是我们没有一艘悬挂星条旗的商船。如果我们能够清楚地认识、掌握、坚持这些真理，我们便能影响那些立法的人们。对于一切事件都如此处理，于我们的国家是绝对无害的。

后记
POSTSCRIFT

历经两年多的艰辛操作,"战争论"丛书终于付梓出版发行了。我们当初提出这套选题,目的就是在当前国际形势日趋复杂的情况下,深感有必要在未雨绸缪之际,通过精选古今中外(尤其是国外的)军事名著,加以聚合编辑出版,成套系、整体性推出,一方面满足广大军事迷的阅读需要,另一方面为普通大众的军事素养提高、国防意识培育做出点贡献。在世界丛林中的狼烟骤起时,我们必须做到有备而无患。在国际风云变幻莫测、战争的危险丝毫未减甚至可以嗅到战争的烟火味时,作为嗜好和平的中国人,有必要具备必要的军事素养,以求在危机来临时刻保卫自己。与此同时,这套经典军事名著,也适合广大现役、退役以及预备役军人学习。

作为一部囊括了蒋百里《国防论》、马汉《海权论》、杜黑《制空权》、马汉《海军战略论》、克劳塞维茨《战争论》、若米尼《战争艺术概论》、弗龙蒂努斯《谋略》、米切尔《空中国防论》、韦格蒂乌斯《兵法简述》、鲁登道夫《总体战》等经典名著的大型军事丛书,从读者调查、市场摸底、资料搜集、材料分析、选题提出、选题立项、精选书目、翻译改编、编辑校对、内容审查、学术考证、核查定稿、装帧设计、印制发行等,在每一个环节中，参与该项目的人员都付出了巨大心血，我们在此一并表示感谢。我们由衷地感谢华中科技大学出版社各位领导、编辑，以及耿振达、陈雪、程效、甘梦竹、贾琦、齐芳、王晓黎、吴玲、徐冰莹、张亮、赵英媛、赵梓伊、宋毅、唐恭权、李传燕、魏止戈、温锦婷、王静、顾凤娟、曹锦林、曹燕兰、李玉华、宋国胜、李家训、薛莹、胡滨、李巍、景迷霞、查攸吟、周静、刘啸虎、肖倩、许天成、王顺君、褚以炜、杨志民、陈杰、马千、常在、李楠、张子平、张捷闻、翁伟力、吴田甜、王钻忠、孟驰、陈翔、张宏轩、李湖光、傅仰哲等等人员。

因时间紧、水平有限，整套《战争论》丛书中难免有疏漏之处。在此，恳请广大读者批评指正。我们在此表示由衷的谢意。